プリント形式のリアル過去問で本番の臨場感！

埼玉県
市立

大宮国際中等教育学校

2025年春 受験用

解答集

本書は，実物をなるべくそのままに，プリント形式で年度ごとに収録しています。
問題用紙を教科別に分けて使うことができるので，本番さながらの演習ができます。

■ 収録内容

・解答集(この冊子です)

　　書籍ID番号，この問題集の使い方，最新年度実物データ，リアル過去問の活用，
　　解答例と解説，ご使用にあたってのお願い・ご注意，お問い合わせ

・2024(令和6)年度 ～ 2019(平成31)年度　学力検査問題

・リスニング問題音声《オンラインで聴く》　詳しくは次のページをご覧ください。

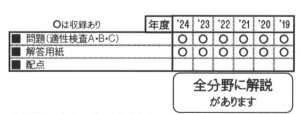

○は収録あり	年度	'24	'23	'22	'21	'20	'19
■ 問題(適性検査A・B・C)		○	○	○	○	○	○
■ 解答用紙		○	○	○	○	○	○
■ 配点							

全分野に解説
があります

放送問題の音声・原稿は全年度収録しています

☆問題文等の非掲載はありません

K 教英出版

■ 書籍ID番号

リスニング問題の音声は，教英出版ウェブサイトの「ご購入者様のページ」画面で，書籍ID番号を入力してご利用ください。

入試に役立つダウンロード付録や学校情報なども随時更新して掲載しています。

 書籍ID番号 **103211**

（有効期限：2025年9月30日まで）

【入試に役立つダウンロード付録】　　　【リスニング問題音声】
「要点のまとめ（国語／算数）」　　　オンラインで問題の音声を聴くことができます。
「課題作文演習」ほか　　　　　　　　有効期限までは無料で何度でも聴くことができます。

■ この問題集の使い方

年度ごとにプリント形式で収録しています。針を外して教科ごとに分けて使用します。①片側，②中央のどちらかでとじてありますので，下図を参考に，問題用紙と解答用紙に分けて準備をしましょう（解答用紙がない場合もあります）。

針を外すときは，けがをしないように十分注意してください。また，針を外すと紛失しやすくなりますので気をつけましょう。

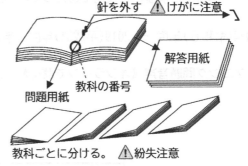

※教科数が上図と異なる場合があります。
　解答用紙がない場合や，問題と一体になっている場合があります。
　教科の番号は，教科ごとに分けるときの参考にしてください。

■ 最新年度 実物データ

実物をなるべくそのままに編集していますが，収録の都合上，実際の試験問題とは異なる場合があります。実物のサイズ，様式は右表で確認してください。

問題用紙	A4冊子（二つ折り）
解答用紙	A4プリント

リアル過去問の活用

~リアル過去問なら入試本番で力を発揮することができる~

✿ 本番を体験しよう！

問題用紙の形式（縦向き／横向き），問題の配置や余白など，実物に近い紙面構成なので本番の臨場感が味わえます。まずはパラパラとめくって眺めてみてください。「これが志望校の入試問題なんだ！」と思えば入試に向けて気持ちが高まることでしょう。

✿ 入試を知ろう！

同じ教科の過去数年分の問題紙面を並べて，見比べてみましょう。

① 問題の量

毎年同じ大問数か，年によって違うのか，また全体の問題量はどのくらいか知っておきましょう。どのくらいのスピードで解けば時間内に終わるのか，大問ひとつにかけられる時間を計算してみましょう。

② 出題分野

よく出題されている分野とそうでない分野を見つけましょう。同じような問題が過去にも出題されていることに気がつくはずです。

③ 出題順序

得意な分野が毎年同じ大問番号で出題されていると分かれば，本番で取りこぼさないように先回りして解答することができるでしょう。

④ 解答方法

記述式か選択式か（マークシートか），見ておきましょう。記述式なら，単位まで書く必要があるかどうか，文字数はどのくらいかなど，細かいところまでチェックしておきましょう。計算過程を書く必要があるかどうかも重要です。

⑤ 問題の難易度

必ず正解したい基本問題，条件や指示の読み間違いといったケアレスミスに気をつけたい問題，後回しにしたほうがいい問題などをチェックしておきましょう。

✿ 問題を解こう！

志望校の入試傾向をつかんだら，問題を何度も解いていきましょう。ほかにも問題文の独特な言いまわしや，その学校独自の答え方を発見できることもあるでしょう。オリンピックや環境問題など，話題になった出来事を毎年出題する学校だと分かれば，日頃のニュースの見かたも変わってきます。

こうして志望校の入試傾向を知り対策を立てることこそが，過去問を解く最大の理由なのです。

✿ 実力を知ろう！

過去問を解くにあたって，得点はそれほど重要ではありません。大切なのは，志望校の過去問演習を通して，苦手な教科，苦手な分野を知ることです。苦手な教科，分野が分かったら，教科書や参考書に戻って重点的に学習する時間をつくりましょう。今の自分の実力を知れば，入試本番までの勉強の道すじが見えてきます。

✿ 試験に慣れよう！

入試では時間配分も重要です。本番で時間が足りなくなってあわてないように，リアル過去問で実戦演習をして，時間配分や出題パターンに慣れておきましょう。教科ごとに気持ちを切り替える練習もしておきましょう。

✿ 心を整えよう！

入試は誰でも緊張するものです。入試前日になったら，演習をやり尽くしたリアル過去問の表紙を眺めてみましょう。問題の内容を見る必要はもうありません。どんな形式だったかな？受験番号や氏名はどこに書くのかな？…ほんの少し見ておくだけでも，志望校の入試に向けて心の準備が整うことでしょう。

そして入試本番では，見慣れた問題紙面が緊張した心を落ち着かせてくれるはずです。

※まれに入試形式を変更する学校もありますが，条件はほかの受験生も同じです。心を整えてあせらずに問題に取りかかりましょう。

# 大宮国際中等教育学校

和6 年度　適性検査A

《解答例》

1　問1．ウ　　問2．イ　　問3．Jake さん…ア　Saki さん…イ　　問4．ア　　問5．①イ　②ウ　③エ　④ア

2　問1．D　　問2．16　　問3．選んだお店…C　選んだお菓子…キャンディ　合計金額…20000
　　問4．25　　問5．正直者は…バンパイア　誰の後ろから脱出できるか…ドラゴン

3　問1．イ　　問2．(1)X．138.0　説明…実験①の㋒の結果から，10℃の水 100mL にしょう酸カリウムは 40−18.0
　　＝22.0（g）とけるとわかる。よって，実験②の㉓でろ紙に残ったしょう酸カリウムのつぶの重さは 160−22.0＝
　　138.0（g）である。　(2)エ　　問3．ア

4　問1．エ　　問2．(1)エ　(2)450　　問3．ウ　　問4．イ

5　問1．ウ　　問2．ウ　　問3．エ　　問4．ウ

《解　説》

1　問1　ジミー「僕は音楽が好きだから歌手になりたいな。僕は歌が上手だよ。ゆなはどう？」→ゆな「私は上手く歌えないの，ジミー」→ジミー「君は何になりたいの？」→ゆな「私は医者になりたいな。人を助けたいの」より，ウが適切。

問2　こうた「エマ，夏にはどこに行きたい？」→エマ「中国に行きたいな，こうた。万里の長城が見たいよ。有名で美しいからね。あなたはどう？」→こうた「僕は沖縄に行きたいな」→エマ「どうして？」より，こうたが沖縄に行きたい理由を答えているイ「祖母が住んでいるからだよ」が適切。ア「中国は大きな国だからだよ」，ウ「ゴーヤが好きじゃないからだよ」，エ「うん，わかったよ」は不適切。

問3　ジェイク「何にする，さき？」→さき「ピザが食べたいな。あなたは，ジェイク？」→ジェイク「サンドイッチとプリンにするよ」→さき「紅茶がほしいな。あなたも紅茶はいかが？」→ジェイク「いや，結構だよ。でもアイスクリームが欲しいな。君はどう？」→さき「いいえ，私は大丈夫」より，ジェイクはア，さきはイが適切。

問4　男性「すみません。僕は花を買いたいです。花屋はどこにありますか？」→あや「花屋ですか？私たちはここにいます。まっすぐ進んで，左に曲がります。まっすぐ進んで公園のところを右に曲がります。2区画まっすぐ進んで左に曲がります。右側に見えると思います」→男性「ありがとうございます」より，アが適切。

問5　「私は家族と北海道へ行きました。これらの写真を見てください。この日，私たちは午前中にスキーを楽しみ，昼食後に買い物に行きました。カップを買いたかったからです。この写真を見てください。これが新しいカップです。気に入っています。私たちは北海道で美味しいものを食べました。昼食にラーメン，夕食にお寿司を食べました」より，①イ「スキー」(午前中)，②ウ「ラーメン」(昼食)，③エ「買い物」(昼食後)，④ア「寿司」(夕食)の順である。

2　問1　グミのみだとBの値引きは受けられず，Cではお菓子の代金が $1000×\frac{1500}{100}=15000$（円）となって送料無料にもならない。したがって，まず，グミ1個あたりの値段から割安なお店を探す。

グミ1個あたりの値段は，Aが $\frac{1000}{100}=10$（円），Bが $\frac{1200}{100}=12$（円），Cが $\frac{1000}{100}=10$（円），Dが $\frac{5000}{500}=10$（円）である。

どのお店で 1500 個買っても，1袋単位で買うと余るグミが出るということもない。

したがって，送料が同じAとBを比べると，1個あたりの値段が安いAの方がいいとわかる。

K教英出版 2025　24 の 4　大宮国際中等教育学校　　(1)

A，C，Dはグミ1個あたりの値段が同じなので，送料が最も安いDで買うのが，最も安くなる。

問2　6種類のお菓子から順番を決めて3種類並べる並べ方は，最初の1個が6通り，次の1個が残りの5通り，次の1個が残りの4通りだから，全部で6×5×4(通り)ある。この並べ方では，例えばチョコレート(以下，チ)，キャンディ(以下，キ)，グミ(以下，グ)の3種類1組の組み合わせから，チキグ，チグキ，キチグ，キグチ，グチキ，グキチの6通りの並べ方ができている。このように1組の組み合わせから6通りずつの並べ方ができているから，6種類のお菓子から3種類選ぶ選び方(組み合わせ)の数は全部で，$\frac{6 \times 5 \times 4}{6} = 20$(通り)ある。

これだとグミとガムを同時に選ぶ組み合わせもふくまれている。グミとガムを同時に選ぶ組み合わせは，残り1種類が4通りあるので，4通りある。よって，求める組み合わせの数は，20−4＝16(通り)

問3　すべてのお店でチョコレート以外で最も割安なお菓子を探すと，キャンディだとわかる。1袋単位で買うと余りが出るということもない。したがって，チョコレートとキャンディを1000個ずつ買う。

Aでのお菓子の代金は，$1500 \times \frac{1000}{100} + 2000 \times \frac{1000}{250} = 23000$(円)で，送料を合わせると，23000＋800＝23800(円)

Bのお菓子の代金は25%引きだから，$\left\{ 1700 \times \frac{1000}{100} + 900 \times \frac{1000}{100} \right\} \times \left(1 - \frac{25}{100} \right) = 19500$(円)で，送料を合わせると，19500＋800＝20300(円)になる。

Cでのお菓子の代金は，$1400 \times \frac{1000}{100} + 1500 \times \frac{1000}{250} = 20000$(円)になり，送料は無料である。

Dでのお菓子の代金は，$5000 \times \frac{1000}{500} + 5000 \times \frac{1000}{500} = 20000$(円)で，送料を合わせると，20000＋600＝20600(円)

よって，Cでチョコレートとキャンディを買うのが最も安く，合計金額は20000円になる。

問4　新しいマンションで子どもがいる戸数は，$60 \times \left(1 - \frac{1}{5} \right) \times \left(1 - \frac{1}{4} \right) = 36$(戸)だから，参加する子どもが3×36＝108(人)増えると考える。したがって，$\frac{108}{432} \times 100 = 25$(%)増加する。

問5　ドラゴンとゴブリンがたがいの性格について話しているので，まずこの2人に注目する。

ドラゴンが正直者だとすると，ドラゴンのいっていることからゴブリンは嘘つき者ということになるが，これだとゴブリンがドラゴンについていっていることが正しいことになるので，条件に合わない。

ゴブリンが正直者だとすると，ゴブリンのいっていることからドラゴンも正直者ということになり，条件に合わない。

次に，オオカミ男とバンパイアに注目する。

オオカミ男が正直者だとすると，オオカミ男のいっていることからバンパイアは嘘つき者ということになる。オオカミ男とバンパイアは門について同じことをいっているので，一方が正直者でもう一方が嘘つき者だと，条件に合わない。

バンパイアが正直者だとすると，オオカミ男は，バンパイアについてまちがったことをいっていて，門について正しいことをいっていることになる。したがって，正直者はバンパイアであり，オオカミ男は正しいこともまちがったこともいう者である。

正直者は1人だけなので，ゴブリンは，ドラゴンについてまちがったことをいっていて，門について正しいことをいっている。したがって，ゴブリンは正しいこともまちがったこともいう者である。

よって，嘘つき者はドラゴンだから，魔法の森を脱出できる門はドラゴンの後ろの門である。

3 **問2(1)**　できた水溶液にとけているしょう酸カリウムの重さは，加えたしょう酸カリウムの重さとろ紙に残ったしょう酸カリウムのつぶの重さの差である。実験②の㋑と実験①の㋺では同じ重さの硝酸カリウムがとけていることに着目しよう。　　**(2)**　表1より，10℃の水にとけるしょう酸カリウムの重さは，水25mLでは40−34.5＝5.5(g)，水50mLでは40−29.0＝11.0(g)，水75mLでは40−23.5＝16.5(g)，水100mLでは40−18.0＝22.0(g)となっているから，同じ温度(10℃)にとけるしょう酸カリウムの重さは，混ぜる水の重さに比例することがわかる。

よって，表2より，150mL の水にとけるしょう酸カリウムの重さは，0℃では$(160-146.7)\times\dfrac{150}{100}=19.95(g)$となるから，正しいグラフはエとわかる。なお，150mL の水にとけるしょう酸カリウムの重さを 20℃，40℃，60℃で求めると，それぞれ 47.4 g，95.85 g，163.8 g となる。

問3 音が出た組み合わせに着目する。水溶液がうすい塩酸だと，金属板の組み合わせによって音が出たり出なかったりするが，水溶液がエタノール水溶液だと，どの金属板の組み合わせでも音が出ない。つまり，音が出たという結果があてはまるのは，水溶液がうすい塩酸のアかイのどちらかとわかる。また，音が出たときの金属板の組み合わせを見ると，Aが銅板，Bがスチール板のときと，Aがスチール板，Bがアルミニウム板のときがあるから，銅板はスチール板より＋極になりやすく，スチール板はアルミニウム板より＋極になりやすいとわかる。これより，金属板は＋極になりやすい順に，銅板＞スチール板＞アルミニウム板である。よって，アが正答となる。

4 **問1** ア．選挙に「非常に関心があった」，「多少は関心があった」と答えた人の割合の合計は，30 代では $12.2+42.7=54.9(\%)$ と 50％をこえているので，正しくない。　イ．選挙に「非常に関心があった」，「多少は関心があった」と答えた人の割合の合計は，年代が上がるほど高くなる傾向があるが，80 歳以上がいちばん高いわけではないので，正しくない。　ウ．選挙に「非常に関心があった」，「多少は関心があった」と答えた 20 代までの人の割合の合計は，$12.2+35.0=47.2(\%)$ で，投票参加率よりも低いから，正しくない。　エ．正しい。よって，エが適切である。

問2(1) アイ．安全にかかわることなので，全数調査を行う必要がある。　ウ．学校での健康診断は，1 人 1 人の成長の度合いを調べるために行うので，全数調査を行う必要がある。　エ．すべての果物の甘さを調査すると，すべての果物に傷がついてしまうので，標本調査が適している。　よって，エが適している。

(2) 全体の $\dfrac{3000}{80000}=\dfrac{3}{80}$ を選ぶから，各グループから $\dfrac{3}{80}$ ずつを選ぶ。よって，グループFから選ぶ人数は，$12000\times\dfrac{3}{80}=450(人)$

問3 ア〜エを見ると，板の厚さは 1 cmか 2 cmである。また，すべてに「縦 30 cm×横 20 cmを 2 枚」が入っていて，これは上下の底面の板であり，厚さが関係しない。

板の厚さが 1 cmの場合，正面から見たスケッチにおいて，左右の板は縦と横が，$40-1\times2=38(cm)$ と 20 cmで，前後の板は縦と横が，$40-1\times2=38(cm)$ と $30-1\times2=28(cm)$ である。アとイにこの組み合わせはない。

板の厚さが 2 cmの場合，正面から見たスケッチにおいて，左右の板は縦と横が，$40-2\times2=36(cm)$ と 20 cmで，前後の板は縦と横が，$40-2\times2=36(cm)$ と $30-2\times2=26(cm)$ である。よって，ウが正しい。

問4 2023 年の有権者数を千の位までのがい数にすると，桜区は 81000 人，緑区は 107000 人となる。したがって，議員 1 人あたりの有権者数は，桜区が約 $81000\div4=20250(人)$，緑区が，$107000\div6=17833.3\cdots\to$約 18000 人である。よって，桜区の方が多く，格差は，$20250\div18000=1.125\to$約 1.1 倍だから，イが正しい。

5 **問1** ア．誤り。日本とイギリスの貿易で見ると，日本は貿易黒字である。イ．誤り。日本とドイツの貿易で見ると，ドイツは貿易黒字である。ウ．正しい。日本の人口 1 人あたりの貿易額は，$(641341+634431)\div124271000=0.0102\cdots$より，約 10200 ドル。イギリスは，$(379866+542464)\div67886000=0.0135\cdots$より，約 13500 ドル。ドイツは，$(1380379+1170726)\div83784000=0.0304\cdots$より，約 30400 ドル。エ．誤り。中国の人口 1 人あたりの貿易額は，$(2590646+2055612)\div1439324000=0.0032\cdots$より，約 3200 ドルでイギリスやドイツより低い。

問2 ア．「スリランカとほぼ同じ」が誤り。資料4を見ると，イギリスの消費量とスリランカの消費量には大きな差がある。イ．「世界全体の約 30％」が誤り。資料2より，中国の茶の生産量は世界全体の $297\div702\times100=42.3\cdots(\%)$ を占める。ウ．正しい。資料2を見ると，インドの茶の生産量は中国に次いで第 2 位であることがわかる。

資料4を見ると，インドの茶の消費量はイギリスの 108.81÷10.76＝10.1…(倍)であること，1人あたりの消費量は，イギリスや中国の約半分であることがわかる。エ．「1人あたりの茶の消費量でもケニアは日本より少ない」が誤り。資料4を見ると，1人あたりの茶の消費量においてケニア(0.82 kg)は日本(0.79 kg)より多い。

問3 移動にかかる時間は 12＋2＝14(時間)だから，1月11日午後3時30分の14時間前の1月11日午前1時30分(ロンドンの現地時刻)に東京・羽田空港発の便に乗ったことになる。ロンドンの方が東京より時刻が9時間遅れているから，ロンドンが1月11日午前1時30分のとき，東京は1月11日午前10時30分である。

問4 ア．誤り。2023年のデジタルコンテンツ市場は3520億ドル，フィジカルコンテンツ市場は8450億ドルだから，半分を下回っている。イ．「映像と音楽の分野はデジタルコンテンツ中心に置きかえられようとしている」が誤り。デジタルコンテンツ市場は全体としては縮小傾向にあるが，映像と音楽については増え続けている。ウ．正しい。2014年から2019年にかけてのデジタルコンテンツ市場は，1200億ドルから2570億ドルと約2倍に拡大している。また，2018年のデジタルコンテンツ市場のゲームの分野は約1000億ドル，フィジカルコンテンツ市場の音楽の分野は約800億ドルだから，2018年のデジタルコンテンツ市場のゲームの分野が上回っている。

エ．誤り。フィジカルコンテンツ市場における出版の分野は，2014年から2023年にかけて500億ドル以上縮小しているが，デジタルコンテンツ市場における出版の分野の成長は500億ドルに届いていない。

大宮国際中等教育学校

《解答例》

[1] 問1．キ　問2．エ　問3．A．ア　B．ウ　C．イ，ウ　問4．D．⑥　E．労働時間が４０時間を超えている　F．①　G．性別によって応募条件が異なっている

[2] 問1．⑰　問2．イ　問3．363　問4．1.06　問5．900

[3] 問1．A．意見　B．合意　C．科学　D．得やすい　問2．ウ　問3．(1)E．ウ　F．カ　G．ア　(2)ウ
問4．エ　問5．みんなが信じ込んでいるパラダイムに対して，間違えている可能性があると疑いを持つことで進歩してきた。

《解　説》

[1] 問1　資料1の 2020 年を見ると，東経(度)の値はC県が最も小さいことから，資料2において人口重心が最も西に位置する山梨県がC県である。そのうえで，資料1で 2015 年から 2020 年の人口重心の変化を見ると，経度は西に移動し，緯度は北に移動していることが読み取れる。よって，北西に移動しているキを選ぶ。

問2　資料3の３行目に「絶対図は，収穫量や人口などを円の大きさや棒の長さなどによって示したもの」とあることから，人口は円の大きさで表せばよい。そのうえで千葉県と埼玉県の人口増減率に注目すると，千葉県は０〜１％，埼玉県は１〜２％にあてはまることから，エが適当である。

問3　【花子さんと先生の会話】の「働く女性が増えている」「女性が結婚して子どもを産む年齢も高くなっている」から，1980 年の女性の労働力率は 2000 年や 2020 年より低く，M字の底の年齢も 2000 年や 2020 年より若いと判断できるので，Aにはアがあてはまる。また，M字になっていないエが男性の労働力率であり，2020 年の女性の労働力率は 2000 年より高い傾向にあるから，ウが 2020 年(B)，イが 2000 年と判断する。

　C　の選択肢　ア．誤り。40 年前から 25〜29 歳で出産することが 20〜24 歳で出産することより多かった。

イ．正しい。1980 年には 0.1 人未満であったが，2020 年には 0.3 人程度になっているので約３倍になった。

ウ．正しい。25〜29 歳は，1980 年には 0.9 人程度であったが，2020 年には 0.4 人を下回っている。エ．誤り。35〜39 歳は約３倍に増えているので，「40 年間変わらずに」の部分が適当でない。オ．誤り。出産することが最も多い年代は，25〜29 歳から 30〜34 歳に変わった。

問4　資料8の労働基準法に「労働者に，休憩時間を除き一週間について四十時間を超えて，労働させてはならない。」とある。男性と女性の応募条件に違いがあるのは平等権(法の下の平等)に反していると判断する。

[2] 問1　資料2を見ると，レ(１オクターブ上)の振動数はレの振動数の，$\frac{588}{294} = 2$(倍)である。したがって，１オクターブ上になると，ドだけではなく他の音も振動数が２倍になるとわかる。振動数が 660Hz の音は，660÷2＝330 より，ミの音の１オクターブ上だから，鍵は⑰である。

問2　となりあう音の振動数の比は常に一定なのだから，資料2を見て，ド(１オクターブ上)の振動数の比がシの振動数の比の何倍かを求めればよい。シの振動数の比は約 1.9 だから，2÷1.9＝1.052…→約 1.5 倍なので，イが正しい。

問3　弦の振動する部分の長さが，$\frac{32}{32+16} = \frac{2}{3}$(倍)になったのだから，振動数は $\frac{3}{2}$ 倍になる。
よって，$242 × \frac{3}{2} = 363$(Hz)になる。

問4 振動数 320Hz に最も近いミの音の振動数は，資料2より，330Hz である。(振動数)×(振動数)は，振動数が 320Hz のとき 320×320＝102400，330Hz のとき 330×330＝108900 だから，$\frac{108900}{102400}$＝1.063…→約 1.06 倍になった。よって，おもりの重さを約 1.06 倍にした。

問5 BはAよりも，弦の振動する部分の長さが $\frac{45}{30}=\frac{3}{2}$(倍)である。したがって，おもりの重さを変えないと振動数は $\frac{2}{3}$ 倍になるから，おもりの重さを変えることで振動数を $\frac{3}{2}$ 倍にしたい。振動数が $\frac{3}{2}$ 倍になるとき，(振動数)×(振動数)は $\frac{3}{2}×\frac{3}{2}=\frac{9}{4}$(倍)になるので，おもりの重さを $\frac{9}{4}$ 倍にすれば振動数は $\frac{3}{2}$ 倍になる。よって，Y＝400×$\frac{9}{4}$＝900(ｇ)

③ 問1 本文中で「コンセンサス～日本語では，A意見の一致，とか，B合意，と訳されます」「政治的なことについて完全に国民の合意を得られることなどほとんどありえません～それに対して，C科学というのは，コンセンサスをD得やすい分野です。それは～政治信条のような『好き嫌い』ではなくて，『真実』をあつかうからです」と述べていることからぬき出す。

問2 ──線②の後で「いま正しいとされていることであっても～将来，正しくないと判定されることは十分にありえる～こういったことまで考えて～完全に断定的に言い切らないことが多いのは，科学者のひとつの特徴～真実を尊いと思うが故の行動パターン」だと述べていることに，ウが適する。アの「責任からのがれられるように気をつける」，イの「多くの研究者に気をつかって～できるかぎり遠回しに表現する」，エの「今考えずに判断を先送りにする」などは適さない。

問3(1)E E によって「いろいろな科学的観測」ができるようになったのである。本文中に「技術が進み，いろいろなことが観測されるようになって」とあることから，ウの「技術の進歩」が適する。 F ここでの「新しい研究成果」は，コペルニクスの地動説。それは，天動説のパラダイムを信じている人たちの「はげしい反発」にあった。つまり，カの「天動説に対する反証(反対の証拠)」となったということ。 G 本文中で「ガリレオ～木星の周りに四つの衛星がある～木星もその周囲を回る星を持っている，ということを発見～これによって～天動説に決定的なダメージを与えたのです」と述べていることから，アの「天動説の破綻」が適する。

問3(2) 本文中に「地動説が認められた～一発ですんなりいったわけではない～コペルニクスとガリレオ～コペルニクスの考えが出されてからパラダイムが入れ替わるまで，かなりの年数がかかった」と書かれていることから，ウの「とても長い時間がかかる」が適する。

問4 エの「たとえの表現を効果的に使い～感覚的に説明している」が適さない。

問5 本文最後の段落で「みんなが信じ込んでいるパラダイムであっても，間違えている可能性がある～科学は，みんなが当たり前に思っていることに対して疑いを持つということによって進歩してきた」と述べていることからまとめる。

《解答例》

1 〈作文のポイント〉

・最初に自分の主張、立場を明確に決め、その内容に沿って書いていく。

・わかりやすい表現を心がける。自信のない表現や漢字は使わない。

　さらにくわしい作文の書き方・作文例はこちら！→https://kyoei-syuppan.net/mobile/files/sakupo.html

2 さいたま市では，空き家の戸数は増えているにもかかわらず，空き家率は下がっています。それは，さいたま市の人口が増えているだけでなく，単身世帯や核家族世帯が増え，全体の住宅数が増えているからだと考えられます。空き家には，古くなって破損したり，放火などの犯罪の対象となったりするなどの問題点があります。このような空き家は，宿泊施設として旅行者に提供するなどして活用することができます。宿泊施設の管理者が建物の管理・修繕を行い，日常的に人が出入りするようになることで，建物の破損や犯罪を防止することができるため，空き家の問題点を解決することにもつながると考えられます。

3 資料2では，２０２１年は２００４年と比べてペットボトル出荷本数が増えていますが，ペットボトルを作るときに出る二酸化炭素の量はほぼ変わっていないことも読み取れ，二酸化炭素による被害も大きくなっているとは言えないため，資料としてふさわしくありません。資料3では，ペットボトルの分解には４００年と長い時間がかかることが読み取れるため，資料としてふさわしいです。資料4では，ペットボトルの回収率は年々増えていて，１００％に近くなっていることが読み取れます。回収されなかったペットボトルの割合が低くなり，環境にあたえる影響が少なくなってきていると言えるので，資料としてふさわしくありません。

《解　説》

2 　空き家の活用事例は，「シェアオフィスとして，スペースごとに貸し出す」「高齢者向けのデイサービスやグループホームとして利用する」などでもよい。特に今後は少子高齢化が進んでいくことが予想されるので，「高齢者向けのデイサービスやグループホームとして利用する」ことは高齢化に対する取り組みにもなる。

3 　資料2は「2021年のペットボトルの出荷本数は，2004年と比べて約1.6倍になっているので，二酸化炭素による被害も同じくらい大きくなっている」ことの根拠とはならない。資料4は「回収されなかったペットボトルが海洋ごみとなったり，ごみとして処理されたりするときに，環境に悪い影響をあたえている」ことの証明にならない。この部分をしっかりと否定して文章にまとめよう。

《解答例》

1　問1．エ　　問2．ウ　　問3．イ　　問4．ア，エ　　問5．①ア　②エ　③ウ　④イ

2　問1．A．81　B．81　C．ウ　　問2．D．364.5　E．243　F．ア　　問3．(1)1.1　(2)1.4

　　問4．4個入り…4　9個入り…2

3　問1．A．ない　B．ない　　問2．5　　問3．D．ライオン　E．ウサギ

4　問1．ア　　問2．(1)ウ　(2)ア，ウ

5　問1．ウ　　問2．1950年…ウ　2000年…エ　2050年…ア　2100年…イ　　問3．ア

　　問4．栄養不足の人口の割合が高い

《解　説》

1　**問1**　エマ「私のぼうしはどこ，かずき？」→かずき「机の上だよ，エマ」→エマ「それは私のぼうしではないわ。ェ私のぼうしには花がついているの」→かずき「ェそうか。いすの下にあるよ」→エマ「ああ，ありがとう，かずき」

問2　メグ「昨年の一番好きな思い出は何，りく？」→りく「家族旅行だよ。僕たちは青森に行ったんだ。ねぶた祭りを見たよ」→メグ「いいね！青森はフルーツが有名ね。何かフルーツを食べた？」→りく「うん，食べたよ。ゥリンゴを食べたよ。おいしかったよ。君の一番好きな思い出は，メグ？」→メグ「私の一番好きな思い出は春休みよ。私は山梨に行ったよ。ゥ美しい湖と富士山を見たの。そこでさくらんぼを食べたよ」

問3　みか「3人の女子と1人の男子が4番美術部に入りたがっているよ。2人の女子と4人の男子が2番すい奏楽部に入りたがっているよ。2人の女子と3人の男子が3番サッカー部に入りたがっているよ。2人の女子と1人の男子が5番ダンス部に入りたがっているよ。すい奏楽部が人気ね」→ポール「そうだね，みか。1番テニス部も人気があるよ。4人の女子と3人の男子が入りたがっているよ」

問4　もも「あの男の子はだれ，ジョン？」→ジョン「彼はティムだよ。彼は転校生だよ」→もも「そうなんだ。彼はどこの出身なの？」→ジョン「彼はカナダ出身だよ。ェバイオリンをとても上手にひくことができるんだ」→もも「かっこいいね。私は音楽が好きよ。ェバイオリンはひけないけどピアノはひけるわ」→ジョン「そうだね。ああ，ァ君は歌も好きだよね。彼はピアノはひけないけど歌は上手だよ。一緒に歌えるね」→もも「いい考えね」

問5　「先週の土曜日，妹のなみと僕はたくさんのことをしました。僕たちはテニスをしたかったのですが，朝は雨がたくさん降っていました。それで①ァテレビでテニスを見ました。それから，②ェ一緒にケーキを作りました。正午に昼食のスパゲッティを食べました。午後は晴れていました。③ゥ公園でテニスをしました。カレーライスを作って夕食に食べました。そのあとに④ィケーキを食べました。おいしかったです」

2　**問1**　図2より，4個入りのトマトの直径は18÷2＝9(cm)，半径は9÷2＝4.5(cm)だから，トマト全部の面積は，(4.5×4.5×3.14)×4＝A81×3.14(cm²)である。9個入りのトマトの直径は18÷3＝6(cm)，半径は6÷2＝3(cm)だから，トマト全部の面積は，(3×3×3.14)×9＝B81×3.14(cm²)である。

AとBの値は同じだから，上から見たときのトマト全部の面積は，C4個入りも9個入りも同じである。

問2　4個入りのトマトの半径は4.5cmなので，トマト全部の体積は，(4.5×4.5×4.5×3.14×4÷3)×4＝D364.5×3.14×4÷3(cm³)である。9個入りのトマトの半径は3cmなので，トマト全部の体積は，(3×3×3×3.14×4÷3)×9＝E243×3.14×4÷3(cm³)である。DとEの値はDの方が大きいので，

体積は，$_F$4個入りのほうが，9個入りよりも大きい。

問3　4個入りのトマトは4個で$285 \times 4 = 1140$（g）なので，トマト1gあたりの<ruby>金額<rt>きんがく</rt></ruby>は，$\frac{1200}{1140} = 1.05\cdots$より，

1.1円である。9個入りのトマトは9個で$85 \times 9 = 765$（g）なので，トマト1gあたりの金額は，$\frac{1080}{765} = 1.41\cdots$

より，1.4円である。

問4　4個入りと9個入りを1箱ずつ買うとき，送料をふくめた購入金額は，$1200 + 1080 + 500 = 2780$（円）

よって，残りの$7500 - 2780 = 4720$（円）で4個入りと9個入りをいくつか買い，購入金額（送料をふくまない）が

最大になる場合を考える。

全部9個入りを買うと，$4720 \div 1080 = 4$余り400より，4箱買えて，400円余る。

ここから9個入り1箱を4個入り1箱に置きかえると，購入金額は$1200 - 1080 = 120$（円）増えるから，

$400 \div 120 = 3$余り40より，4個入り3箱と9個入り1箱を買うと，40円余る。

4個入りを4箱買うと購入金額が4720円より多くなるので，4個入り3箱と9個入り1箱を買う場合が最大だと

わかる。したがって，7500円以下で購入するとき，購入金額が最大となるのは，4個入りを$3 + 1 = 4$（箱），

9個入りを$1 + 1 = 2$（箱）買う場合である。

③　問1　結果の表より，ヨウ素液の色の変化がない（実験で確かめられただ液による変化がある）のは，0℃の水につ

けた後で40℃の水につけた⑤だけである。よって，AとBには「ない」があてはまる。

問2　40歳の女性の1日にとり入れるたんぱく質の目標量は67～103gだから，1日の目標量の最小値の2分の1

は$67 \div 2 = 33.5$（g），13歳の男性の1日にとり入れるたんぱく質の目標量は85～130gだから，1日の目標量の最

小値の2分の1は$85 \div 2 = 42.5$（g）である。2人とも同じランチメニューをそれぞれ残すことなく食べたとして考

えるので，ランチメニューのたんぱく質の合計が42.5g以上であれば，2人とも1日の目標量の最小値の2分の1

以上のたんぱく質をとり入れることができる。そのようになる組み合わせは，①でご飯とみそしる，②でチキンス

テーキ，③でしらすサラダを選んだときの1通り，①でパンとコーンスープ，②でチキンステーキ，③でトマトサ

ラダ以外を選んだときの3通り，①でパンとコーンスープ，②でとうふハンバーグ，③でしらすサラダを選んだと

きの1通りで，合計5通りある。

問3　資料4より，肉を食べるオオカミやライオンの，体長を1としたときの消化管の長さの比の値はヒグマやヒ

トよりも小さく，植物を食べるウマやウサギの，体長を1としたときの消化管の長さの比の値はヒグマやヒトより

も大きいことがわかる。

④　問1　4人のうちのだれかが手びょうしをしていればその音が聞こえるので，4人のリズムをたてで見て，

だれかが手びょうしをしているところに同じ音符をかいていくと，アのリズムになるとわかる。

問2(1)　花子さんの発言から，2020年7月の箱ひげ図は，最大値と最小値の差（これを<ruby>範囲<rt>はんい</rt></ruby>という）が10℃以上

で，中央値は29℃より小さいことがわかる。ア～エの箱ひげ図の範囲はアだけが10℃より小さく，イ～エの中で

中央値が29℃より小さいのはウだけなので，正しい箱ひげ図はウである。

(2)　ア．資料2より，1950年代の7月の最大値はいずれも36℃より低い。また，31日の25%が$31 \times \frac{25}{100} = 7.75$（日）

なので，第3四分位数が36℃より大きい場合，少なくとも7日は1日の最高気温が36℃をこえる。資料3より，

第3四分位数が36℃より大きい年は2011年・2012年・2015年・2018年の4年あり，残りの6年はいずれも最大

値が36℃より大きいから，2010年代の7月は1日の最高気温が36℃をこえる日が，$7 \times 4 + 6 = 34$（日）以上ある。

よって，正しい。

イ．第1四分位数が26℃未満であれば，1日の最高気温が26℃未満の日が7月に少なくとも7日ある。そのよう

な年は，1950 年代では 1951 年・1952 年・1953 年・1954 年・1956 年・1957 年の 6 年あり，2010 年代では
2015 年・2019 年の 2 年あるので，正しくない。

ウ．中央値が 30℃より大きければ，1 日の最高気温が 30℃をこえている日が 7 月に半月以上ある。そのような年
は，1950 年代では 1950 年・1955 年の 2 年あり，2010 年代では 2019 年以外の 9 年あるので，正しい。

エ．平均よりも中央値が低くなっている年は，1950 年代では 1952 年・1953 年・1956 年・1957 年・1958 年の 5 年
あり，2010 年代では 2019 年の 1 年だけなので，正しくない。

オ．平均気温が 30℃をこえない年は，1950 年代では 1950 年・1955 年以外の 8 年，2010 年代では 2019 年の 1 年だ
けなので，正しくない。

⑤ 問1　太郎さんが調べてまとめた内容のなかで，「最も西に位置する都市〜気温が全体的に低くなっている」とあ
るので，C がケープタウンである。次に，「プレトリアは〜時期に雨が少ない。また，最も気温〜都市の中で最も
大きい」とあるので，B がプレトリアである。残った A がダーバンであり，「3 つの都市の 5 月の気温を比べると，
ダーバンだけがさいたま市より気温が高い」という内容にもあてはまっている。

問2　1950 年の人口はアジア州の次にヨーロッパ州が多いのでウ，2000 年はアジア州の次にアフリカ州が多く，そ
の次に，アフリカ州とほとんど差がなくヨーロッパ州が多いので，エである。2050 年はアジア州の次にアフリカ州
が多く，アフリカ州はアジア州の半分程度になっているのでア，2100 年はアジア州と次に多いアフリカ州にほとん
ど差がないので，イを選ぶ。

問3　アが正しい。高齢化率が 7 ％から 14％になるまでの期間は，日本が 24 年，フランスが 126 年，アメリカが
72 年である。　イ．3 か国ではなく，韓国，シンガポール，中国，アメリカの 4 か国である。　ウ．期間が最も短
いのは中国ではなくシンガポールである。　エ．日本は 24 年，スウェーデンは 85 年なので，日本はスウェーデン
より 61 年短い。

問4　栄養不足の人口の割合を示した地図は「ハンガーマップ」とよばれている。栄養不足の人たちの多くは，発
展途上国の人たちであり，内戦が続く中央アフリカでの割合は世界的にも高い水準となっている。

《解答例》

1 問1. イ　　問2. カ

問3. A. 同じ重量　B. エ

問4. イ

2 問1. 5　　問2. 35

問3. 右図から2つ

問4. 5

3 問1. 私たちが生活する世界に満ちている比喩的な表現は多くの場合，個別の習慣や生活形式，文化などと深く結びついている。　　問2. エ→イ→ウ→ア　　問3. 今も使われ，絶えず変容している

問4. Y. むっか　Z. むいか　　問5. ウ

《解　説》

1 問1　それぞれの午後の「八つ」の時刻を求める。

ア. 昼の時間は17時45分－5時45分＝12時間だから，午後の「八つ」の時刻は，17時45分－12時間×$\frac{2}{6}$＝13時45分　　イ. 昼の時間は19時－4時30分＝14時間30分だから，午後の「八つ」の時刻は，

19時－14時間30分×$\frac{2}{6}$＝19時－(14×60＋30)分×$\frac{1}{3}$＝19時－290分＝19時－4時間50分＝14時10分

ウ. 昼の時間は17時30分－6時30分＝11時間だから，午後の「八つ」の時刻は，17時30分－11時間×$\frac{1}{3}$＝

17時30分－660分×$\frac{1}{3}$＝17時30分－220分＝17時30分－3時間40分＝13時50分

エ. 昼の時間は16時30分－6時50分＝9時間40分だから，午後の「八つ」の時刻は，

16時30分－9時間40分×$\frac{1}{3}$＝16時30分－580分×$\frac{1}{3}$＝16時30分－193$\frac{1}{3}$分＝16時30分－3時間13$\frac{1}{3}$分＝13時16$\frac{2}{3}$分

よって，いちばんおそくなる日はイである。

問2　X. セメント工場は原料であるセメントがとれる山口県や埼玉県に多く立地している。石灰岩の山々が連なる秩父山地のある埼玉県や，カルスト地形の秋吉台のある山口県は，セメント工業が盛んであることは覚えておきたい。　　Y. 火力発電所は燃料を輸入しているので，日本各地の沿岸部に立地している。　　Z. 製鉄所は太平洋ベルトや，製鉄がさかんな北海道の室蘭市に立地している。

問3　A. 資料5の＜前＞と＜後＞で，それぞれの納品先に届く荷物の重量は同じ90である。　　B. エが正しい。

ア. 納品先に運ぶ際の，1台のトラックに積む荷物の量は増えているので誤り。　　イ. トラックの台数は減っているので誤り。　　ウ. 倉庫の数は減っているので誤り。

問4　アは，(年間商品販売額)÷(事業所数)で求められる。コンビニは食料品スーパーよりも年間商品販売額が小さく，事業所数が大きいので，条件に合わない。

イは，(年間商品販売額)÷(売り場面積)で求められる。年間商品販売額(百万円)よりも売り場面積(㎡)の方が数値が小さいのは百貨店とコンビニで，コンビニは百貨店よりも年間商品販売額が大きく，売り場面積が小さいので，条件に合う。

ウは，（年間商品販売額）÷（従業者数）で求められる。4922646÷66683＝73.8…，15375413÷748815＝20.5…，6480475÷537618＝12.0…より，条件に合わない。

エは，（従業者数）÷（事業所数）で求められる。コンビニは食料品スーパーよりも従業者数が小さく，事業所数が大きいので，条件に合わない。

オは，（売り場面積）÷（事業所数）で求められる。コンビニは百貨店よりも売り場面積が小さく，事業所数が大きいので，条件に合わない。

2 問1 幅は 60 ㎝だから，荷物は横に 1 個おける。

奥行きは 3 m－300 ㎝だから，荷物を 1 個おくと，残りの奥行きは 300－50＝250（㎝）となる。

すきまを考えると，ここから荷物を 1 個置くのに必要な奥行きは 10＋50＝60（㎝）だから，250÷60＝4 余り 10 より，あと 4 個の荷物が置ける。よって，最大で荷物を 1＋4＝5（個）置くことができる。

問2 荷物の体積と重さが比例していると考えるので，《4》の重さが 4 kg のとき，《1》の重さは $4 \times \frac{1}{8} =$ 0.5（kg），《2》の重さは 0.5×2＝1（kg），《3》の重さは 0.5×4＝2（kg），《5》の重さは 0.5×16＝8（kg），《6》の重さは 0.5×32＝16（kg）である。

よって，倉庫に置かれているすべての荷物の重さの合計は，0.5×2＋1×2＋2×2＋4＋8＋16＝35（kg）

問3 「1 を 2 の上に置く」「3 を 4 の上に置く」「1 と 2 を 3 の上に置く」「1 と 2 と 3 と 4 を 5 の上に置く」の順でサイコロを動かすと解答例の左上の図の終りょうの状態になる。

「2 を 4 の上に置く」「2 を 3 の上に置く」「4 を 5 の上に置く」「1 を 4 の上に置く」の順でサイコロを動かすと解答例の右上の図の終りょうの状態になる。

「1 を 2 の上に置く」「1 と 2 を 4 の上に置く」「1 と 2 を 3 の上に置く」「4 を 5 の上に置く」の順でサイコロを動かすと解答例の右下の図の終りょうの状態になる。

「2 を 4 の上に置く」「2 と 4 を 5 の上に置く」「1 を 2 の上に置く」の順でサイコロを動かすと解答例の左下の図の終了の状態になる。

動かす順番は何通りかあるが，終りょうの状態は，左から 2 番目の場所のみにサイコロがあるか，左から 2 番目と右端のみにサイコロがあるかのどちらかなので，この 4 種類だけとなる。

問4 6 を動かすことはないので，完全に片づけられた状態は右図のようになる。

最小ですべてのサイコロを一番左に移動させるので，右に移動する回数が少なく，1 回の移動で多くのサイコロが移動できるような移動の仕方で考えると，

「1 と 3 を 4 の上に置く」「1 を 2 の上に置く」「1 と 2 を 3 の上に置く」

「1 と 2 と 3 と 4 を 5 の上に置く」「1 と 2 と 3 と 4 と 5 を 6 の上に置く」の順で完全に片づけられた状態になるから，最小で 5 回移動が必要である。

3 問1 ①の部分は，2 つの段落のそれぞれで，最初の一文で述べたことの具体例を挙げるという構成になっている。よって「私たちが生活する世界は比喩的な表現に満ちている」「比喩的な表現は多くの場合，個別の習慣や生活形式（生活のかたち），文化といったものと深く結びついている」という内容をまとめればよい。

問2 以後で取り上げる「土足」についての話を始める一文なので，エ。エを受けて，「土足」の話に関わる「新型コロナ禍」での出来事を具体的に説明したイ。イで述べた「要因」のひとつを取り上げたウ。ウの「靴を脱ぐ文化」を受けて，「そのような文化の方が」と述べているア。

問3 A の上の「人々が長年かたちづくってきた文化や生活が背景にあり，歴史に培われたという特徴」

は，「生ける文化遺産」の「文化遺産」の説明である。よって A に入るのは，「生ける」（生きている）の説明。下線部②の直前の「今現在も使われ，絶えず変容を続けている」という部分をまとめる。

問4 直前の「なぜ～『ひとか』ではなく『ついたち』なのか」と同類の疑問である。「個数の呼び方と日数の数え方」を比べた部分を参照。「みっつ」と「みっか」，「よっつ」と「よっか」，「いつつ」と「いつか」などのように共通しているものもあれば，「むっつ」と「むいか」のようにちがうものもあるということ。

問5 比喩表現の具体例，個数の呼び方と日数の数え方，数え方の単位の具体例などを挙げながら，その背景に文化や歴史があることを説明している。そのうえで，本文の最後で「言葉は，文化のなかに根を張り，生活のなかで用いられることで，はじめて意味をもつ。言葉について考えることは，それが息づく生活について考えることでもある」とまとめている。この内容に，ウが適する。アの「こうした比喩表現を効果的に使うためには，漢字の成り立ちについてもっとよく知り」，イの「起源に気づくことは難しいが，それ以上に数に関する表現がわかりにくい～他の言語に比べてわかりにくい」，エの「教えるときには，まず～生活習慣や文化について教えていくことが効果的だ」などは適さない。

《解答例》

1 総合起業活動指数が最も高い国はカナダで，２０．１です。これは日本の約３．２倍です。起業している人と起業していない人のあいだで，「かなり満足」と「やや満足」を合わせた割合の差が最も大きいのは，収入に関する満足度，仕事と生活のバランスに関する満足度，仕事のやりがいに関する満足度のうち，仕事のやりがいに関する満足度です。起業について学ぶために，税金・法律関係の相談機会の充実を求めている人が多いので，起業についての勉強会では，講師をよんで起業に必要な一般的な税金・法律関係の知識を講義した後，参加者がそれぞれ，知りたいことや困っていることなどを個別に相談できる時間をつくればよいと思います。

2 公民館が目指す方向性は「にぎわいから学びをつかみ地域とのつながりをはぐくむ場」です。２００９年から２０１８年にかけて，公民館の延べ利用者数は約１１．２％減少していて，特に２０代・６０代の利用者の割合は男女とも減少しています。２０代は男性が０．３で女性が４．２，６０代は男性が１．４で女性が６．９ポイント減少しています。「公民館まつり」の中で行うイベントとして，２０代の人がたくさん来るように，事前にＳＮＳを使って宣伝しながら出品者をつのり，バザーやフリーマーケットなどを行って，家で処分に困っている，まだ使えるものを売ったり，それらを他の人が安く買ったりできるようなイベントを提案します。

3 資料１から，読解力の得点の高い生徒の特徴が，読書を肯定的にとらえること，本を読む頻度が高いことだと読み取れます。資料２の，本を「どうしても読まなければならない時しか，読まない」という日本の生徒の割合が３９．３％で，ＯＥＣＤ平均の４９．１％と比べて９．８ポイント低いという結果から，日本は読書に対して肯定的だということが言えます。資料３でも，５つの項目すべてにおいて，日本は読書に肯定的だという結果が出ています。資料４を見ると，日本はノンフィクションの数値がＯＥＣＤ平均を下回っています。ノンフィクションには実話ならではの力強さがあります。みなさんもノンフィクションのリアルな表現を味わってみませんか。

《解　説》

1 会話文の最後の太郎さんの発言に着目する。はじめに，資料１について，「総合起業活動指数が最も高い国〜小数第１位までの数で述べ」とあるので，カナダが20.1で，日本の約3.2倍であることを書く。次に資料２について，「３つのグラフから〜大きいグラフはどれか述べ」とあるので，収入に関する満足度，仕事と生活のバランスに関する満足度，仕事のやりがいに関する満足度のうち，仕事のやりがいに関する満足度の差が最も大きいと書く。最後に資料３より，「上位３項目の中から１つ選んで示し」とあるので，「税金・法律関係の相談機会の充実」「技術や能力を学ぶ機会の充実」「同じ種類の仕事をする人との交流の機会の充実」のうち１つを選んで書き，その内容の勉強会において，工夫できる内容を具体的に書こう。解答では，資料３で最も多い「税金・法律関係の相談機会の充実」について，勉強会では講義と個別相談会を行うとした。

2 会話文の最後の花子さんの発言に着目する。はじめに，資料１について，「公民館が目指す方向性を述べ」とあるので，「にぎわいから学びをつかみ地域とのつながりをはぐくむ場」と書く。次に資料２について，「2018年度の公民館の延べ利用者数は〜小数第１位まで求めて述べ」とあるので，約11.2％減少と書く。次に資料３について，「2018年の利用者の割合が〜減った年代をすべて示し，その年代の〜減少しているかも述べ」とあるので，20代・60代の利用者の割合が男女とも減少していることと，20代は男性が0.3で女性が4.2，60代は男性が1.4で女性が

6.9ポイント減少していることを書く。最後に，20代か60代のどちらか1つを選んで書き，その年代がたくさん来るようなイベントについての具体的な内容を自分で考えて書けばよい。解答では，学生時代に使っていた不用品や，子育て用品などを売り買いできるようなイベントとして，バザーやフリーマーケットを挙げた。また，20代に対する効果的な宣伝方法としてSNSの利用も挙げている。

3 会話文の最後の花子さんの発言に着目する。資料1から「読解力の得点の高い生徒の特 徴 (とくちょう)」を述べるので，「読書を肯定的(こうていてき)にとらえる生徒や本を読む頻度(ひんど)が高い生徒の方が，読解力の得点が高い」と書かれていることから読みとる。資料2からは，「『どうしても読まなければならない時しか，読まない』〜日本は〜何ポイント低いのかを数値(すうち)とともに述べます」とあるので，「日本39.3%，OECD平均49.1%」より，9.8ポイント低いということを書く。また，その結果から，「日本は〜肯定的であるか，または否定的(ひていてき)であるか」を述べる必要がある。「どうしても読まなければならない時しか，読まない」生徒の割合が低いということは，自分から読みたいと思って読む生徒，読書に積極的な生徒の割合が高いということだから，肯定的だと言える。資料3における「読書に肯定的な結果」とは，「どうしても読まなければならない時しか，読まない」「読書をするのは，必要な情報を得るためだけだ」「読書の時間はムダだ」という項目(こうもく)の数値が低いこと，「読書は，大好きな趣味(しゅみ)の一つだ」「本の内容について人と話すのが好きだ」という項目の数値が高いことを意味する。よって，日本は，5つの項目すべてにおいて，肯定的な結果が出ていると言える。資料4については，「日本の数値がOECD平均を下回っている読む本の種類を1つ示し」とあるので，「新聞」と「ノンフィクション」のどちらかを取り上げて，聞き手がそれを読みたくなるようなよびかけをする。必要な内容が欠けないように十分注意しながら，また，字数が足りなくならないように簡潔な表現を心がけながら書こう。

《解答例》

1　問1．ウ　　問2．ア　　問3．ウ　　問4．①イ　②ウ　③ア　　問5．エ

2　問1．10　　問2．(1)右図　(2)右図

　問3．最も大きい数…24　証明…右図

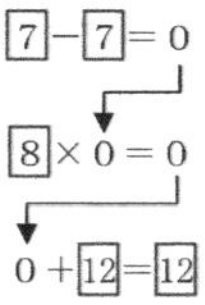

$$\boxed{7} - \boxed{7} = 0$$
$$\boxed{8} \times \boxed{0} = 0$$
$$0 + \boxed{12} = \boxed{12}$$
2 問2(1)の図

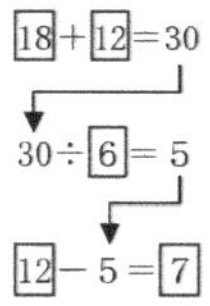

$$\boxed{18} + \boxed{12} = 30$$
$$30 \div \boxed{6} = 5$$
$$\boxed{12} - 5 = \boxed{7}$$
2 問2(2)の図

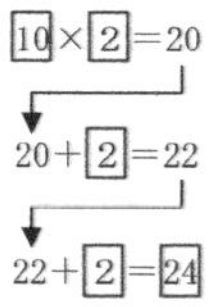

$$\boxed{10} \times \boxed{2} = 20$$
$$20 + \boxed{2} = 22$$
$$22 + \boxed{2} = \boxed{24}$$
2 問3の図

3　問1．エ　　問2．259　　問3．イ

　問4．説明…このばねは500gで12.2−8.2＝4.0(cm)のびる。

　洗い終わった衣類から蒸発した水の重さで19.6−17.8＝1.8

　(cm)のびていたから，その重さは$500 \times \dfrac{1.8}{4.0} = 225$(g)である。　　蒸発した水の重さ…225

4　問1．太郎さん…ア　お父さん…エ　お母さん…ウ　　問2．ABC．ア　D．63　　問3．エ

5　問1．ウ，エ　　問2．A．4　B．38　C．ア　　問3．(1)イ　(2)A

《解　説》

1　問1　ケイト「夏休みはどうだった，しゅん？」→しゅん「夏祭りに行ったよ，ケイト。そこでかき氷を食べたんだ。美味しかったよ」→ケイト「いいわね！私もかき氷が好き」→しゅん「君の夏休みはどうだった，ケイト？」→ケイト「遊園地に行ったわ。そこで花火を見たの。きれいだったわ」より，ウが適切。

　問2　マイク「君の好きな果物は何，あや？」→あや「ブドウが好きよ。今年の夏は山梨に行きたいわ。ブドウが有名だからね」→マイク「なるほどね」→あや「ブドウは好き，マイク？」→マイク「いや，好きじゃないよ。いちごが好きだよ」→あや「私も好き」より，アが内容に合わない。

　問3　母「ジェイク，スーパーに行ける？」→ジェイク「いいよ。何が欲しいの，お母さん？」→母「牛乳，卵，じゃがいもが欲しいわ」→ジェイク「わかった。卵はいくつ欲しいの？」→母「6つお願い」→ジェイク「わかった。じゃがいもはいくつ欲しい？」→母「待って。じゃがいもはあるからいらないよ。あら，玉ねぎが欲しいわ！」→ジェイク「玉ねぎはいくつ欲しいの？」→「2つお願い」より，ウが適切。

　問4　メグ「あなたと一緒に買い物に行きたいわ，けんた。Tシャツが欲しいの」→けんた「わかったよ，メグ。でも僕は今，お腹が空いているんだ。買い物の前にランチを食べたいな」→メグ「何を食べたい？」→けんた「ピザが食べたいな」→メグ「私はおいしいイタリアンレストランを知っているわ。デパートにあるの。ピザが食べられるわ。レストランでピザを食べて，そのあと買い物をしよう」→けんた「いいね。家に帰る前に本屋に行きたいな。本を買いたいんだ」→メグ「デパートの本屋に行けるわ」→けんた「わかった。デパートに行こう」より，①デパートに行く(イ)→②ランチを食べる(ウ)→③買い物をする(ア)の順である。

　問5　「こちらがさきです。私の妹です。さきと私は動物が大好きです。ネコを飼っていますが，彼女のお気に入りの動物はウサギです。彼女はハンバーガーが好きですが，カレーライスは嫌いです。彼女はたくさんのスポーツをします。サッカーはとても上手です。テニスは下手ですが，好きです。彼女はしょうらい英語の先生になりたいです」より，エが適切。

2　問1　日本の人口密度は，$\dfrac{(日本の人口)}{(日本の面積)}$で求めることができ，アメリカの人口密度は，$\dfrac{(日本の人口) \times 2.6}{(日本の面積) \times 26} = \dfrac{(日本の人口)}{(日本の面積)} \times \dfrac{1}{10}$で求めることができる。よって，日本の人口密度はアメリカの人口密度の約10倍である。

問2(1)　プレイヤーカードの中にターゲットカードの⑫と同じ数があるので，【0戦略】を用いるとよい。

(2)　プレイヤーカードがすべて偶数，ターゲットカードが奇数だから，【わり算戦略】で考える。

問3　ターゲットカードの数が最大で25であることに注意する。25以下の数のうち24は解答例のように作ることができるとすぐに気がつくであろう。したがって，25を作ることができるかどうかを考える。

⑩を最後まで残した場合，3つ目の計算式は，15＋⑩＝㉕か35－⑩＝㉕か250÷⑩＝㉕でなければならない。しかし，3枚の②を使って15や35や250を作ることはできない。

②を最後まで残した場合，3つ目の計算式は，23＋②＝㉕か27－②＝㉕か50÷②＝㉕でなければならない。

②，②，⑩を使って2つ計算をし，23か27か50を作ろうとしても，そのような計算は見つからない。

よって，25は作ることができないので，正しい〈証明〉ができる最も大きい数は24である。

③ 問1　表1より，気温が0℃のとき，1㎥の空気中にふくむことができる水蒸気の限度の量は4.8gだから，アではない。また，気温が10℃のとき，1㎥の空気中にふくむことができる水蒸気の限度の量は9.4gだから，エが正しい。

問2　室温は18℃だから，1㎥の空気中にふくむことができる水蒸気の限度の量は15.4gであり，このときの湿度が60.0%だから，1㎥の空気中にふくまれている水蒸気の量は$15.4 \times 0.6 = 9.24$（g）である。よって，部屋の容積が28.0㎥であれば，部屋全体にふくまれている水蒸気の量は$9.24 \times 28.0 = 258.72 \rightarrow 259$gである。

問3　寝室と和室では，部屋の容積と室内のしつ度が同じなので，室内の気温が高い（1㎥の空気中にふくむことができる水蒸気の限度の量が多い）和室の方が，部屋全体にふくまれている水蒸気の量が多い。また，和室と太郎さんの部屋では，室内の気温と室内のしつ度が同じ（1㎥の空気中にふくまれている水蒸気の量が同じ）なので，部屋の容積が大きい和室の方が，部屋全体にふくまれている水蒸気の量が多い。なお，実際の水蒸気の量を問2と同様に求めると，寝室が$13.6 \times 0.6 \times 36.0 = 293.76$（g），和室が$15.4 \times 0.6 \times 36.0 = 332.64$（g）となり，太郎さんの部屋にふくまれている水蒸気の量が最も少ないことがわかる。

問4　水500mLは500gだから，3と2の差より，このばねは500gで$12.2 - 8.2 = 4.0$（㎝）のびることがわかる。また，5と6の差より，洗い終わった衣類から蒸発した水の重さによってばねが$19.6 - 17.8 = 1.8$（㎝）のびていたことがわかる。よって，蒸発した水の重さは$500 \times \dfrac{1.8}{4.0} = 225$（g）である。

④ 問1　太郎さんはとり肉が入っているアとエ，お父さんは小麦が使われていないエ，お母さんは容器にプラスチックが使われていないウとエがあてはまる。3人ともそれぞれちがう種類のお弁当を選んだことから，太郎さんはア，お父さんはエ，お母さんはウと判断する。

問2　アが正しい。　Ａ・Ｂ鉄道全体に占める新幹線の割合は，輸送した人数が$3.7 \div 251.9 \times 100 = 1.46\cdots$（%），輸送量が$993.3 \div 4350.6 \times 100 = 22.8\cdots$（%）になる。　Ｃ新幹線の1人あたりの平均利用きょりは，鉄道全体よりも$268.5 \div 17.3 = 15.5$（倍）長い。　Ｄ全体（鉄道全体・自動車・航空機）に占める自動車の輸送量の割合は，$9096.0 \div (4350.6 + 9096.0 + 945.9) \times 100 = 63.1\cdots$（%）になる。

問3　エが正しい。　ア．貨物の輸送量において，自動車が鉄道を上回ったのは1965年である。　イ．2009年の貨物の輸送量は，1960年よりも減少した。　ウ．2009年の人の輸送量において，最も少ないのは船である。

⑤ 問1　ウとエが正しい。　ウ．サウジアラビアの土地面積に占める耕地の割合は$36 \div 2150 \times 100 = 1.67\cdots$（%）になる。エ．日本の1人あたりの年降水総量の8割は$4944 \times 0.8 = 3955.2$（㎥）になる。　ア．サウジアラビアの国土面積は，日本の$2207 \div 378 = 5.8\cdots$（倍）なので，8倍をこえない。　イ．サウジアラビアの人口は日本よりも少ない。オ．1人あたりの資源として使える水の量は，日本の1%が$3373 \times 0.01 = 33.73$（㎥）なので，サウジアラビアの方

が多い。

問2 $\boxed{A}$ 資料2より，1バレルあたりの原油価格は，1990年が20ドル，2010年が80ドルだから，2010年は1990年の 80÷20＝4(倍)になる。 $\boxed{B}$ 花子さんの言葉より，1バレルあたりの原油価格は，2012年が109ドル，2016年が41ドルだから，2016年の原油価格は2012年の 41÷109×100＝37.6…(％)になる。 $\boxed{C}$ ア．資料3より，サウジアラビアでは輸出の8割近くを原油と石油製品に頼っていることが分かる。特定の鉱産物や農産物などの一次産品の生産や輸出に頼ることを「モノカルチャー経済」と言う。

問3(1) 資料4より，縦じくは1人あたりの二酸化炭素排出量，横じくは人口を表していることから，円(バブル)の大きさは二酸化炭素排出量を表している。排出量が多くなるほど円(バブル)が大きくなることから，資料5より，中国(①)＞アメリカ合衆国＞インド(②)なので，イが正しい。 (2) アメリカ合衆国は，1人あたりの二酸化炭素排出量が14.67トンだからAとB，人口が324459千人だからAとCにあたるので，共通しているAと判断する。

★ 大宮国際中等教育学校 2022 令和4 年度 適性検査B

《解答例》

1 問1．イ→ウ→ア　問2．(1)イ (2)ア (3)川蒸気船の航路のかわりとなる鉄道の路線が整備されなかった
問3．イ，エ

2 問1．12，40　問2．太郎さん…12 花子さん…18
問3．(1)右表 (2)14　問4．57

	太郎さん	花子さん
1回目	グー	パー
2回目	グー	チョキ
3回目	チョキ	パー

3 問1．エ　問2．A．他者から何かを教わる
B．他者に何かを教えようとする　C．「私個人」の好
き嫌い　D．特定の個人だけにあてはまる知識　問3．ア　問4．ウ

《解　説》

1 問1 地図中の利根川(➡)に着目すると，イ．太日川(1594年)→ウ．江戸川(1624～1643年)→ア．常陸川(1654年)の順と判断できる。
問2(1) イが正しい。 $\boxed{A}$ 資料5より，運賃は，東京発生井着が76銭，生井発東京着が52銭だから，生井発東着の方が安い。 $\boxed{B}$ 東京に向かう船は川の流れに乗って下り，燃料の消費量が少なくなるので，安い運賃となる。
(2) ア．資料6より，1913年以降に乗客数がほとんど変化していないのは，銚子～佐原～鉾田間(••••••••)である。
(3) 資料4より，銚子～牛堀～高浜間・銚子～佐原～鉾田間付近に鉄道の路線(━━━)がないことから導ける。
問3 「浸水想定地域」のイ，「洪水の避難場所」のエを選ぶ。川が南から北に流れていることから，北(上)の下流域の方が浸水被害は大きくなる。また，地形図の北東(右上)に山があるため，その付近に土砂災害の避難場所はつくられない。

2 問1 太郎さんと花子さんが同じ道のりを進むのにかかる時間の比は，速さの比である300：60＝5：1の逆比の1：5となることを利用する。
太郎さんの移動時間は花子さんの移動時間よりも 10＋5＝15(分)短い。花子さんの家から待ち合わせ場所までの

道のりを a メートル m とすると，太郎さんは a＋300（m）移動したことになる。太郎さんは，300mの移動に 300÷300＝1（分）かかったのだから，太郎さんと花子さんが a m を移動するのにかかる時間の差は 15＋1＝16（分）で，かかる時間の比は 1：5 である。この比の数の 5－1＝4 が 16 分にあたるから，花子さんの移動時間は，$16×\frac{5}{4}=20$（分）である。よって，待ち合わせ時刻は，12 時 30 分＋20 分－10 分＝12 時 40 分

問2 各回のじゃんけんが終わったときにいる段が下から何段目かをまとめると，表Aのようになる。

表A

	太郎	花子
1回目	12	8
2回目	11	13
3回目	11	16
4回目	9	18
5回目	12	18

問3(1) 勝ったときに出した手によって相手に何段差をつけることができるかをまとめると，表Bのようになる。

表B

グーで勝つ	相手に3段差をつける
チョキで勝つ	相手に2＋2＝4（段）差をつける
パーで勝つ	相手に5＋1＝6（段）差をつける

3回じゃんけんをして相手より1段上にいるのは，相手がパーで1回勝ち，自分がグーとチョキで1回ずつ勝った場合である。
3回のじゃんけんの組み合わせはこの1通りに決まるが，じゃんけんの順番はどのような順であってもかまわない。

(2) 10＋3＋2－1＝14（段目）

問4 自分がグー，チョキ，パーで1回ずつ勝ち，相手がグー，チョキ，パーで1回ずつ勝つと，段を 3＋2＋5－1－2＝7（段）上ったことになるから，10＋7＝17（段目）にいる。最初の6回はこのようにじゃんけんが行われたと考えると，花子さんと太郎さんはどちらも3勝3敗で17段目にいる。
このあと花子さんは 11－3＝8（回）勝ち，12－3＝9（回）負けた。勝ったときはすべてパーでできるだけ多く上り，負けたときはすべてチョキでまったく下りなかったとすると，花子さんは 11 勝 12 敗の時点で，17＋5×8＝57（段目）にいることになる。このとき太郎さんは，17－1×8＋3×9＝36（段目）にいて，確かに花子さんより下にいる。よって，求める段数は 57 段である。

3 **問1** 第3段落の初めの一文に「子どもは，自分の好きな赤いほうではなく，第一の実験者が見て視線追従した青いほうをさす割合のほうが多いのです」とある。よって，エが適する。

問2 空らん　A　～　D　の前後にある言葉をヒントにして本文中からさがすとよい。　**A・B** 下線部②のある文の直後の文に「ヒトの子どもはかなり小さいとき，ひょっとしたら生まれたときから，他者から何かを教わる能力を持っていると同時に，他者に何かを教えようとする能力も持っているということが読み取れます」とある。　**C・D** 第7段落に「さらに重要なことは，こんなに小さいときに現れているこうしたコミュニケーションを通じて伝えられている情報が，それを伝える大人にとっても子どもにとっても，『私個人』の好き嫌いではなく，『よいもの』であるという『規範性』を持ったもの，あるいは特定の個人だけにあてはまる知識ではなく，『一般性』のある知識として伝えられているということです」とある。

問3 ア．第4段落に「子どもが第一実験者が視線を使ってわざわざ自分に注意を促して見させたもののほうが『選ばれるべきもの』，個人的好みではなく『客観的に価値のあるもの』とみなして，それを第三者に教えようとしているのだと考えられます」とあるため，適する。　イ．第4段落に「大人と子どもの自然なやり取りの中で生じている『教育』の機能を～『自然の教育』と名づけました」とあり，その内容と合わないため，適さない。　ウ・エ．このような内容は本文中に述べられていないため，適さない。

問4 ア．「まず，結論となる筆者の考えを短く述べ」は，適さない。　イ．「まず，実験の目的について述べ」「結果について批判的な考察を述べている」は，適さない。　ウ．第1～3段落で「段階的に行われた実験について説明し」ている。第4～8段落で「実験からわかったことを示し」つつ「筆者の意見を述べている」。　エ．「筆者が気づいたことを確かめるために，新たな実験を提案している」は，適さない。　よってウが適する。

《解答例》

1　(例文)わたしは，日本でくらす外国人について発表したいと思います。資料１にあるように，２０２０年の日本の小学校に通う外国人児童数は，２０１０年のおよそ１．６倍に増えています。また，資料２にあるように，外国人が増えることで期待できることとしてもっとも多かった回答は，新しい考えや文化がもたらされることでした。資料３からは，外国人は日本人に対して，おたがいの文化や習慣に理解を示し積極的に交流することを望んでいることがわかります。外国人と日本人がよりよい関係を築くためには，公民館に集まって語学教室を開いたり，たがいの国の料理を作ってふるまったりするなど，定期的に交流する機会を設けるとよいと思います。

2　(例文)資料１からは，サステナブルファッションに無関心な人が全体の４割を占めていることがわかります。資料２からは，服１着をつくるには５００mLペットボトル４６００本分の水を消費するので，環境への負担が大きいことがわかります。資料３からは，着なくなった服の６６％が廃棄されているので，ほとんどの服は再流通されないという課題が読み取れます。資料４の「服を資源として再活用しよう」を達成するための取り組みとして，私は，着なくなった服を古着回収を行っている店に持ち込んだり，再生された原料でつくられた服を選んで買ったりしていこうと思います。

3　(例文)資料１からは，直播栽培では生産費用を抑えられる点，移植栽培では収穫量を増やせる点が良い点と考えられます。資料２からは，米づくり農家では高齢化が進み，労働力不足が深刻であることが読み取れます。資料３からは，移植栽培よりも直播栽培の方が育苗や田植えの作業負担が軽いことがわかります。以上のことから，直播栽培を導入することで，生産費用と労働時間を削減できると考えます。また，直播栽培の収穫が移植栽培よりも２週間程度遅れることから，栽培方法を組み合わせて作業を分散すれば，農家１人当たりの耕地面積を拡大できるので，人手不足の解消につながると思います。

《解　説》

1　花子さんの３番目の発言から，どのような発表を行うかが読み取れる。資料１～３のそれぞれについて，花子さんが発表する内容を簡潔にまとめて書く。資料１から，2010 年の外国人児童数が 43,187 人，2020 年の外国人児童数が 71,163 人であることが読み取れる。よって，この 10 年間で外国人児童数は，71163÷43187＝1.64…(倍)に増えている。また，資料３の回答の上位３つすべての項目からは，外国人が日本人に対して，おたがいの文化や習慣に理解を示すことや積極的に交流することを望んでいることが読み取れる。発表の最後の「外国人と日本人がよりよい関係を築くためにはどうしたらよいのか」については，資料１～３について発表したことをもとに，具体的な提案を考えて書く。

2　問　太郎さんの最後の言葉から，話す順序を考える。資料１より，サステナブルファッションを知っているが全く関心はない人の割合は 41％である。資料２より，服１着を製造するときの水の消費量は 2300Ｌなので，500ml に換算すると 2300÷0.5＝4600(本)分になる。資料３については，ゴミとして処分されたり埋め立てられたりする服が多く，リサイクル・リユースされる服が少ないという課題を数値を用いて書くとよい。資料４で「リユース(再利用)でファッションを楽しもう」を選んだ場合は，「着なくなった服を友人や兄弟にゆずったり，バザーやフリーマーケットアプリなどを活用して古着を買ったりしていこうと思います。」などが考えられる。

3 　**問**　太郎さんの最後の言葉から，話す順序を考える。資料１より，直播栽培は，10ａあたりの生産費用では約１割の削減効果がある一方，10ａあたりの収穫量では約１割低下することが分かる。資料２より，米づくり農家では，20年間で65歳以上の高齢者の割合が20％以上増えていることが分かる。資料３については，負担の大きい育苗作業や田植えの苗の運ぱんを軽減できるので，大幅な労働時間削減が可能となるという内容を書くとよい。以上のことから，移植栽培の経営規模が大きくなるほど育苗や田植えの作業負担が重くなることから，これらの作業を省くことで規模拡大と低コスト化が期待できることが考えられる。

《解答例》

1　問1．イ　　問2．ウ　　問3．ア　　問4．エ　　問5．エ→ウ→ア→イ

2　問1．(1)20000　(2)15000　(3)72.5　　問2．(1)蹴上げの高さ…3　踏み面の長さ…4　(2)2460

3　問1．イ　　問2．イ　　問3．B．ウ　C．ア　　問4．ウ　　問5．320

4　問1．ウ　　問2．A．イ　　B．事務所建築物と官公庁施設と教育文化施設のしめる割合が高い

5　問1．ウ　　問2．A．大宮　B．今出川　C．ア　　問3．都心部の混雑を緩和し，事故や災害時に迂回することができる点。

《解　説》

1　問1　【放送文の要約】参照。さくらさんの2回目の発言 I don't like monkeys「サルは好きじゃないわ」とポールさんの2回目の発言 Me, too!「僕も（キリンが好き）だよ！」を聞き取る。

【放送文の要約】

ポール：どんな動物が好き，さくら？

さくら：私はキリンが好きよ。

ポール：ィ僕もだよ！サルも好きだよ。君は？

さくら：ィ私はサルは好きじゃないけど，ゾウは好きよ。

問2　【放送文の要約】参照。エ I went to Kyoto and saw Kinkaku-ji.「京都へ行って金閣寺を見ました」，ア I went to Osaka Station and ate ice cream.「大阪駅へ行ってアイスクリームを食べました」，イ I went to the baseball stadium and watched a baseball game.「野球場へ行って野球の試合を見ました」より，合わない絵はウである。

【放送文の要約】

こんにちは，みなさん。しゅんです。夏休みはどうでしたか？僕は関西に行きました。すばらしかったです。最初に，ェ僕は京都へ行って金閣寺を見ました。次にァ大阪駅へ行ってアイスクリームを食べました。それからィ野球場へ行って野球の試合を見ました。

問3　【放送文の要約】参照。はるとさんの1回目の発言 I have four pens and six pencils.「ペンが4本と鉛筆が6本あるよ」，2回目の発言 I have a ruler.「定規は1本あるよ」，3回目の発言 I have two erasers.「消しゴムは2個あるよ」を聞き取る。

【放送文の要約】

エマ　：わあ，あなたは大きい筆箱を持っているのね，はると。見てもいい？

はると：いいよ，エマ。ァペンが4本と鉛筆が6本あるよ。

エマ　：そうね。はさみは持っている？

はると：ないよ。でもァ定規は1本あるよ。

エマ　：消しゴムは何個持っているの？

はると：ァ消しゴムは2個あるよ。

問4　【放送文の要約】参照。The pork is from Tochigi.「豚肉は栃木県でとれたものです」，The ginger is from Kochi.「しょう

がは高知県でとれたものです」，The cabbage is from Saitama.「キャベツは埼玉県でとれたものです」，The onion is from Hokkaido.「タマネギは北海道でとれたものです」，the rice is from Akita「お米は秋田県でとれたものです」を聞き取る。

【放送文の要約】

私は日本の食材で昼食を作りました。こちらはしょうが焼きです。ェ豚肉は栃木県，しょうがは高知県，キャベツは埼玉県でとれたものです。こちらはみそ汁で，ェタマネギは北海道でとれたものです。そして，お米は秋田でとれたものです。

問5 【放送文の要約】参照。I went to the park and played soccer with my friends.ェ「僕は公園へ行って友達とサッカーをしたよ」，ウ we played hide-and-seek.「かくれんぼをしたよ」，ア I was hungry. I went home and ate lunch.「お腹がすいたから家に帰って昼食を食べたんだ」，イ I played soccer with my brother at home.「家で兄(弟)とサッカーをしたよ」を聞き取る。

【放送文の要約】

ェ僕は公園へ行って友達とサッカーをしたよ。ゥ次にかくれんぼをしたよ。ァお腹がすいたから家に帰って昼食を食べたんだ。その後，ィ家で兄(弟)とサッカーをしたよ。

2　問1(1)　25×40×20＝20000(cm³)

(2)　1Lは1辺が10cmの立方体の体積に等しいので，1L＝10cm×10cm×10cm＝1000cm³
よって，水道のじゃ口は1秒間に0.2L＝(0.2×1000)cm³＝200cm³の水が出ており，バケツを水で満たすのに，
1分15秒＝75秒かかっているのだから，バケツの中の水は，200×75＝15000(cm³)である。

(3)　「床から水面までの高さが15cm」とあるので，内のりで15cmの深さまで入れたのではないことに注意。
⑦水槽の容積を表す直方体と，④水が入った部分の直方体は底面が等しいので，求める割合は，⑦の高さに対する④の高さの割合に等しい。④の高さは15−0.5＝14.5(cm)だから，求める割合は，$\frac{14.5}{20}×100＝72.5(\%)$

問2(1)　花子さんが考えた台の高さは，太郎さんが考えた台の高さと同じ9cmだから，
各段の蹴上げの高さは9÷3＝3(cm)である。図3の水槽に置いたときの真横から見た形
について，右のように作図すると，合同な長方形が6個できる。この長方形6個の面積の
合計は，図4の水槽に置いたときの真横から見た形の面積に等しく16×9÷2＝72(cm²)だから，長方形1個の
面積は，72÷6＝12(cm²)である。長方形の縦の長さ(蹴上げの高さ)は3cmだから，横の長さ(踏み面の長さ)は，
12÷3＝4(cm)である。

(2)　(1)をふまえる。Aの長さは4×3＝12(cm)である。花子さんが考えた台を，水槽に置いたときの真横から見た形(面積72cm²)を底面とすると，高さがBの柱体だから，Bの長さは，1080÷72＝15(cm)
よって，水槽に残った水の体積は，底面積が25×40−A×B＝1000−12×15＝1000−180＝820(cm²)，高さが3cm
(蹴上げの高さ)の柱体の体積に等しいから，820×3＝2460(cm³)

3　問1　イ◯…結果1より，硬貨の種類によって，重さや直径がことなるが，硬貨の飛んだきょりはどれもほぼ同じになったことから，硬貨の重さや直径と，硬貨の飛んだきょりの間には関係がないことがわかる。

問2　ア×…結果2より，アルミニウムで作られた1円硬貨は，硬貨の飛んだきょりが最も短く，磁石の影響が最も大きかったと考えられる。　イ◯…結果2より，銅とニッケルで作られた100円硬貨と50円硬貨は，硬貨の飛んだきょりが最も長く，ほかの硬貨に比べて，磁石の影響による飛んだきょりの変化が小さかったと考えられる。
ウ×…結果2より，10円硬貨よりも銅を含む割合が小さい5円硬貨，50円硬貨，100円硬貨の方が飛んだきょりが長かったので，誤りである。　エ×…結果2より，10円硬貨よりも5円硬貨の方が飛んだきょりが長かったので，誤りである。

問3　B．ウ○…同じ物質で同じ重さであれば，体積も同じになるので，あふれる水の量は同じになる。

C．ア○…資料3より，金に銀を混ぜると，1㎤あたりの重さが軽くなるので，同じ重さで比べたときの体積が大きくなる。したがって，同じ重さの金のかたまりの体積と比べて，金と銀が混ざった王かんの方が大きいので，あふれる水の量が多くなる。

問4　ウ○…資料3の金属1㎤の重さと比べる。1㎤あたりの重さはアが 2316÷120＝19.30(g)，イが 2098÷200＝10.49(g)，ウが 1368÷80＝17.10(g)，エが 965÷50＝19.30(g)となる。したがって，金のみでつくった王かんはアとエ，銀のみでつくった王かんはイ，金と銀を混ぜてつくった王かんはウとなる。

問5　今の日本のお金で 80000 円は，江戸時代では 1両＝4分＝(4×4)朱＝16 朱＝(16×250)文＝4000 文であり，そば 1 ぱいは 16 文だから，求める金額は，$80000 \times \frac{16}{4000} = 320$(円)である。

④　問1　【太郎さんのメモ】より，11 月の降水量が 50 ㎜～100 ㎜なのは，アとウである。最も平均気温が高い 7 月の降水量が，最も平均気温が低い 1 月よりも少ないことから，ウと判断する。

問2 Ａ　4 つの区のグラフの中で，独立住宅の割合と集合住宅の割合が最も低いのは，独立住宅の割合が 1.8%，集合住宅の割合が 8.8%のイである。　　Ｂ　通勤・通学で他の地域から移動してくる人が多いことから，4 つの区のグラフの中で，会社や学校の割合が高いことを導く。千代田区は事務所建築物の割合が 50.1%，官公庁施設の割合が 9.1%，教育文化施設の割合が 11.9%であり，全体のおよそ 7 割を占める。

⑤　問1　ウが誤り。インドネシア(全体)を 100 としたときの面積の割合はカリマンタン(ボルネオ)島＞スマトラ島＞スラウェシ島＞ジャワ島であり，インドネシア(全体)を 100 としたときの人口の割合はジャワ島＞スマトラ島＞スラウェシ島＞カリマンタン(ボルネオ)島である。

問2　【住所の示し方のきまり】より，①から，小学校の入口が面している通りの「大宮」がＡにあてはまる。②から，大宮通と交差する最も近い通りの「今出川」がＢにあてはまる。「通」をつけないように注意しよう。③から，大宮通と今出川通の交差点から見て北側(上ル)にあるので，アを選ぶ。

問3　環状道路がないと，郊外から都心部へ流入する自動車が渋滞したり，災害や事故などの発生によって通れなくなったりする。環状道路の整備によって，都心部へ流入する交通量を分散させられるので，スムーズな移動や迂回ができるようになり，混雑を避けられる。

《解答例》

1　問1．ウ→オ→カ→ア　　問2．(1)カ　(2)大阪府　　問3．(1)45　(2)右図　　問4．6

2　問1．8　　問2．12221　　問3．(1)24　(2)123444321

　　問4．A．ア　B．ア　C．イ　D．ア

　　問5．2回目のサイコロの出た目の数…2　　3回目のサイコロの出た目の数…3

3　問1．ウ　　問2．エ　　問3．やっていいことと悪いことや，両者のバランスの取り方　　問4．気をまわして
さまざまな対策を取ること　　問5．ウ

《解　説》

1　問1　経路の地図記号は，「Ｙ」が消防署，「Ｘ」が
交番，「血」が博物館，「◎」が市役所だか
ら，ウ→オ→カ→アの順である(右図参照)。

問2(1)　カ．たて軸と横軸の値を読み取って足
すと，年間旅客数になる。Aは国際線が 34000
人，国内線が 8000 人だから，42000 人に近い千
葉県，Bは国際線が 17000 人，国内線が 68000
人だから，85000 人に近い東京都，Cは残った
北海道である。千葉県と東京都は空港が1つな
ので，和がほぼ空港の旅客数と一致するが，北
海道は空港が多いので，新千歳空港の値とは一
致しない。

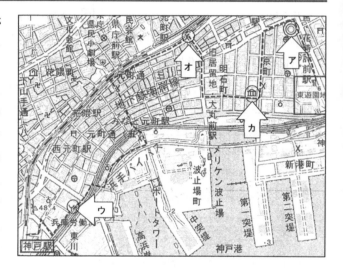

(2)　Xは大阪国際空港(伊丹空港)で，大阪府・兵庫県にある。資料3の中にある，大阪府が答えとなる。

問3(1)　空港は全部で10個ある。自分と自分以外の残りの空港を結ぶので，1つの空港に対して路線は9本必要
である。よって，路線は9×10＝90(本)必要になるが，この引き方では2本ずつ同じ路線を引いていることにな
る(例えば，2つの空港を空港A，空港Bとすると，空港Aと空港Bを結ぶ路線と空港Bと空港Aを結ぶ路線は同
じ)から，路線は全部で90÷2＝45(本)必要である。

(2)　ハブ空港とする2つの空港は，解答例のように各空港の中心付近にある2つを
選ぶと路線を結びやすい。右図のように，解答例以外の2つの空港をハブ空港にし
ても，条件に合うように線が結ばれていればよい。

問4　2019年の囚月と，その2か月後の月と4，5，6か月後の月は，資料6で 100%を下回っているため，
前の年の同じ月よりも宅配便取扱個数が減っていることがわかる。

2019年で前の年よりも宅配便取扱個数が減っている月は，資料5より，2月，5月，6月，8月，10月，11月，
12月だから，2019年の囚月は，6月だとわかる。

2 問1　右図のように8回で入れかえることができる。

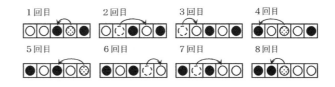

1回目　　2回目　　3回目　　4回目

5回目　　6回目　　7回目　　8回目

問2　問1の図より，5マスのときは，「黒白白黒黒白白黒」の順に動かしたから，Aにあてはまる数字は，12221である。

問3(1)　同じ色の碁石を続けて動かした回数に注目すると，3マスのときは「111」，5マスのときは「12221」，7マスのときは「1233321」，…となり，両端（りょうはし）の1のとなりが0だとすると，続けて動かした回数が1回ずつ増えていくことがわかるので，9マスのときは「123444321」となる。

よって，求める回数は，1＋2＋3＋4＋4＋4＋3＋2＋1＝24(回)

(2)　(1)の解説より，「123444321」

問4　スタートからの動きと，ゴールする直前の動きから，プログラムを求める。

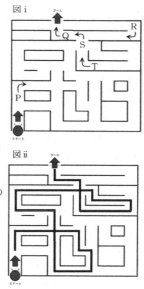

図i

図ii

図iについて，スタートした後は矢印Pのように動く必要があるので，プログラムの1つ目は，ア「壁にぶつかると，90度右へ進む方向を変える」である。

ゴールする直前は，矢印Qのように動く必要があり，ちょうど4セットでゴールしたのだから，プログラムの4つ目は，アである。

矢印Qの直前の動きを考えると，矢印Rか矢印Sのように動くことが考えられるが，矢印Rのように動いた場合，矢印Rの直前の動き，つまり一番上の路を右に進む方法がないので，矢印Sのように動いたとわかる。よって，プログラムの3つ目は，イ「壁にぶつかると，90度左へ進む方向を変える」である。矢印Sの直前は矢印Tのように動く必要があるので，プログラムの2つ目は，アである。

また，実際に動かすと，図iiの太線のように動く。

問5　まず，太郎さんの出た目を考える。

1回目までの点数は，お父さんが3点，お母さんは途中で崩（くず）してしまったので0点であり，太郎さんは1回目までは2位だから，1点か2点である。

2回目の太郎さんの出た目は1回目より1大きいから，太郎さんの(1回目に出た目，2回目に出た目)は，(1，2)か(2，3)である。

太郎さんは，3回目に積み木を崩さなければお父さんの最終得点の10点をこえていたので，3回目までの出た目の和は，11以上だとわかる。これより，太郎さんの出た目は，1回目が2，2回目が3，3回目が6だとわかる（他に条件に合う目の組み合わせはない）。

お母さんの3回目に出た目は，太郎さんの2回目に出た目と同じ3である。

お母さんの最終得点は，太郎さんの2回目までの得点と同じ2＋3＝5(点)であり，お母さんは2回目以降，崩すことなく積み上げたから，お母さんの2回目に出た目は，5－3＝2である。

3 問1　(言葉の)「一人歩き」は，物事が当事者の意図とは関係なく勝手に動いていくということ。「シンギュラリティ」は，カーツワイルが，AIがいつか人間の知能を超えて「人間の生活に大きな変化が起こる」地点という意味で言い始めた言葉だが，現在のシンギュラリティ派の人たちは，人間はAIの言うことに従（したが）うだけになってしまう，AIに職を奪（うば）われる，AIが人類を脅（おびや）かすようなことをするのではないか，といったことを主張している。

カーツワイルが言った意味から離れて、「人間にとってよくないことが起こる」という意味で広がっているので、ウが適する。

問2　「ブラックボックス」は、機能は分かっているが、構造の分からない装置。ここでは、下線部②の直前の「人間には理解が及ばないことを自分たちで判断するようになると、人間はその結果だけを～受け入れるだけの存在になってしまう」ことを指している。ＡＩが人間にはわからない理由で何かを判断しても、人間はそれをそのまま受け入れるということだから、エが適する。

問3　この冗談は、チェスに負けてはいけないと指示されたＡＩが、負けないために相手の家の電源を落とす、あるいは、街全体の電源を自分用に確保しよう、という結論を出すというもの。これでは、チェスで勝負をするという本来の目的が失われてしまう。このようなＡＩの判断をふまえ、次の段落で、「人間であれば、やっていいことと悪いことや、両者のバランスの取り方について～無意識のうちに判断できています」と述べている。

問4　次の段落に「大概のＡＩ学者はそんなことは信じていません」とあり、その理由について「(ＡＩは)そこまで賢くなれないだろう」「そこまで気を回してさまざまな対策を取るようなところまではいけないのではないか」と書かれている。

問5　シンギュラリティ派の人たちは、ＡＩが人間を脅かすような極端な判断をすると考えがちだが、大概のＡＩ学者は、ＡＩがそこまで賢くなることはないと考えている。また、ＡＩに職を奪われるという危機感を持つのも、西洋の人に多いのであって、全ての人がそう考えているわけではない。よって「人間の仕事はＡＩに奪われ～と恐れる人たちがいる」と主語を限定している、ウが適する。アやイに書かれているようなことを断定していないので、ア・イは適さない。エの「横の～見直されている」は本文にない内容。

《解答例》

1　（例文）

　資料１と資料２からは，海外留学に消極的な高校生の割合は日本が最も高く，その理由として，外国での生活や言葉への不安を挙げている人が多いことがわかります。資料３からは，海外留学をすることで語学や専門分野の勉強へのやる気が上がることがわかります。資料４からは，留学計画と留学する時期や，留学先の学校の情報集めとその決定について，海外留学前に困る人がいることがわかります。留学先の学校や時期，勉強したい内容を決めるためには，今からじっくりと自分の将来について考える必要があります。目標が決まってから，インターネットで調べたり，留学経験のある上級生に話を聞いたりして情報を集め，留学先を決めればよいと思います。

2　（例文）

　食品ロスを減らすことは，食品のむだな生産を避け，製造，加工などに用いられる国内外の水資源のむだ使いを減らすことができ，水資源の保護につながります。また，家庭での食品ロスの量の，全体に対してしめる割合は，約４６．４％になります。家庭での食品ロスの原因として，必要以上に買いすぎて起きる直接廃棄，買ったものや作ったものを放置して忘れてしまう食べ残しがあります。これらを減らすためには，買い物に行く前にあらかじめメニューと必要な食材を書き出して，必要な分だけ買うこと，冷蔵庫にしまうときに，期限に余裕のあるものとないものに分けて配置することなど，日常生活でできる工夫があります。

3　（例文）

　シェアサイクルを実施している都市は，平成２５年から３０年にかけて増え続け，６年間で約３倍になりました。導入した都市の導入目的で最も多かったものは，観光戦略を進めるためでした。また，シェアサイクルのサービスの課題として，利用が多い時期と少ない時期の差が激しいことが挙げられます。解決方法として，少ない時期の利用者に，観光地で使えるクーポンを発行することで利用者を増やす，観光客以外の通勤・通学利用者を増やす取りくみをする，の２つを考えました。シェアサイクルは，都市部の渋滞の緩和，温室効果ガスを発生せず環境にやさしいなどの利点があるので，これからも導入する都市が増えることを望みます。

《解　説》

1　資料１から、「留学したいと思わない」と答えた日本の高校生は、48.6％で、4カ国の中で最も多い。また、資料２では、その理由として、「外国で一人で生活する自信がないから」「言葉の壁があるから」と答えた人が、経済的な理由よりも、2倍程度多くなっている。資料３については、変化した割合が大きいものや、各項目で共通する点を見つけると書きやすい。資料４については、「今からできること」について書きやすいものを選ぶとよい。

2　発表する内容は，花子さんの最後の発言に書かれている。また、資料３については「直接廃棄」と「食べ残し」の原因となる行動や状態を1つずつ取り上げるので、「過剰除去」からは選ばないように注意する。資料１について，日本の食料が輸入品に頼っている状況を踏まえれば、食品ロスを減らすことで、外国産の食品を製造・加工する時に用いられる水資源も減らすことができると導ける。資料２について、家庭での食品ロスの量が全体に占める割合は、$\frac{284}{284+127+121+64+16} \times 100 = 46.40\cdots(\%) \fallingdotseq 46.4\%$ である。資料３について、直接廃棄を減らす取り組みとして、買い物に行く前に冷蔵庫の在庫確認をすること、傷みやすい食品から優先的に食べていくことなどを挙げてもよい。

3 　発表する内容は，花子さんの最後の発言に書かれている。シェアサイクルに対する花子さんの考えについては，花子さんの最初の発言に書かれているので，この部分からまとめる。改善策を2つ考える際には，観光客数が減る時期に自転車の利用者数を増やすためにできることを考えよう。

《解答例》

1　問1．エ　　問2．ア　　問3．イ　　問4．No.1．A　No.2．E　　問5．イ

2　問1．6　　問2．17, 48　　問3．4, 7　　問4．水がふっとうしている間は発火点に達しない

3　問1．一般…ア　校外学習…イ　　問2．イ　　問3．ウ　　問4．20　　問5．金属の体積が大きくなり，ふり
　　　こが1往復するのにかかる時間が長くなる

4　問1．イ　　問2．A．ア　B．イ　C．ウ　D．3　　問3．鶏肉…H　卵…E　タマネギ…G
　　　問4．K．オ　L．ア　M．エ　N．イ　O．ウ　P．カ

5　問1．エ　　問2．ウ

《解　説》

1　問1　【放送文の要約】参照。だいきさんの2回目の発言の one big star with the stripes を聞き取る。

【放送文の要約】店員　：こちらのTシャツはいかがですか？

だいき：う～ん。僕はハートが好きではありません。星が好きです。しま模様も好きです。

店員　：わかりました。こちらはいかがですか？

だいき：おお，それはすばらしいですね！ₑしま模様で大きな星が1つあるこれが気に入りました。これにします。

　　問2　【放送文の要約】参照。テッドさんの1回目の発言の I like basketball and I play it とゆきなさんの2回目の発
　　　言の I watch tennis games on TV を聞き取る。

【放送文の要約】テッド：やあ，ゆきな。何のスポーツが好き？僕はₐバスケットボールが好きでプレーしているよ。

ゆきな：こんにちは，テッド。私は兄（弟）がやっているのでテニスが好きよ。

テッド：君はテニスをするの？

ゆきな：いいえ，私はₐテレビでテニスの試合を観るけど，テニスをしない。卓球をするわ。

　　問3　【放送文の要約】参照。さきさんの2回目の発言の I want to go hiking とマイクさんの2回目の発言の ate *soba*
　　　noodles とを聞き取る。

【放送文の要約】さき　：こんにちは，マイク。あなたの夏の予定は何？

マイク：やあ，さき。僕はねぶた祭りを見たいから，青森に行きたいよ。

さき　：それはいいわね。私は山が好きなので長野に行きたいわ。ₐハイキングに行きたいの。

マイク：本当に？僕は昨年長野に行って，ₐそばを食べたよ。

　　問4　【放送文の要約】参照。右図より，警察署はA，図書館はE。

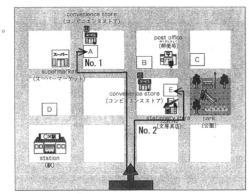

【放送文の要約】

No.1　男性：すみません。警察署はどこですか？
　　　　女性：2区画進み，左に曲がります。1区画進み，右に曲が
　　　　　　　ります。警察署はコンビニエンスストアの近くです。

No.2　男性：私は図書館に行きたいです。どこですか？
　　　　女性：1区画進み，右に曲がります。1区画進み，左に曲が
　　　　　　　ります。図書館は文房具店のそばです。

問5 【放送文の要約】参照。あなたの1〜4回目の発言より，友達の好きなものはネコ，英語，チョコレート，テニスだから，イのAiko（あいこ）である。

【放送文の要約】

ＡＬＴ：あなたの友達はイヌが好きですか？　　あなた：いいえ。彼女はィネコが好きです。

ＡＬＴ：彼女は算数が好きですか？　　あなた：いいえ。彼女はィ英語が好きです。

ＡＬＴ：彼女はチョコレートが好きですか？　　あなた：はい。彼女はィチョコレートが好きです。

ＡＬＴ：彼女はテニスをしますか？　　あなた：はい。彼女はィテニスをするのが好きです。

2 問1 駅と各見学地をつなぐ区間は，最初の見学地に行くときと，最後に駅に帰ってくるときしか乗ることはできない。したがって，見学地をまわる順番を決めると，まわり方は1通りに決まる（Ａ→Ｂ→Ｃとまわるバスの乗り方も1通りである）。よって，Ａ神社，Ｂ寺，Ｃ城をすべてまわるまわり方は，右図の6通りある。

```
A—B—C      B—A—C      C—A—B
 \                \              \
  C—B          C—A          B—A
```

なお，見学は18時00分までという条件がある。見学時間の合計は50＋30＋45＝125（分）である。最後の見学地までの移動時間とバスの待ち時間の合計として考えられる最長の時間は，Ａ→Ｃ→Ｂとまわった場合に，移動時間が28＋27＋32＝87（分）となり，最長の待ち時間が4分（最初の待ち時間）と15分（Ａ神社で）と12分（Ｃ城で）となったときの，87＋4＋15＋12＝118（分）である。合わせると125＋118＝243（分），つまり4時間3分だから，13時30分＋4時間3分＝17時33分より後に最後の見学が終わることはない。よって，6通りすべてのまわり方が条件に合う。

問2 Ａ神社を最後に見学するまわり方は，Ｂ寺→Ｃ城→Ａ神社，Ｃ城→Ｂ寺→Ａ神社の2通りある。

この2通りのうち，Ａ神社に早く着くまわり方の方が駅にも早く着く（バスを待つ時間で駅に着く時刻が同時になる可能性はあるが，Ａ神社に後に着くまわり方の方が駅に早く着くことはない）。

駅のバス停から出るバス，または，Ａ神社，Ｂ寺，Ｃ城から駅のバス停に向かうバスは，6分間隔に出るから，6の倍数（分）に出発する。同じように，Ａ神社とＢ寺の間を走るバスは10の倍数（分），Ｂ寺とＣ城の間を走るバスは12の倍数（分），Ｃ城とＡ神社の間を走るバスは15の倍数（分）に出発する。

駅のバス停に着く時刻は13時32分だから，Ｂ寺，Ｃ城に向かうバスの出発時刻はどちらも13時36分である。

それぞれのまわり方での，バスの時刻などを求めると右表のようになり，Ｂ寺→Ｃ城→Ａ神社の方が早く駅に着くとわかる。したがって，このまわり方の続きの時刻を求める。

Ａ神社の見学終了時刻は16時27分＋50分＝17時17分，
Ａ神社を出発する時刻は17時18分，駅のバス停に着く時刻は
17時18分＋28分＝17時46分だから，駅に着く時刻は
17時46分＋2分＝17時48分である。

Ｂ寺→Ｃ城→Ａ神社		Ｃ城→Ｂ寺→Ａ神社
駅のバス停着	13時32分	
駅のバス停発	13時36分	
↓ 18分		↓ 20分
Ｂ寺着 13時54分		Ｃ城着 13時56分
↓ 30分		↓ 45分
Ｂ寺見学終了 14時24分		Ｃ城見学終了 14時41分
Ｂ寺発 14時36分		Ｃ城発 14時48分
↓ 32分		↓ 32分
Ｃ城着 15時08分		Ｂ寺着 15時20分
↓ 45分		↓ 30分
Ｃ城見学終了 15時53分		Ｂ寺見学終了 15時50分
Ｃ城発 16時00分		Ｂ寺発 16時00分
↓ 27分		↓ 31分
Ａ神社着 16時27分		Ａ神社着 16時31分

問3 31人を9－1＝8（つ）の部屋にできるだけ，まんべんなく分けるから，31÷8＝3余り7より，3＋1＝4（人）部屋を7つと3人部屋を1つにすればよい。

問4 水を入れた紙のなべを加熱すると，熱は紙から水に伝わり，水が液体から気体に変化するために使われる。このため，液体の水がある間（水がふっとうしている間）は，紙の温度が水のふっとうする温度（100℃）で一定になり，紙の発火点である約300℃に達することはない。

3 問1 平成29年度の「校外学習」での利用者は，およそ60400×0.3＝18120（人）で，「校外学習」での利用者数はここ10年それほど変わっていないから，「校外学習」の利用者数を表しているグラフはイとわかる。

ここ10年の「校外学習」の利用者数をおよそ18100人とすると，「一般」の利用者数は，平成19年度が42600－18100＝24500（人）で，平成29年度が60400－18100＝42300（人）だから，「一般」の利用者数を表しているグラフはアとわかる。

問2 ある条件について，ふりこが1往復する時間との関係を調べるときには，その条件以外がまったく同じになっているものを比べなければならない。イのように，ふりこのふれはばだけでなく，おもりの重さも異なるBとDを比べると，ふりこのふれはばのちがいやおもりの重さのちがいがそれぞれどのように結果に影響をあたえたのかがまったくわからない。

問3 ウ○…資料より，おもりの重さがちがっても，ふりこの長さが同じであれば10往復にかかる時間が同じになり，ふりこの長さが長いほど10往復にかかる時間が長くなることがわかる。ふりこの長さが90cmのときの10往復にかかる時間が19秒，ふりこの長さが110cmのときの10往復にかかる時間が21秒であることから，1往復にかかる時間が2秒（10往復にかかる時間が20秒）に近くなるのは，ふりこの長さが90cmと110cmの間の100cmのときだと考えられる。

問4 図1のふりこは，支点の左半分を長さ110cmのふりことして動き，支点の右半分をくぎからおもりまでの長さのふりことして動く。くぎがないとき，おもりを静かに離した後，はじめておもりを離した高さと同じ高さに到達する（0.5往復にかかる）時間が1秒になるのは，1往復にかかる時間が2秒のとき，つまり，ふりこの長さが100cmのときだから，これを基準に考える。問3解説より，ふりこの長さが100cmから110cmになると1往復にかかる時間が0.1秒長くなり，ふりこの長さが100cmから90cmになると1往復にかかる時間が0.1秒短くなる。したがって，支点の左半分を110cmのふりことして動くのであれば，支点の右半分を90cmのふりことして動けば，1往復にかかる時間はふりこの長さが100cmのときと同じ2秒（0.5往復にかかる時間は1秒）になるから，支点からくぎまでの長さは110－90＝20（cm）である。

問5 資料より，ふりこの長さが長くなると1往復にかかる時間が長くなることがわかる。ものは温度が高くなると体積が大きくなるから，夏になって金属の体積が大きくなると（ふりこの長さが長くなると），針が遅れる。

4 問1 資料2より，埼玉県の熊谷市の桜の開花日が3月22日，満開日が3月26日だったことから，その間のイを選ぶ。

問2 先生が「生まれた人の数と転入した人の数を合わせた数を『増加数』，亡くなった人の数と転出した人の数を合わせた数を『減少数』と呼ぶ…『増加数』の方が『減少数』よりも多い場合，人口は増加します…『減少数』の方が『増加数』よりも多い場合，人口は減少します」と言っていることから考えよう。　A・B・C．平成29年の増加数は5226人，減少数は5092人だから，増加数の方が減少数よりも多くなり，人口は増加した。

D．平成25年の増加数は4272人，減少数は4939人だから，減少数の方が増加数よりも多くなり，減少した。平成26年の増加数は4533人，減少数は4837人だから，減少数の方が増加数よりも多くなり，減少した。平成27年の増加数は4982人，減少数は4942人だから，増加数の方が減少数よりも多くなり，増加した。平成28年の増加数は5337人，減少数は4812人だから，増加数の方が減少数よりも多くなり，増加した。よって，平成27年，平成28年，平成29年の3年連続増加したと導ける。

問3　【太郎さんとお母さんの会話】をよく読み，あてはまるものを選べばよい。

卵は7つの食品の中で1番カルシウムが多く含まれているから，カルシウムが51mg含まれるEが卵とわかる。卵以外でたんぱく質の多いF，H，Iが肉とわかり，このうち脂質が1番少ないHが鶏肉とわかる。残りのG，Jが野菜とわかる（この2つは，ごはん以外の他の食品に比べ炭水化物が多いことからも野菜とわかる）。タマネギの方が，ピーマンよりカルシウムが多く含まれているから，Gがタマネギとわかる。

問4　ア～カの中で，もっとも色が薄い$_L$アが①で刷った刷り紙とわかるから，これと反転している$_K$オが①でほった版木である。したがって，版木と刷り紙の絵の向きから，残りの版木はウとエ，残りの刷り紙はイとカとわかる。版木は作業を進めるごとに，ほってある部分（白く見える部分）が増えるから，②の版木は$_M$エ，③の版木は$_O$ウである。また，刷り紙は作業を進めるごとに，色の種類が増えるから，②の刷り紙は$_N$イ，③の刷り紙は$_P$カである（カは，右上の桜の花びらが背景の黒色とは異なる濃い桃色でふちどられている）。

⑤　問1　エが誤り。2016年の外国人旅行客数は，アジア州の2か国の合計が8331万人，北アメリカ州の3か国の合計が13051万人だから，アジア州の2か国の合計は北アメリカ州の3か国の合計を下回った。　ア．（増加の割合）＝（増加後の量－増加前の量）÷（増加前の量）×100　より，輸出額の増加の割合は，日本が$(6449-3399)÷3399×100=89.7…$（％），中国が$(21345-849)÷849×100=2414.1…$（％），アメリカ合衆国が$(14538-4482)÷4482×100=224.3…$（％），カナダが$(3894-1344)÷1344×100=189.7…$（％），メキシコが$(3739-275)÷275×100=1259.6…$（％）である。　イ．アメリカ合衆国では，1992年の輸入額が5539億ドル，輸出額が4482億ドル，2016年の輸入額が22502億ドル，輸出額が14538億ドルで，1992年も2016年も貿易赤字となっている。中国では，1992年の輸出額が849億ドル，輸入額が806億ドル，2016年の輸出額が21345億ドル，輸入額が15895億ドルで，1992年も2016年も貿易黒字となっている。　ウ．北アメリカ州の3か国の国内総生産の合計額は，2016年が212312億ドル，1992年が69190億ドルだから，2016年は1992年の$212312÷69190=3.06…$（倍）で，約3倍に増加した。

問2　トム先生が「ハミルトン市は南半球にあるので，さいたま市とは季節が逆になります」と言っていることから，7・8月の気温が低く12・1月の気温が高くなる。また，「ハミルトン市では，年間をとおして各月の降水量に大きな変化はなく，最も多い月の降水量は，最も少ない月の降水量の2倍以下です」と言っていることから，降水量の年較差が小さいウを選ぶ。

★ 大宮国際中等教育学校　2020 令和2年度　適性検査B

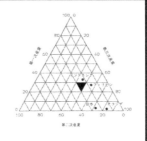

《解答例》

1　問1．エ　　問2．右図　　問3．(例文)リンゴ農家が，生産したリンゴをジャムや
ジュースにして，インターネットを利用して通信販売する　　問4．B．イ　C．ア
問5．D．雨水を土中に貯めておく機能が低下する　E．地球温暖化が進む

2　問1．ひのと　　問2．最小公倍数　　問3．69　　問4．カ
問5．最も少ない場合…14　最も多い場合…16

3　問1．ウ，カ　　問2．エ
問3．森の，いつでも与えられた条件を受け入れて，その条件下で精一杯森であろうとする
問4．ウ　　問5．人間が自然を経済的資源ととらえるように　　問6．エ

《解　説》

1　問1　エが誤り。フィリピンとインドネシアでは，第二次産業の人口の割合が産業別人口の割合のなかでもっとも低い。フィリピンで働いている人口のうち，第一次産業の割合は約27%，第二次産業の割合は約17%，第三次産業の割合は約55%となる。インドネシアで働いている人口のうち，第一次産業の割合は約33%，第二次産業の割合は約23%，第三次産業の割合は約47%となる。

問2　第一次産業で働く人口の10%～30%の三角形を左から右へ左手でたどっていき，第二次産業で働く人口の21%～29%の三角形を右下から左上へ右手人差し指でたどっていき，第三次産業で働く人口の44%の三角形を右上から左下へ右手中指でたどっていき，すべての指がめぐり合う三角形が答えとなる。(右図参照)

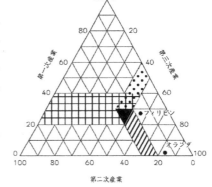

問3　解答例は農業を選んだ場合である。林業を選んだ場合は「木のおもちゃ」，漁業を選んだ場合は「干物」などに加工して販売するといった答えが考えられる。

問4 B　イ．資料5より，35歳未満の林業従事者の割合は，昭和55年が14397÷146321×100＝9.83…(%)，昭和60年が10548÷126343×100＝8.34…(%)，平成2年が6339÷100497×100＝6.30…(%)，平成7年が5892÷81564×100＝7.22…(%)，平成12年が6913÷67558×100＝10.23…(%)，平成17年が7119÷52173×100＝13.64…(%)，平成22年が9170÷51200×100＝17.91…(%)，平成27年が7770÷45440×100＝17.09…(%)となる。

C　ア．資料5より，65歳以上の林業従事者の割合は，昭和55年が12419÷146321×100＝8.48…(%)，昭和60年が12638÷126343×100＝10.00…(%)，平成2年が13777÷100497×100＝13.70…(%)，平成7年が18936÷81564×100＝23.21…(%)，平成12年が20024÷67558×100＝29.63…(%)，平成17年が14026÷52173×100＝26.88…(%)，平成22年が10680÷51200×100＝20.85…(%)，平成27年が11270÷45440×100＝24.80…(%)となる。

問5 D　森林は雨水をたくわえる保水力に優れている。その雨水は，地下水となってゆっくりと染みだし，河川に流れ出る。このはたらきが人工のコンクリートダムに似ていることから，森林は緑のダムと呼ばれている。

E　地球温暖化は，二酸化炭素などの温室効果ガスの大量排出によって地球表面の気温が高くなっていく現象である。

2 問1　2007年は2020年の2020−2007＝13(年前)だから，十干はひと回りと3年前である。よって，Aにあてはまる十干は，「かのえ」の3つ前の「ひのと」である。

問2　10年と12年の最小公倍数の60年で，十干は60÷10＝6(回り)し，十二支は60÷12＝5(回り)する。

問3　2020年の十干の「かのえ」の前の「かのと」は，9年前である。この年の十二支は「子」の9つ前の「卯」だから，9年前の十干十二支は「かのとう」であり，この年におじいさんが60歳になったとわかる。よって，現在のおじいさんの年齢は，60＋9＝69(歳)である。

問4　「子」が北で「午」が南だから，十二支を方位にあてはめると，右図のようになる。「辰巳」の方位は，右図の矢印の方位だから，カの南東である。

問5　真上から見た図に，ヒントをもとに何個の立方体が積み上げられているかかくとよい。Bから見た図の右の列より，右図の真上から見た図のⓐ〜ⓒは1個ずつとわかる。Aから見た図の左の列とBから見た図の左の列から，ⓖは5個とわかる。Aから見た図の真ん中の列から，ⓔは2個とわかる。ⓓは，Aから見たときⓖにかくれていて，Bから見たときⓔにかくれているので，1個か2個である。Aから見た図の右の列から，ⓕとⓗは少なくとも一方が2個でなければならないとわかる(2個でないときは1個)。

真上から見た図

ⓐ	ⓑ	ⓒ
ⓓ	ⓔ	ⓕ
ⓖ	ⓗ	

よって，使われる立方体が最も少ない場合は，ⓐ〜ⓓとⓕ(またはⓗ)が1個ずつ，ⓔとⓗ(またはⓕ)が2個ずつ，ⓖが5個の，1×5＋2×2＋5×1＝14(個)，最も多い場合は，ⓐ〜ⓒが1個ずつ，ⓓ〜ⓕとⓗが2個ずつ，ⓖが5個の，1×3＋2×4＋5×1＝16(個)である。

3 問1　「老木」は，「老いた木」というように，上の漢字が下の漢字を修飾している。ウの「曲線」とカの「高山」は，それぞれ「曲がった線」「高い山」というように，上の漢字が下の漢字を修飾しているので，適する。

問2　直後に「(森の時間は)ゆっくりと流れている」とある。「自然に芽生えた木が一人前の表情をみせる頃には，ほぼ三百年の月日が流れ〜本州の杉も，その一生を終える頃には千年の歳月が過ぎている」とある。つまり，森の世代交代には，数百年から千年という長い時間がかかる。よって，エが適する。

問3　直前の段落で，「森の精神」が具体的に説明されている。「森は，いつでも与えられた条件を受け入れてくれる」「森はその条件下で精一杯森であろうとする」よりまとめる。

問4　「寂しそうな森，怒っているような森」などは，人ではない「森」を人にたとえた表現である。よって，ウが適する。

問5　直後に「なった結果」とあるので，Bのようになったことが原因で「自分たちの時間の尺度の世界に自然を追い込み〜」という変化が起きたことがわかる。(3)をふくむ段落に「人間たちは自然を資源，それも多くの場合は経済的資源としてとらえるようになって〜自分たちの時間の尺度の世界に自然を追い込みはじめる」とあるので，下線部をまとめる。

問6　ぬけている一文の「人間たちも，また〜時空を失った」に着目する。「また」とあるので，この一文が入る部分の直前には，人間以外のものが「時空を失った」ことが書かれていると推測できる。(4)の前に「森の時空の破壊がはじまり」とあるので，エが適する。

《解答例》

1 （例文）わたしはスポーツイベントのボランティア活動に参加したことがあります。活動をとおして，さまざまな世代の人と接して異なる考え方にふれることができ，また，人に喜んでもらうことでやりがいを感じることができました。ボランティア活動にはそのようなよさがありますが，それほど多くの人が参加しているわけではありません。資料1では「参加しようと思わなかった」人が78．4％もいます。資料3の上位に「時間的余裕がなかったから」と「健康上の理由から」という理由が挙げられています。それらを解決するには，活動の中には，短時間でできるものや体力がなくてもできるものがあるという情報を，積極的に発信していくのがよいと考えます。

2 （例文）図書館等で電子書籍を「借りられるようになるとよい」と思う子どもの割合は，全体では45．2％であるのに対し，電子書籍を読んだことがある子どもに限ると，72．0％になります。この結果から，実際に電子書籍を読んだことがあると，その便利さを実感できるということがわかります。資料3から，電子書籍は「いつでもどこでも読めるから便利だ」，「何冊も持ち歩けるから便利だ」と感じる子どもが多いことがわかります。それらの便利さを生かして，習い事の送りむかえを待つ時間など，外出先での空き時間に読むとよいと考えます。また，長期休みに親せきの家に行く時など，移動時間の長い乗り物を利用する際に持っていくとよいと考えます。

3 （例文）十代後半の若者が友達とコミュニケーションをとる際，75．0％が文字でのやり取りをしていることが資料1からわかります。つまり，SNSやメールがコミュニケーションの重要な手段になっていると言えます。しかし，SNSやメールは，誤解やトラブルを招きやすい手段であるということが，資料2からわかります。直接会ったり電話で話したりすれば表情や声で表現できることでも，文字だけでは伝わりにくいので，誤解やトラブルが起こりやすいのだと考えられます。わたしたちも，SNSやメールを使用する際には，送信する前に書いたものを読み直して，読んだ相手が誤解しないか，言葉が足りなくないかなどを確認するようにしましょう。

《解　説》

1 発表する内容は、太郎さんの最後の発言に書かれている。ボランティア活動のよさについては、太郎さんの3番目の発言に書かれているので、この部分からまとめる。理由を2つ選ぶ際には、解決方法を先に考え、書きやすいものを選ぶようにしよう。

2 発表する内容は、花子さんの最後の発言に書かれている。また、最後から3番目の発言に「調査対象が変わると～このことについても発表に入れたい」とあるので注意する。資料1と資料2のちがいは、調査対象がちがうことであり、このことと「それぞれの項目の割合」のちがいを結びつけて書く。電子書籍の便利な点を選ぶ際には、電子書籍の活用方法を書きやすいものを選ぶようにしよう。

3 発表する内容は、花子さんの最初と最後の発言、太郎さんの最後の発言に書かれている。

《解答例》

1　問1．ア　　問2．エ　　問3．イ　　問4．3　　問5．ウ→ア→イ

2　問1．60　　問2．8，15　　問3．10，21　　問4．大昔の海の底でできた地層が，おし上げられて地上に現れたから。　　問5．43

3　問1．ア　　問2．ウ　　問3．記号…イ　理由…葉でつくられた養分が，種子をつくるために使われることなく球根にたくわえられるから。　　問4．エ

4　問1．C　　問2．ルート…ウ　かかる時間…30　　問3．A．リサイクル　B．ゴミ　　問4．ウ，エ，オ

5　問1．ウ　　問2．A．イ　B．エ　C．オ

《解　説》

1　問1　けんたくんの1回目の発言のOkinawa(沖縄)，2回目の発言のswimming(水泳)を聞き取る。

【問1　放送文の要約】

ナンシー：こんにちは，けんた。夏にはどこに行きたい？

けんた　：こんにちは，ナンシー。ぼくは沖縄に行きたいな。

ナンシー：そこで何をしたいの？

けんた　：ぼくは水泳が好きだから砂浜へ行きたいよ。

　　問2　マイクくんの発言のwinter(冬)，snowboarding(スノーボード)，えみさんの2回目の発言のspring(春)，sakura(桜)を聞き取る。

【問2　放送文の要約】

えみ　：マイク，どの季節が好き？

マイク：スノーボードが好きだから，冬が好きだよ。えみは？

えみ　：桜が好きだから春が好きよ。

　　問3　【問3　放送文の要約】参照。①ひろしくんの発言のfour carrots(4本のにんじん)を聞き取る。　②なおみさんの発言のten eggs(10個の卵)を聞き取る。　③だいきくんの発言のtwo negi(2本のねぎ)を聞き取る。

【問3　放送文の要約】

先生　：ひろしくん，あなたは何を作りたいですか？

ひろし：ぼくたちは野菜いためを作りたいです。キャベツが2玉と①にんじんが4本とたまねぎが3個ほしいです。

先生　：すばらしい！なおみさんはどうですか？

なおみ：私たちは卵焼きを作りたいです。卵焼きは人気があります。②卵が10個ほしいです。

先生　：私も卵焼きが好きです。だいきくんはどうですか？

だいき：ぼくたちはみそしるを作りたいです。とうふが5丁と③ねぎが2本ほしいです。

　　問4　No.1　video games(テレビゲーム)，volleyball(バレーボール)，two dogs(2匹の犬)を聞き取る。みきさんの自己紹介である。　No.2　a cat(1匹のねこ)，dancing(ダンス)を聞き取る。ひろみさんの自己紹介である。

No. 3　tennis（テニス），a dog and a cat（1匹の犬と1匹のねこ）を聞き取る。かなさんかあやみさんのどちらかの自己紹介である。　No. 4　sweets（スイーツ）を聞き取る。あやみさんの自己紹介である。したがって，かなさんの自己紹介は No. 3 である。

【問4　放送文の要約】

No. 1：私は12歳です。私はテレビゲームが好きです。私はバレーボールをします。私は犬を2匹飼っています。

No. 2：私は12歳です。私はねこを飼っています。私はダンスが好きです。

No. 3：私は12歳です。私はテニスをします。私は犬とねこを飼っています。

No. 4：私は12歳です。私はテニスをします。私はスイーツが好きです。私はねこを2匹飼っています。

問5　【問5　放送文の要約】参照。

【問5　放送文の要約】

これらの写真を見てください。ゥぼくは友達といっしょに大宮公園体育館に行きました。ァぼくたちはそこでバドミントンをしました。ィその後，そこで昼食を食べました。とても楽しかったです。

2　問1　花子さんの班は，A地点から学校までの 2.4 km＝2400m の道のりを，11 時 44 分－11 時 04 分＝40 分間で移動したから，花子さんの班の移動する速さは，分速（2400÷40）m＝分速 60m である。

問2　学校を出発してから，学校に戻ってくるまでに移動する道のりは，1.2＋2.4＋3.84＋2.4＝9.84（km），つまり 9840m だから，花子さんの班が移動している時間の和は，9840÷60＝164（分）である。花子さんの班の各地点での調べ学習の時間は 15 分間だから，調べ学習の時間の和は 15×3＝45（分）である。したがって，花子さんの班が学校を出発した時間は，学校到着の 164＋45＝209（分前），209÷60＝3 余り 29 より，3 時間 29 分前である。

よって，求める時刻は，11 時 44 分－3 時間 29 分＝8 時 15 分である。

問3　花子さんの班の行程表は，右表のようになるから，太郎さんの班と花子さんの班は A地点とB地点の間ですれ違ったとわかる。太郎さんの班がA地点を 10：00 に出発したとき，花子さんの班はB地点を出発してから，10 時 00 分－9 時 45 分＝15 分移動しているので，このとき花子さんの班はB地点から 60×15＝900（m）の地点にいて，太郎さんの班と花子さんの班の間の道のりは，3840－900＝2940（m）である。

花子さんの班の行程表	
学校出発	8：15
C地点到着	8：35
C地点出発	8：50
B地点到着	9：30
B地点出発	9：45
A地点到着	10：49
A地点出発	11：04
学校到着	11：44

また，太郎さんの班は学校からA地点までの 2400m を，9 時 50 分－9 時 20 分＝30 分で移動するから，太郎さんの班の速さは，分速（2400÷30）m＝分速 80m である。したがって，太郎さんの班と花子さんの班がA地点とB地点の間を移動しているとき，2 つの班の間の道のりは，1 分間に 80＋60＝140（m）ずつ短くなる。

よって，2 つの班がすれ違うのは，10 時 00 分の 2940÷140＝21（分後）の，10 時 21 分である。

問4　標高 8000m 以上もあるヒマラヤ山脈でも，海に生息したアンモナイトの化石が見つかっている。

問5　（17.2÷40.0）×100＝43（％）

3　問1　切り花の生産は，新潟県が全国の約 33%，埼玉県は全国第 2 位で約 24% だから，切り花のグラフで新潟，埼玉県の順に多い，アかエのどちらかとわかる。球根の生産は，富山県と新潟県で全国の約 98% だから，球根のグラフで富山県と新潟県がそのほとんどを占めている，アのグラフが正しいとわかる。

問2　花がさくのはほう芽のあとである。また，チューリップの花がさくのは春であり，乾燥させれば花はかれてしまうので，ウが正答となる。

問3 植物は，光が当たると，水と二酸化炭素を材料にして，でんぷんと酸素をつくり出す光合成を行う。つくられた養分が球根にたくわえられることで球根が大きく成長するが，花があると，葉でつくられた養分が種子にもたくわえられるようになるので，球根にたくわえられる養分が少なくなる。したがって，葉がついていて，花のみを摘んだ状態のイで，一番大きく球根が成長すると考えられる。

問4 花子さんが書いた楽譜は4分の4拍子で，1小節目にすでに書かれている音符は4分音符が2つである。したがって，□の中には4分音符2つ分の長さの音符が入るとわかる。よって，□に入る音符は，2分音符のエである。

4 問1 資料2の1・2・3より，山間部の冬の積雪量(降水量)が多い日本海側の気候の特徴に着目して，4の「コメの収穫量は全国第1位」から新潟県と判断し，Cを選ぶ。日本海側で冬の降水量が多くなるのは，北西季節風が暖流の対馬海流の上空で大量の水蒸気をふくんだ後，越後山脈にぶつかって大量の雪を降らせるためである(右図参照)。また，新潟県には，日本最大の稲作地帯の越後平野がある。Aは北海道，Bは宮城県，Dは茨城県，Eは埼玉県，Fは神奈川県，Gは静岡県，Hは大阪府，Iは兵庫県，Jは大分県である。

問2 資料3をもとに，それぞれの行き方でかかる時間を求める。

アの行き方では，大宮駅から浦和駅まで8分，乗り換え時間が5分，浦和駅から浦和美園駅まで40分だから，8＋5＋40＝53(分)かかる。

イの行き方では，大宮駅から武蔵浦和駅まで11分，乗り換え時間が5分，武蔵浦和駅から東川口駅まで3＋4＋3＝10(分)，乗り換え時間が5分，東川口駅から浦和美園駅まで3分だから，11＋5＋10＋5＋3＝34(分)かかる。

ウの行き方では，大宮駅から南浦和駅まで8＋2＝10(分)，乗り換え時間が5分，南浦和駅から東川口駅まで4＋3＝7(分)，乗り換え時間が5分，東川口駅から浦和美園駅まで3分だから，10＋5＋7＋5＋3＝30(分)かかる。

エの行き方では，大宮駅から南浦和駅まで10分，乗り換え時間が5分，南浦和駅から東浦和駅まで4分，乗り換え時間が5分，東浦和駅から浦和美園駅まで20分だから，10＋5＋4＋5＋20＝44(分)かかる。

よって，一番早く到着する行き方はウで，かかる時間は30分である。

問3 │ A │ は，資料4の「使用された紙コップは，15個あたりトイレットペーパー1つになり」から，資源として再び利用する「リサイクル」を導く。│ B │ は，リサイクルを進めることで，新たな天然資源の使用を減らせることから「ゴミ」を導く(資源ゴミでもよい)。リサイクル・リデュース(ゴミの発生を抑制すること)・リユース(そのままの形体で繰り返し使用すること)の3Rを進める社会を循環型社会と言う。

問4 資料6の対戦結果を対戦表に書き込むと，右表のようになる。右表より，このグループリーグの1位はB国，4位がD国と決まるから，A国が決勝トーナメントに進むためには，グループリーグで2位にならなければならない。

	A国	B国	C国	D国	勝ち点	得失点差
A国		× 1 - 2		○ 3 - 1		
B国	○ 2 - 1		○ 3 - 2	○ 3 - 1	9	
C国		× 2 - 3		○ 1 - 0		
D国	× 1 - 3	× 1 - 3	× 0 - 1		0	

A国とC国の試合前のA国とC国の勝ち点は，それぞれ3点ずつで等しい。したがって，A国とC国の試合でA国が勝つと，A国の勝ち点は3＋3＝6(点)，C国の勝ち点は3＋0＝3(点)だから，A国が2位となり決勝トーナメントに進むことができる。C国が勝つと，A国の勝ち点は3点，C国の勝ち点は6点だから，A国は3位となり決勝トーナメントに進むことができない。

A国とC国の試合が引き分けとなると，A国とC国の勝ち点はそれぞれ3＋1＝4（点）と同じになるので，A国とC国の得失点差を求めて比べる。A国とC国の試合は引き分けで得失点差が0となるから，他の2試合の得失点差を求めればよく，A国の得失点差は（1＋3）－（2＋1）＝＋1（点），C国の得失点差は（2＋1）－（3＋0）＝0（点）なので，A国が2位となり決勝トーナメントに進むことができる。

よって，A国が勝ち，または，A国とC国が引き分けとなる結果を選べばよく，ウ，エ，オがあてはまる。

[5] 問1 花子さんがお姉さんに電話をかけた時間は，お姉さんがいつもは寝ている時間だから，ブラジルの時間の午後11時から午前6時の間とわかる。ブラジルの時間は日本の時間より12時間遅いから，ブラジルの時間で午後11時のとき，日本の時間は翌日の午前11時，ブラジルの時間で午前6時のとき，日本の時間は同じ日の午後6時である。したがって，花子さんがお姉さんに電話をかけた時間は，日本の時間で午前11時から午後6時の間とわかるから，ウの午後4時30分である。

問2 　A　は，資料1よりイを選ぶ（右図参照）。

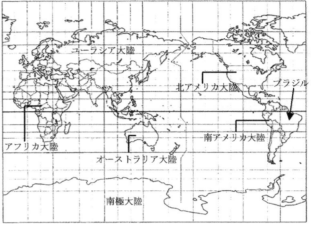

　B　は，資料2と資料3よりエを選ぶ。さいたま市のブラジル人の数は南アメリカ地域の国籍の人の321÷462＝0.69…＝約7割を占める。

　C　は，資料4よりオを選ぶ。ブラジルの自動車における金額は，輸出が 1852×0.058＝107.416（億ドル），輸入が 1376×0.072＝99.072（億ドル）となり，輸出の金額の方が高い。

ア．右図参照　ウ．資料2より，さいたま市の外国人住民数は，アジア＞ヨーロッパ＞北アメリカ＞南アメリカ＞アフリカ＞オセアニア地域の順なので，南アメリカ地域の国籍の人は北アメリカ地域の国籍の人に次いで4番目に多い。　カ．ブラジルの大豆の輸出額は1852×0.104＝192.608（億ドル）で200億ドルを超えていない。

《解答例》

1 問1．A．ア　B．エ　問2．C．歳出総額に占める割合が最も大きい項目　D．その割合はおよそ４０パーセント　E．障害者や高れい者の福祉サービス　問3．146000　問4．公共サービスにも費用がかかり不便になる　問5．2500

2 問1．A．40000　B．2　C．5　D．6000

問2．下げんの月の位置…⑤　何日後に下げんの月が見えるか…イ　説明…資料１の③が満月であり，この後，④，⑤の順に４分の１周して下げんの月になる。月の満ち欠けのサイクルが約１か月であることから，４分の１周するには約30÷4＝7.5(日)かかるから。

3 問1．ウ　問2．あらゆる手段を使って，食欲を刺激する工夫をしてきた　問3．ア　問4．出された料理がどういうものかを判断して　問5．イ

《解　説》

1 問1　A は，資料１よりアを選ぶ。自主財源は，市税＞諸収入＞使用料・手数料などである。 B は，資料１よりエを選ぶ。依存財源は国庫支出金＞県支出金など＞市債である。

問2　C と D について，資料２より，歳出総額において最も高い民生費の割合は 1855÷4689×100＝39.5…(%)＝およそ 40 パーセントとなる。 D について，資料２より民生費は「障害者や高齢者の福祉サービス，子育て支援，保育所などの経費」であるが，問いに「10 字以上 20 字以内」とあるから「障害者や高齢者の福祉サービス」のみを答える。

問3　資料２より，市民一人あたりの民生費は 185500000000÷1270000＝146062.9921(円)で，問いに「上から３けたのがい数」とあるから 146000 円となる。

問4　１の「税務署の方の話」の「年金や医療などの社会保障・福祉や，教育や警察，消防などの公共サービス…の費用は私たちの税金によって支えられています」を踏まえて，２の「もしも税金がなかった場合に考えられること」に着目すると，税金が使われていなかった場合，「救急車」「交番」「ゴミ処理場」などの公共サービスに費用がかかり不便になることが導ける。

問5　太郎さんの今月のおこづかいの残金は，3000－300＝2700(円)である。

消費税をふくむ金額は，税抜きの価格の 1＋0.08＝1.08(倍)だから，2700 円で買える商品の税抜き価格は，2700÷1.08＝2500(円)である。

2 問1　集めたお金は，1250×80＝100000(円)で，焼きそばを配る担当者に 15000 円，子ども遊びの担当者に 15000 円，放送担当者に 20000 円，ステージ担当者に 10000 円を支給したから，予備費は 100000－15000－15000－20000－10000＝A40000(円)となる。

予備費で１枚 17000 円の看板をB枚製作し，１台 3000 円のスピーカーをC台購入すると，9000 円足りないから，看板B枚とスピーカーC台の合計金額は，ちょうど 40000＋9000＝49000(円)となる。

40000÷17000＝２余り 6000 より，看板の製作枚数は１枚か２枚とわかる。看板を１枚製作したとすると，スピーカーC台の金額が 49000－17000＝32000(円)となるが，32000÷3000＝10 余り 2000 より，余りが出てしまうので

違うとわかる。看板を2枚製作したとすると，スピーカー©台の金額が 49000－17000×2＝15000（円）となり，15000÷3000＝5より，看板をB 2枚製作し，スピーカーをC 5台購入したとわかる。

スピーカーの購入費は，予備費から出す必要がなかったので，残った予備費は 40000－17000×2＝D 6000（円）である。

問2　資料1の①〜⑧はすべて右側半分に太陽の光が当たっている。地球から見ると，⑦は太陽の光が当たっている部分がまったく見えないから新月，①右側半分が光って見えるから上げんの月，③は太陽の光が当たっている部分だけが見えるから満月，⑤は左側半分が光って見えるから下げんの月である。資料3より，新月が右側から光っていくことがわかるので，資料1では，月が地球のまわりを反時計回りに動いていると考えられる。月の満ち欠けのサイクルが約1か月→30日であることと，夏祭りの日には満月が見えたことから，下げんの月になるのは，資料1で③から⑤まで4分の1周する約 30÷4＝7.5（日後）である。

3 **問1**　「ひたむき」とは，ひとつの物事に一生懸命になる様子。たとえば，「稲庭うどん〜練る，ないまぜる，延ばす，干すなどの工程のなかで〜かもしだしている」という努力のこと。ここでは，筆者が好きな「稲庭うどん」を取り上げているが，それに限らず「讃岐うどん」や「きしめん」をふくめ，「日本各地で，独特の触感を出すためのたゆみない工夫がなされ，地域に根づいた特徴あるうどんが生まれた」ということを述べているのである。よって，ウが適する。

問2　　A　の直前に「動物と違ってヒトは」とあることと，下線部②の直前に「ヒトと動物のちがい」とあることに着目する。動物とは違う，人の食文化をつくってきたヒトの行動とは何か。それは，常温のものを食べている動物とはちがい，「ヒトは，辛い味〜冷たいなど，あらゆる手段を使って，食欲を刺激する工夫をしてきた」ということである。ここから下線部をぬき出す。

問4　「過去の記憶に照らして」が，　B　の直前の「これまでの経験から」ということである。では，「心の準備をして」から食べるとは，食事前に具体的にどうすることか。それは，1〜2行前の「食事をするときはふつう，出された料理がどういうものかを判断してから食べています〜魚なのか，肉なのか，野菜なのかを判断してから食べます」ということである。ここから下線部をぬき出す。

問5　筆者は本文の最後で「人の場合も，その食べものが安全でおいしいというイメージが脳にできあがってから，よく食べるようになります」と述べている。つまり，ラットの実験と同じように，人間もはじめて食べるものに対して警戒するのである。よって，イの「ためらわずに食べることができる」が誤り。

《解答例》

1 （例文）

外国から来た観光客が旅行中困ったこととして最も多い回答は，施設等のスタッフとのコミュニケーションがとれないことです。また，多言語表示の少なさ・わかりにくさを感じている人も多くいます。二つとも言語のちがいによって起きていることで，飲食・小売店で困ることが多いようです。この問題を解決するために，店員は良く使う外国語のフレーズを学ぶ，メニュー表や値札には外国語も表記するなどの工夫が必要だと思います。

2 （例文）

世界の食市場規模は，２００９年から２０２０年にかけて２倍になると予測される中で，アジアの食市場はおよそ２．８倍になると予測されています。日本食・食文化を海外へ普及させる絶好の機会です。そのために，日本食普及親善大使とメディアの活用を提案します。アジアで人気のある日本の芸能人やスポーツ選手などを大使に任命して，アジア各国で日本食・食文化をアピールしてもらいます。アピールの手段として，テレビとインターネットを利用します。年れいの高い世代にはテレビを通じて，若い世代にはインターネットを通じてアピールすれば，多くの人に日本食・食文化の良さが伝わるのではないでしょうか。

3 （例文）

資料１では，小学校の英語の授業で外国のことについて学ぶのが楽しかったという回答が最も多くなりました。それは英語を通して異なる国の文化を学べたからだと思います。資料２で，将来，特に仕事で英語を使う機会があると考えている人は半数以上います。その時に困らないように，自分の考えを英語で伝える練習をする必要があります。翻訳機があれば英語を学ばなくてもいいと考える人もいます。確かに知らない言葉が出てきた時に，翻訳機は便利だと思います。しかし，言語はその国の文化や歴史につながっています。外国語を学ぶことで，話している相手に対する理解が深まるのです。だから翻訳機があっても，外国語を学ぶことは大切だと思います。

《解　説》

1 先生が「外国からいらした観光客がどのようなことに困っているか，実態を知る必要がありますね」と言ったことを受けて，太郎さんが「外国の方が旅行中に困ったことについて～資料１から分かることを述べたいと思います」と言っているので，最初に資料１の結果にふれる。太郎さんは，資料１のうち「多言語表示の少なさ・わかりにくさ」と「施設等のスタッフとのコミュニケーションがとれない」について「改善点をいくつか述べたいと思います」と言っているので，二つの困ったことに共通する原因を考えるとよい。すると言語が関係しているとわかる。どのような場所でそのようなことが起きているのかがわかるのが「資料２」と「資料３」。「特に困った場所」で多いのは「飲食・小売店」である。そこでの問題を解決するにはどうしたら良いかを具体的にいくつか示そう。

2 花子さんが，発表について「もっと多くの海外の人に日本食のすばらしさを知ってもらいたい」「日本食・食文化を海外に普及させるためにどのようなことができるのか」と言っていることに着目しよう。さらに，資料１の「世界の食市場規模」について「全体的な特徴を述べた後，特にアジアでの市場規模の拡大に着目し，アジアでの食市場は 2009 年と比べ 2020 年はおよそ何倍になると予測されているかなど具体的な数を用いて説明する」，資料２の「日本食・食文化の普及の取組」について「この中から２つの取組を選び，具体的にどのようなことができるのか

発表したい」と言っていること，先生が「何倍かを整数で表せない場合は，上から2けた程度のがい数で表すのがよい」と言っていることをてがかりにまとめよう。なお，資料1より，2009年と比べ2020年は，世界の食市場規模が680÷340＝2（倍），アジアの食市場規模が(680－451)÷(340－258)＝2.792…（倍）＝およそ2.8倍となる。「日本食・食文化の普及の取組」については，資料2より「海外日本食材使用レストランとの連携」「グローバルイベントとの連携」を選び，「アジアにある日本食材使用レストランに参加してもらって，アジアで開催されるイベントで和食を味わってもらいたいです。アピールの手段として，年れいの高い世代には日本酒のイベントなど，若い世代には漫画やアニメ，ゲームなどのイベントなどを通じてアピールすれば，多くの人に日本食・食文化の良さが伝わる」といった内容を，文章の分量が300字以内に収まるようにまとめてもよい。

3　まず「資料1の回答の割合（わりあい）が10％以上の項目（こうもく）（＝外国のことについて学ぶこと，英語で友達と会話をすること，英語で外国人の先生と会話すること）の中から1つ選び，なぜ，その回答の割合が高いのかについて～考えを述べたい」とあることに従って書く。次に「資料2からわかる全体的な特徴（とくちょう）について説明したのち～困らないために，今，何をすることが大切なのかを述べたい」とあることに従う。さらに「翻訳（ほんやく）機の利点について述べつつ，だからと言って外国語を学習しなくていい理由にはならないことを述べたい」とあるので，この点もおさえよう。これらをまとめると，次郎（じろう）さんが言いたい「英語などの外国語を学習することが，どうして大切なのか」「機器が発達しても，英語などの外国語を学習することには意義（いぎ）がある」という考えが伝わる。

■ ご使用にあたってのお願い・ご注意

（1）問題文等の非掲載

　著作権上の都合により，問題文や図表などの一部を掲載できない場合があります。

　誠に申し訳ございませんが，ご了承くださいますようお願いいたします。

（2）過去問における時事性

　過去問題集は，学習指導要領の改訂や社会状況の変化，新たな発見などにより，現在とは異なる表記や解説になっている場合があります。過去問の特性上，出題当時のままで出版していますので，あらかじめご了承ください。

（3）配点

　学校等から配点が公表されている場合は，記載しています。公表されていない場合は，記載していません。

　独自の予想配点は，出題者の意図と異なる場合があり，お客様が学習するうえで誤った判断をしてしまう恐れがあるため記載していません。

（4）無断複製等の禁止

　購入された個人のお客様が，ご家庭でご自身またはご家族の学習のためにコピーをすることは可能ですが，それ以外の目的でコピー，スキャン，転載（ブログ，ＳＮＳなどでの公開を含みます）などをすることは法律により禁止されています。学校や学習塾などで，児童生徒のためにコピーをして使用することも法律により禁止されています。

　ご不明な点や，違法な疑いのある行為を確認された場合は，弊社までご連絡ください。

（5）けがに注意

　この問題集は針を外して使用します。針を外すときは，けがをしないように注意してください。また，表紙カバーや問題用紙の端で手指を傷つけないように十分注意してください。

（6）正誤

　制作には万全を期しておりますが，万が一誤りなどがございましたら，弊社までご連絡ください。

　なお，誤りが判明した場合は，弊社ウェブサイトの「ご購入者様のページ」に掲載しておりますので，そちらもご確認ください。

■ お問い合わせ

　解答例，解説，印刷，製本など，問題集発行におけるすべての責任は弊社にあります。

　ご不明な点がございましたら，弊社ウェブサイトの「お問い合わせ」フォームよりご連絡ください。迅速に対応いたしますが，営業日の都合で回答に数日を要する場合があります。

　ご入力いただいたメールアドレス宛に自動返信メールをお送りしています。自動返信メールが届かない場合は，「よくある質問」の「メールの問い合わせに対し返信がありません。」の項目をご確認ください。

　また弊社営業日（平日）は，午前９時から午後５時まで，電話でのお問い合わせも受け付けています。

2025 春

株式会社教英出版

〒422-8054　静岡県静岡市駿河区南安倍３丁目 12-28

TEL　054-288-2131　　FAX　054-288-2133

URL　https://kyoei-syuppan.net/

MAIL　siteform@kyoei-syuppan.net

教英出版 2025年春受験用 中学入試問題集

学校別問題集
★はカラー問題対応

神奈川県

①[県立] 相模原中等教育学校／平塚中等教育学校
②[市立] 南高等学校附属中学校
③[市立] 横浜サイエンスフロンティア高等学校附属中学校
④[市立] 川崎高等学校附属中学校
★⑤聖 光 学 院 中 学 校
★⑥浅 野 中 学 校
⑦洗 足 学 園 中 学 校
⑧法 政 大 学 第 二 中 学 校
⑨逗 子 開 成 中 学 校（1次）
⑩逗 子 開 成 中 学 校（2・3次）
⑪神奈川大学附属中学校（第1回）
⑫神奈川大学附属中学校（第2・3回）
⑬栄 光 学 園 中 学 校
⑭フェリス女学院中学校

新潟県

①[県立] 村上中等教育学校／柏崎翔洋中等教育学校／燕中等教育学校／津南中等教育学校／直江津中等教育学校／佐渡中等教育学校
②[市立] 高志中等教育学校
③新 潟 第 一 中 学 校
④新 潟 明 訓 中 学 校

石川県

①[県立] 金 沢 錦 丘 中 学 校
②星 稜 中 学 校

福井県

①[県立] 高 志 中 学 校

山梨県

①山 梨 英 和 中 学 校
②山 梨 学 院 中 学 校
③駿 台 甲 府 中 学 校

長野県

①[県立] 屋代高等学校附属中学校／諏訪清陵高等学校附属中学校
②[市立] 長 野 中 学 校

岐阜県

①岐 阜 東 中 学 校
②鶯 谷 中 学 校
③岐阜聖徳学園大学附属中学校

静岡県

①[国立] 静岡大学教育学部附属中学校（静岡・島田・浜松）
②[県立] 清水南高等学校中等部／[県立] 浜松西高等学校中等部／[市立] 沼津高等学校中等部
③不二聖心女子学院中学校
④日 本 大 学 三 島 中 学 校
⑤加 藤 学 園 暁 秀 中 学 校
⑥星 陵 中 学 校
⑦東海大学付属静岡翔洋高等学校中等部
⑧静 岡 サ レ ジ オ 中 学 校
⑨静 岡 英 和 女 学 院 中 学 校
⑩静 岡 雙 葉 中 学 校
⑪静 岡 聖 光 学 院 中 学 校
⑫静 岡 学 園 中 学 校
⑬静 岡 大 成 中 学 校
⑭城 南 静 岡 中 学 校
⑮静 岡 北 中 学 校
⑯常葉大学附属常葉中学校／常葉大学附属橘中学校／常葉大学附属菊川中学校
⑰藤 枝 明 誠 中 学 校
⑱浜 松 開 誠 館 中 学 校
⑲静岡県西遠女子学園中学校
⑳浜 松 日 体 中 学 校
㉑浜 松 学 芸 中 学 校

愛知県

①[国立] 愛知教育大学附属名古屋中学校
②愛 知 淑 徳 中 学 校
③名古屋経済大学市邨中学校／名古屋経済大学高蔵中学校
④金 城 学 院 中 学 校
⑤椙 山 女 学 園 中 学 校
⑥東 海 中 学 校
⑦南 山 中 学 校 男 子 部
⑧南 山 中 学 校 女 子 部
⑨聖 霊 中 学 校
⑩滝 中 学 校
⑪名 古 屋 中 学 校
⑫大 成 中 学 校
⑬愛 知 中 学 校
⑭星 城 中 学 校
⑮名 古 屋 葵 大 学 中 学 校（名古屋女子大学中学校）
⑯愛知工業大学名電中学校
⑰海陽中等教育学校（特別給費生）
⑱海陽中等教育学校（I・II）
⑲中部大学春日丘中学校
新刊⑳名 古 屋 国 際 中 学 校

三重県

①[国立] 三重大学教育学部附属中学校
②暁 中 学 校
③海 星 中 学 校
④四日市メリノール学院中学校
⑤高 田 中 学 校
⑥セントヨゼフ女子学園中学校
⑦三 重 中 学 校
⑧皇 學 館 中 学 校
⑨鈴 鹿 中 等 教 育 学 校
⑩津 田 学 園 中 学 校

滋賀県

①[国立] 滋賀大学教育学部附属中学校
②[県立] 河 瀬 中 学 校／守 山 中 学 校／水 口 東 中 学 校

京都府

①[国立] 京都教育大学附属桃山中学校
②[府立] 洛北高等学校附属中学校
③[府立] 園部高等学校附属中学校
④[府立] 福知山高等学校附属中学校
⑤[府立] 南陽高等学校附属中学校
⑥[市立] 西京高等学校附属中学校
⑦同 志 社 中 学 校
⑧洛 星 中 学 校
⑨洛南高等学校附属中学校
⑩立 命 館 中 学 校
⑪同 志 社 国 際 中 学 校
⑫同志社女子中学校（前期日程）
⑬同志社女子中学校（後期日程）

大阪府

①[国立] 大阪教育大学附属天王寺中学校
②[国立] 大阪教育大学附属平野中学校
③[国立] 大阪教育大学附属池田中学校

④[府立]富田林中学校
⑤[府立]咲くやこの花中学校
⑥[府立]水都国際中学校
⑦清風中学校
⑧高槻中学校（A日程）
⑨高槻中学校（B日程）
⑩明星中学校
⑪大阪女学院中学校
⑫大谷中学校
⑬四天王寺中学校
⑭帝塚山学院中学校
⑮大阪国際中学校
⑯大阪桐蔭中学校
⑰開明中学校
⑱関西大学第一中学校
⑲近畿大学附属中学校
⑳金蘭千里中学校
㉑金光八尾中学校
㉒清風南海中学校
㉓帝塚山学院泉ヶ丘中学校
㉔同志社香里中学校
㉕初芝立命館中学校
㉖関西大学中等部
㉗大阪星光学院中学校

兵　庫　県
①[国立]神戸大学附属中等教育学校
②[県立]兵庫県立大学附属中学校
③雲雀丘学園中学校
④関西学院中学部
⑤神戸女学院中学部
⑥甲陽学院中学校
⑦甲南中学校
⑧甲南女子中学校
⑨灘中学校
⑩親和中学校
⑪神戸海星女子学院中学校
⑫滝川中学校
⑬啓明学院中学校
⑭三田学園中学校
⑮淳心学院中学校
⑯仁川学院中学校
⑰六甲学院中学校
⑱須磨学園中学校(第1回入試)
⑲須磨学園中学校(第2回入試)
⑳須磨学園中学校(第3回入試)
㉑白陵中学校

㉒夙川中学校

奈　良　県
①[国立]奈良女子大学附属中等教育学校
②[国立]奈良教育大学附属中学校
③[県立] 国際中学校／青翔中学校
④[市立]一条高等学校附属中学校
⑤帝塚山中学校
⑥東大寺学園中学校
⑦奈良学園中学校
⑧西大和学園中学校

和　歌　山　県
①[県立] 古佐田丘中学校／向陽中学校／桐蔭中学校／日高高等学校附属中学校／田辺中学校
②智辯学園和歌山中学校
③近畿大学附属和歌山中学校
④開智中学校

岡　山　県
①[県立]岡山操山中学校
②[県立]倉敷天城中学校
③[県立]岡山大安寺中等教育学校
④[県立]津山中学校
⑤岡山中学校
⑥清心中学校
⑦岡山白陵中学校
⑧金光学園中学校
⑨就実中学校
⑩岡山理科大学附属中学校
⑪山陽学園中学校

広　島　県
①[国立]広島大学附属中学校
②[国立]広島大学附属福山中学校
③[県立]広島中学校
④[県立]三次中学校
⑤[県立]広島叡智学園中学校
⑥[市立]広島中等教育学校
⑦[市立]福山中学校
⑧広島学院中学校
⑨広島女学院中学校
⑩修道中学校

⑪崇徳中学校
⑫比治山女子中学校
⑬福山暁の星女子中学校
⑭安田女子中学校
⑮広島なぎさ中学校
⑯広島城北中学校
⑰近畿大学附属広島中学校福山校
⑱盈進中学校
⑲如水館中学校
⑳ノートルダム清心中学校
㉑銀河学院中学校
㉒近畿大学附属広島中学校東広島校
㉓ＡＩＣＪ中学校
㉔広島国際学院中学校
㉕広島修道大学ひろしま協創中学校

山　口　県
①[県立] 下関中等教育学校／高森みどり中学校
②野田学園中学校

徳　島　県
①[県立] 富岡東中学校／川島中学校／城ノ内中等教育学校
②徳島文理中学校

香　川　県
①大手前丸亀中学校
②香川誠陵中学校

愛　媛　県
①[県立] 今治東中等教育学校／松山西中等教育学校
②愛光中学校
③済美平成中等教育学校
④新田青雲中等教育学校

高　知　県
①[県立] 安芸中学校／高知国際中学校／中村中学校

福岡県

① [国立] 福岡教育大学附属中学校
（福岡・小倉・久留米）

② [県立]
育徳館中学校
門司学園中学校
宗像中学校
嘉穂高等学校附属中学校
輝翔館中等教育学校

③ 西南学院中学校
④ 上智福岡中学校
⑤ 福岡女学院中学校
⑥ 福岡雙葉中学校
⑦ 照曜館中学校
⑧ 筑紫女学園中学校
⑨ 敬愛中学校
⑩ 久留米大学附設中学校
⑪ 飯塚日新館中学校
⑫ 明治学園中学校
⑬ 小倉日新館中学校
⑭ 久留米信愛中学校
⑮ 中村学園女子中学校
⑯ 福岡大学附属大濠中学校
⑰ 筑陽学園中学校
⑱ 九州国際大学付属中学校
⑲ 博多女子中学校
⑳ 東福岡自彊館中学校
㉑ 八女学院中学校

佐賀県

① [県立]
香楠中学校
致遠館中学校
唐津東中学校
武雄青陵中学校

② 弘学館中学校
③ 東明館中学校
④ 佐賀清和中学校
⑤ 成穎中学校
⑥ 早稲田佐賀中学校

長崎県

① [県立]
長崎東中学校
佐世保北中学校
諫早高等学校附属中学校

② 青雲中学校
③ 長崎南山中学校
④ 長崎日本大学中学校
⑤ 海星中学校

熊本県

① [県立]
玉名高等学校附属中学校
宇土中学校
八代中学校

② 真和中学校
③ 九州学院中学校
④ ルーテル学院中学校
⑤ 熊本信愛女学院中学校
⑥ 熊本マリスト学園中学校
⑦ 熊本学園大学付属中学校

大分県

① [県立] 大分豊府中学校
② 岩田中学校

宮崎県

① [県立] 五ヶ瀬中等教育学校

② [県立]
宮崎西高等学校附属中学校
都城泉ヶ丘高等学校附属中学校

③ 宮崎日本大学中学校
④ 日向学院中学校
⑤ 宮崎第一中学校

鹿児島県

① [県立] 楠隼中学校
② [市立] 鹿児島玉龍中学校
③ 鹿児島修学館中学校
④ ラ・サール中学校
⑤ 志學館中等部

沖縄県

① [県立]
与勝緑が丘中学校
開邦中学校
球陽中学校
名護高等学校附属桜中学校

もっと過去問シリーズ

北海道

北嶺中学校
7年分（算数・理科・社会）

静岡県

静岡大学教育学部附属中学校
（静岡・島田・浜松）
10年分（算数）

愛知県

愛知淑徳中学校
7年分（算数・理科・社会）
東海中学校
7年分（算数・理科・社会）
南山中学校男子部
7年分（算数・理科・社会）

南山中学校女子部
7年分（算数・理科・社会）
滝中学校
7年分（算数・理科・社会）
名古屋中学校
7年分（算数・理科・社会）

岡山県

岡山白陵中学校
7年分（算数・理科）

広島県

広島大学附属中学校
7年分（算数・理科・社会）
広島大学附属福山中学校
7年分（算数・理科・社会）
広島学院中学校
7年分（算数・理科・社会）
広島女学院中学校
7年分（算数・理科・社会）
修道中学校
7年分（算数・理科・社会）
ノートルダム清心中学校
7年分（算数・理科・社会）

愛媛県

愛光中学校
7年分（算数・理科・社会）

福岡県

福岡教育大学附属中学校
（福岡・小倉・久留米）
7年分（算数・理科・社会）
西南学院中学校
7年分（算数・理科・社会）
久留米大学附設中学校
7年分（算数・理科・社会）
福岡大学附属大濠中学校
7年分（算数・理科・社会）

佐賀県

早稲田佐賀中学校
7年分（算数・理科・社会）

長崎県

青雲中学校
7年分（算数・理科・社会）

鹿児島県

ラ・サール中学校
7年分（算数・理科・社会）

※もっと過去問シリーズは
国語の収録はありません。

 教英出版

〒422-8054
静岡県静岡市駿河区南安倍3丁目12-28
TEL 054-288-2131
FAX 054-288-2133

詳しくは教英出版で検索

教英出版　　検索

URL https://kyoei-syuppan.net/

令和6年度

適 性 検 査　A

注　　意

1　問題は ① から ⑤ までで、19ページにわたって印刷してあります。

2　検査時間は50分間です。

3　声を出して読んではいけません。

4　解答はすべて解答用紙にはっきりと記入し、**解答用紙だけ提出**しなさい。

5　解答を直すときは、きれいに消してから、新しい解答を書きなさい。

6　**性別・受検番号**は解答用紙の決められた欄2か所に必ず記入しなさい。

さいたま市立大宮国際中等教育学校

1 放送による問題
　※問題は、問1〜問5までの5問あります。
　※英語はすべて2回ずつ読まれます。問題用紙にメモを取ってもかまいません。答えはすべて解答
　　用紙に記入しなさい。

問1　Jimmy（ジミー）さんとYuna（ゆな）さんが話をしています。2人の会話を聞いて、内容に合
　　う絵を次のア〜エの中から1つ選び、記号で答えなさい。

ア

イ

ウ

エ

問2　Kota（こうた）さんとEmma（エマ）さんが夏の予定について話をしています。2人の会話と
　　ア〜エの英語を聞いて、2人の会話の最後の質問に対する答えとして正しいものを、話されるア〜
　　エの中から1つ選び、記号で答えなさい。

　　ア　　　　　　　　　　　　　　　　　イ
　　ウ　　　　　　　　　　　　　　　　　エ

問3　Jake（ジェイク）さんとSaki（さき）さんは、レストランで何を注文するかについて話をして
　　います。2人の会話を聞いて、Jake（ジェイク）さんとSaki（さき）さんが注文したものに合う
　　絵を次のア〜エの中からそれぞれ1つずつ選び、記号で答えなさい。

ア

イ

ウ

エ

2024(R6) 大宮国際中等教育学校
K教英出版

— 1 —

【適

問4　Aya（あや）さんは外国人の男性に道をたずねられました。2人は地図を見ながら話をしています。2人の会話を聞き、男性が行きたい場所を下の地図のア～エの中から1つ選び、記号で答えなさい。Aya（あや）さんと男性は★の位置にいます。

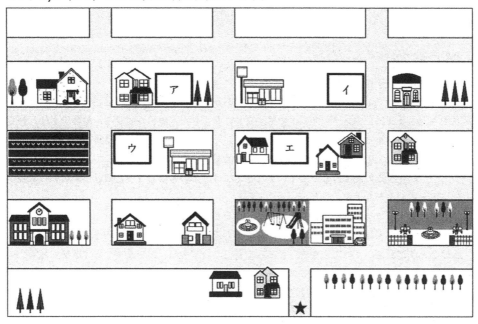

問5　Mary（メアリー）さんが、冬休みの思い出について写真を見せながら発表しています。Mary（メアリー）さんの発表を聞いて、Mary（メアリー）さんがしたことの順番になるように、①～④にあてはまる絵を、下のア～エの中からそれぞれ1つずつ選び、記号で答えなさい。

【Mary（メアリー）さんの冬休み】

2

～～～～～～～～～～～～～～～～～～～～～～～～～～～～～～～～～～～～
　地域のイベントでハロウィンパーティを行うため、太郎さんと花子さんは、パーティの準備を進め
ています。
～～～～～～～～～～～～～～～～～～～～～～～～～～～～～～～～～～～～

次の問１～問５に答えなさい。

【太郎さんと花子さんの会話①】

太郎さん：ハロウィンパーティ用のお菓子を買おうと思います。お菓子は、どのお店から買いますか。

花子さん：今回は、インターネットで買うことにしました。調べたところ、お菓子を仕入れるお店
　　　　　の候補はお店Aからお店Dの4店でした。どのお店もお菓子は同じものです。例えば、
　　　　　販売しているチョコレートは同じ商品です。内容と送料を表にまとめてみました。すべ
　　　　　て税込の価格になります。また、送料は、どのお店も買った個数にかかわらず表の料金
　　　　　がかかります。

太郎さん：チョコレートを1個だけ買うようなことはできますか。

花子さん：できません。どのお店もどのお菓子も袋単位で買う必要があります。

太郎さん：送料をふくめて1番安いところで買いたいですね。お店を1つだけ選び、お菓子はすべ
　　　　　てそのお店で買うことにしましょう。

花子さん：そうしましょう。どのお店で買えば1番安く買えるか、表を見ながら比較して考えましょう。
　　　　　いろいろな種類のお菓子を食べられるようにしたいですね。

表

お店A	チョコレート　1袋100個入り　1500円 キャンディ　　1袋250個入り　2000円 グミ　　　　　1袋100個入り　1000円 マシュマロ　　1袋100個入り　2500円	送料800円
お店B	チョコレート　1袋100個入り　1700円 キャンディ　　1袋100個入り　　900円 グミ　　　　　1袋100個入り　1200円 マシュマロ　　1袋100個入り　2800円 ※2種類以上を選ぶと25%値引き（送料はふくめない）。	送料800円
お店C	チョコレート　1袋100個入り　1400円 キャンディ　　1袋250個入り　1500円 グミ　　　　　1袋100個入り　1000円 マシュマロ　　1袋100個入り　2500円 ガム　　　　　1袋100個入り　　800円 ドーナツ　　　1袋12個入り　　1000円	送料1000円 お菓子の代金の合計金額が20000円以上になると送料無料。
お店D	チョコレート　1袋500個入り　5000円 キャンディ　　1袋500個入り　5000円 グミ　　　　　1袋500個入り　5000円 マシュマロ　　1袋500個入り　5000円	送料600円

問1　グミのみを１５００個買うとき、送料をふくめて最も安く買うには、どのお店で買えばよいですか。
　　　A～Dの記号で答えなさい。

問2　お店Cの６種類のお菓子の中から、３種類を選んで買います。選び方は何通りあるか答えなさい。
　　　ただし、グミとガムを同時には選ばないこととします。

問3　チョコレートと他のお菓子をもう１種類選んで、１０００個ずつ買います。送料をふくめて最も
　　　安く買うには、どのお店を選び、もう１種類のお菓子は何を選べばよいですか。また、その合計金
　　　額を答えなさい。

【太郎さんと花子さんの会話②】

太郎さん：子ども４３２人分のお菓子を準備していたのですが、１つ気になることがあります。

花子さん：何かありましたか。

太郎さん：はい。地域の方から話を聞いたのですが、新しいマンションが建設されて、参加人数が
　　　　　増えるそうです。

花子さん：それは驚きですね。新しいマンションにはどれくらいの人が住んでいるのでしょうか。

太郎さん：マンションの管理人に聞いたのですが、６０戸あるそうです。ただし、その中の$\frac{1}{5}$は
　　　　　オフィスなので人が住んでいません。また、人が住む戸数のうち$\frac{1}{4}$は、子どものいな
　　　　　い人たちが住んでいます。そのため、残りの戸数が子どもがいる家族が住む戸数です。

花子さん：そうなのですね。準備するお菓子をどれだけ増やす必要があるのか、考えてみましょう。

問4　花子さんは、新しいマンションの子どもたちが全員参加したときに、パーティに参加する子ども
　　　の人数がどれくらい増えるか、次のように考えました。花子さんの考えの ☐ にあてはまる
　　　数を答えなさい。

花子さんの考え

　　新しいマンションに住む子どもがいる家族には、１家族あたり多くても３人の子どもがいるとし
　ます。このとき、もし、新しいマンションのすべての子どもたちが、パーティに参加した場合、も
　ともと予定していた人数よりも ☐ ％参加人数が増えると考えられます。

太郎さんと花子さんが作ったクイズ

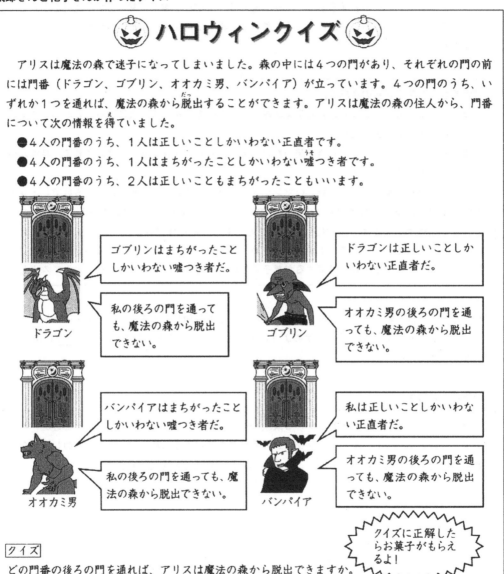

🎃 ハロウィンクイズ 🎃

　アリスは魔法の森で迷子になってしまいました。森の中には4つの門があり、それぞれの門の前には門番（ドラゴン、ゴブリン、オオカミ男、バンパイア）が立っています。4つの門のうち、いずれか1つを通れば、魔法の森から脱出することができます。アリスは魔法の森の住人から、門番について次の情報を得ていました。

●4人の門番のうち、1人は正しいことしかいわない正直者です。
●4人の門番のうち、1人はまちがったことしかいわない嘘つき者です。
●4人の門番のうち、2人は正しいこともまちがったこともいいます。

ゴブリンはまちがったことしかいわない嘘つき者だ。

私の後ろの門を通っても、魔法の森から脱出できない。

ドラゴン

ドラゴンは正しいことしかいわない正直者だ。

オオカミ男の後ろの門を通っても、魔法の森から脱出できない。

ゴブリン

バンパイアはまちがったことしかいわない嘘つき者だ。

私の後ろの門を通っても、魔法の森から脱出できない。

オオカミ男

私は正しいことしかいわない正直者だ。

オオカミ男の後ろの門を通っても、魔法の森から脱出できない。

バンパイア

クイズに正解したらお菓子がもらえるよ！

クイズ
どの門番の後ろの門を通れば、アリスは魔法の森から脱出できますか。

問5　太郎さんと花子さんが作ったクイズについて、4人の門番のうち、正しいことしかいわない正直者は誰ですか。また、どの門番の後ろの門を通れば、必ず魔法の森を脱出できますか。それぞれドラゴン、ゴブリン、オオカミ男、バンパイアのいずれかで答えなさい。

3

太郎さんは、科学クラブで水溶液について調べる実験をしました。

次の問1〜問3に答えなさい。

【太郎さんと先生の会話①】

先　　生：ここに、しょう酸カリウムという白色の粉末状の薬品があります。この薬品が水にとける量について調べてみましょう。前回の授業で考えた実験の計画はできていますか。

太郎さん：はい。2つの実験を行いたいと考えています。【実験①】では、水の量と、水にとけるしょう酸カリウムの量の関係について調べ、【実験②】では、水の温度と、水にとけるしょう酸カリウムの量の関係について調べます。

先　　生：【実験①】、【実験②】ではどちらもろ過を行うのですね。それでは、ろ過の手順について、資料1で確認しておきましょう。

資料1　ろ過の手順

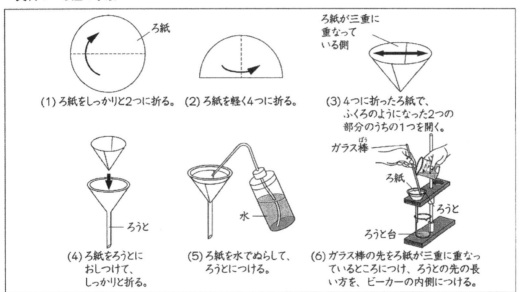

(1) ろ紙をしっかりと2つに折る。　　(2) ろ紙を軽く4つに折る。　　(3) 4つに折ったろ紙で、ふくろのようになった2つの部分のうちの1つを開く。

(4) ろ紙をろうとにおしつけて、しっかりと折る。　　(5) ろ紙を水でぬらして、ろうとにつける。　　(6) ガラス棒の先をろ紙が三重に重なっているところにつけ、ろうとの先の長い方を、ビーカーの内側につける。

問1　資料1に示された方法で、少量の砂を混ぜた水のろ過を行いました。ろうとから取り出したろ紙を広げると、ろ紙に残った砂はどの部分に見られると考えられますか。次のア〜オから最も適切なものを1つ選び、記号で答えなさい。なお、点線はろ紙の折り目を表し、ア〜オのかげをつけた部分は、残った砂が見られる部分を表しています。

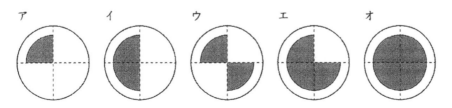

ア　　　　イ　　　　ウ　　　　エ　　　　オ

【実験①】

〈用意したもの〉

□しょう酸カリウム　　□水　　　　　　□温度計　　　　□実験用ガスこんろ
□大きなビーカー　　　□ガラス棒　　　□ろうと　　　　□ろ紙　　　　□ろうと台
□電子てんびん　　　　□ビーカーあ～え

〈方法〉

1　大きなビーカーに水を入れ、実験用ガスこんろで水を８０℃にあたためる。

2　同じ種類の４つのビーカーあ、い、う、えを用意し、電子てんびんではかったしょう酸カリウムを、ビーカーあ～えにそれぞれ４０ｇずつ入れる。

3　８０℃の水を、ビーカーあには２５mL、ビーカーいには５０mL、ビーカーうには７５mL、ビーカーえには１００mL加え、ガラス棒でよくかき混ぜる。

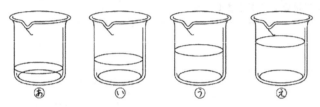

4　ビーカーあ～えを、１０℃になるまで冷やす。

5　ビーカーあ～えの水溶液を別々にろ過し、ろ紙に残ったしょう酸カリウムのつぶの重さを電子てんびんではかる。なお、ろ紙に残っていたしょう酸カリウムのつぶは、すべてとり出したものとする。

〈結果〉

・〈方法〉の3で、どのビーカーに入っていたしょう酸カリウムも、８０℃の水にすべてとけた。

・〈方法〉の4で、どのビーカーの底にもしょう酸カリウムのつぶがあらわれた。

・〈方法〉の5で、ろ紙に残ったしょう酸カリウムのつぶの重さは表1のようになった。

表1　【実験①】でろ紙に残ったしょう酸カリウムのつぶの重さ

ビーカー	あ	い	う	え
つぶの重さ（ｇ）	34.5	29.0	23.5	18.0

【太郎さんと先生の会話②】

先　　生：【実験①】は、うまくいきましたね。それでは、次に【実験②】を行いましょう。

太郎さん：【実験②】では、しょう酸カリウムをとかした水を０℃まで冷やす計画を立てているのですが、しょう酸カリウムの水溶液がこおることはないでしょうか。

先　　生：混じりけのない水は０℃でこおり始めますが、食塩やしょう酸カリウムなどをとかした水は、混じりけのない水と比べてこおりにくくなります。したがって、０℃より低くしないとこおり始めることはないので、しょう酸カリウムの水溶液がこおることは考えなくてもよいですよ。

【適

【実験②】
〈用意したもの〉
□しょう酸カリウム　　□水　　　　　　□温度計　　　　□実験用ガスこんろ
□大きなビーカー　　　□ガラス棒　　　□ろうと　　　　□ろ紙　　　□ろうと台
□電子てんびん　　　　□ビーカー⑥～⑰

〈方法〉
1　大きなビーカーに水を入れ、実験用ガスこんろで水を８０℃にあたためる。
2　同じ種類の５つのビーカー⑥、⑰、⑯、⑰、⑰を用意し、電子てんびんではかったしょう酸
　カリウムを、ビーカー⑥～⑰にそれぞれ１６０ｇずつ入れる。
3　ビーカー⑥～⑰に、８０℃の水をそれぞれ１００ｍＬずつ加え、ガラス棒でよくかき混ぜる。

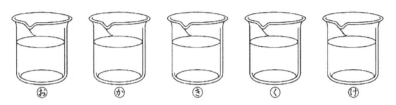

4　ビーカー⑥は０℃、ビーカー⑰は１０℃、ビーカー⑯は２０℃、ビーカー⑰は４０℃、ビー
　カー⑰は６０℃になるまでそれぞれ冷やす。
5　それぞれのビーカーの水溶液をろ過し、ろ紙に残ったしょう酸カリウムのつぶの重さを電子
　てんびんではかる。

〈結果〉
・〈方法〉の３で、どのビーカーに入っていたしょう酸カリウムも、８０℃の水にすべてとけた。
・〈方法〉の４で、どのビーカーの底にもしょう酸カリウムのつぶがあらわれた。
・〈方法〉の５で、ろ紙に残ったしょう酸カリウムのつぶの重さは表２のようになった。

表２　【実験②】でろ紙に残ったしょう酸カリウムのつぶの重さ

ビーカー	⑥	⑰	⑯	⑰	⑰
つぶの重さ（ｇ）	１４６．７	Ｘ	１２８．４	９６．１	５０．８

問２　次の（１）、（２）の問いに答えなさい。ただし、【実験①】、【実験②】を行っている間の水の
　　　蒸発は考えないものとします。また、水１ｍＬの重さは、水の温度にかかわらず１ｇとします。
（１）　【実験①】の結果から、表２の空らん　Ｘ　にあてはまる数を答えなさい。なお、求め方
　　　を言葉と式で説明しなさい。

(2) 　【実験①】、【実験②】の結果から、水の温度と、１５０mLの水にとけるしょう酸カリウム
　　の限度量の関係について正しく表しているグラフを、次のア～エの中から１つ選び、記号で答え
　　なさい。ただし、水の温度が１０℃のとき、１５０mLの水にとけるしょう酸カリウムの重さは
　　省略しています。

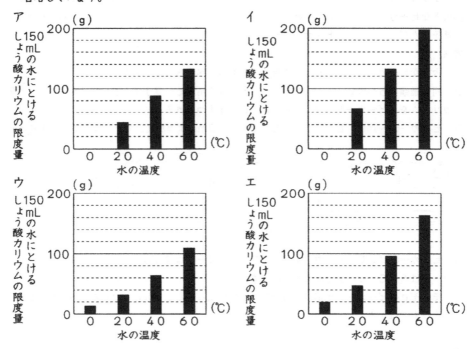

　　太郎さんは、水溶液と２種類の金属の組み合わせによって、電池ができることを知り、電子オル
　ゴールを用いて【実験③】を行いました。資料２は、太郎さんが電子オルゴールと電池について調
　べ、ノートにまとめたものです。

資料２　電子オルゴールと電池について

・電子オルゴールは、右の図に示したような器具で、＋極側の導
　線と、－極側の導線がある。
・電子オルゴールは、＋極側の導線を電池の＋極につなぎ、－極側
　の導線を電池の－極につなぐと音が出る。逆に、電子オルゴール
　の＋極側の導線を電池の－極につなぎ、－極側の導線を電池の＋
　極につなぐと音が出ないという特ちょうがある。
・電池は、２種類の金属の組み合わせで、どちらの金属が＋極、－
　極になるかが決まる。それは、＋極になりやすい金属、－極にな
　りやすい金属の順序が決まっているためで、＋極になりやすい金
　属の順序と－極になりやすい金属の順序は、たがいに逆の関係に
　なっている。

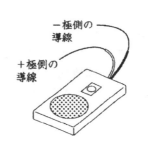

－極側の
導線

＋極側の
導線

【適

●これから、放送による問題を始めます。

　放送による問題は、問題用紙の１ページから２ページまであります。

　　（3秒後）

●問題は、問1から問5までの5問あります。英語はすべて2回ずつ読まれます。問題用紙にメモを取っても
かまいません。答えはすべて解答用紙に記入しなさい。

　　（3秒後）

●はじめに、問1を行います。

　ジミーさんとゆなさんが話をしています。2人の会話を聞いて、内容に合う絵を次のアからエの中から1
つ選び、記号で答えなさい。

　それでは始めます。

　　（3秒後）

●問1の1回目を放送します。

　●Jimmy (M)：I want to be a singer because I like music.　I can sing well.　How about you, Yuna?

　●Yuna (W)：I can't sing well, Jimmy.

　●Jimmy (M)：What do you want to be?

　●Yuna (W)：I want to be a doctor.　I want to help people.

　　（3秒後）

●問1の2回目を放送します。

　　（繰り返し）

　　（5秒後）

●次に、問2を行います。

　こうたさんとエマさんが夏の予定について話をしています。2人の会話とアからエの英語を聞いて、2人
の会話の最後の質問に対する答えとして正しいものを、話されるアからエの中から1つ選び、記号で答えな
さい。

　それでは始めます。

　　（3秒後）

●問2の1回目を放送します。

　●Kota (M)：Where do you want to go in the summer, Emma?

　●Emma (W)：I want to go to China, Kota.　I want to see the Great Wall.　It's famous and beautiful.
　　　　　　　　How about you?

- 1 -

※教英出版注
音声は、解答集の書籍ID番号を
教英出版ウェブサイトで入力して
聴くことができます。

【放送

●Kota (M)：I want to go to Okinawa.

●Emma (W)：Why?

（1秒）

●ア ●Because China is a big country. （1秒）

●イ ●Because my grandmother lives there. （1秒）

●ウ ●Because I don't like *goya*. （1秒）

●エ ●Oh, I see. （1秒）

（3秒後）

●問2の2回目を放送します。

（繰り返し）

（5秒後）

●次に、問3を行います。

　ジェイクさんとさきさんは、レストランで何を注文するかについて話をしています。2人の会話を聞いて、ジェイクさんとさきさんが注文したものに合う絵を次のアからエの中からそれぞれ1つずつ選び、記号で答えなさい。それでは始めます。

（3秒後）

●問3の1回目を放送します。

●Jake(M)：What would you like, Saki?

●Saki(W)：I'd like pizza.　How about you, Jake?

●Jake(M)：I'd like sandwiches and pudding.

●Saki(W)：I want some tea.　Do you want some tea, too?

●Jake(M)：No, thank you.　But I want ice cream.　How about you?

●Saki(W)：No, thank you.

（3秒後）

●問3の2回目を放送します。

（繰り返し）

（5秒後）

●次に、問4を行います。

　あやさんは外国人の男性に道をたずねられました。2人は地図を見ながら話をしています。2人の会話を聞き、男性が行きたい場所を下の地図のアからエの中から1つ選び、記号で答えなさい。あやさんと男性は

- 2 -

黒い星の位置にいます。

それでは始めます。

（3秒後）

●問4の1回目を放送します。

●Man(M): Excuse me？ I want to buy some flowers. Where is the flower shop?

●Aya(W): The flower shop? We are here. Go straight. Turn left. Go straight and turn right at the park. Go straight for two blocks and turn left. You can see it on your right.

●Man(M): Thank you.

（3秒後）

●問4の2回目を放送します。

（繰り返し）

（5秒後）

●最後に、問5を行います。

メアリーさんが、冬休みの思い出について写真を見せながら発表しています。メアリーさんの発表を聞いて、メアリーさんがしたことの順番になるように、①から④にあてはまる絵を、下のアからエの中からそれぞれ1つずつ選び、記号で答えなさい。

それでは始めます。

（3秒後）

●問5の1回目を放送します。

（W）

●I went to Hokkaido with my family. Look at these pictures. On this day, we enjoyed skiing in the morning. We went shopping after lunch. I wanted to buy a cup. Look at this picture. This is the new cup. I like it. We ate delicious food in Hokkaido. I ate ramen for lunch and sushi for dinner.

（5秒後）

●問5の2回目を放送します。

（繰り返し）

（5秒後）

●これで放送による問題を終わります。

K 教英出版

【放送

【実験③】
〈用意したもの〉
□電子オルゴール　　　□ビーカー　　　□導線
□うすい塩酸　　　　　□エタノール水溶液
□スチール板（鉄板）　□銅板　　　　　□アルミニウム板　　　　□紙やすり

〈方法〉
1　紙やすりでつやが出るまでみがいた２種類の金属板Ａ、Ｂ
　　を、右の図のように、たがいにふれ合わないようにビーカー
　　に入れた水溶液にひたす。
2　金属板Ａを電子オルゴールの＋極側、金属板Ｂを電子オル
　　ゴールの－極側にそれぞれ導線でつなぎ、電子オルゴールか
　　ら音が出るかどうかを調べる。
3　水溶液と金属板Ａ、金属板Ｂの種類をいろいろと変え、そ
　　れぞれの場合について、電子オルゴールから音が出るかどう
　　かを調べる。

〈結果〉
・表3のようになった。
表3

水溶液	金属板A	金属板B	電子オルゴール
うすい塩酸	スチール板	銅板	音は出なかった
うすい塩酸	銅板	スチール板	音が出た
うすい塩酸	スチール板	アルミニウム板	音が出た
うすい塩酸	アルミニウム板	スチール板	音は出なかった
エタノール水溶液	スチール板	銅板	音は出なかった
エタノール水溶液	銅板	スチール板	音は出なかった
エタノール水溶液	スチール板	アルミニウム板	音は出なかった
エタノール水溶液	アルミニウム板	スチール板	音は出なかった
うすい塩酸	銅板	アルミニウム板	ア
うすい塩酸	アルミニウム板	銅板	イ
エタノール水溶液	銅板	アルミニウム板	ウ
エタノール水溶液	アルミニウム板	銅板	エ

問3　【実験③】で、「音が出た」という結果があてはまると考えられるものを、表3のア～エの中か
　　　ら1つ選び、記号で答えなさい。

4

太郎さんと花子さんは、選挙について話をしています。

次の問1～問4に答えなさい。

【太郎さんと花子さんの会話①】
太郎さん：先日読んだ新聞記事に、選挙への関心や選挙での投票率が、年代によってちがうということが書いてありました。
花子さん：そうなのですね。どのようにちがうのでしょうか。
太郎さん：資料1から資料3は、2021年に行われた衆議院議員総選挙後に、選挙権がある人に対して行われた調査の結果です。
花子さん：なるほど。こんなにちがうのですね。

資料1　年代別の選挙関心度

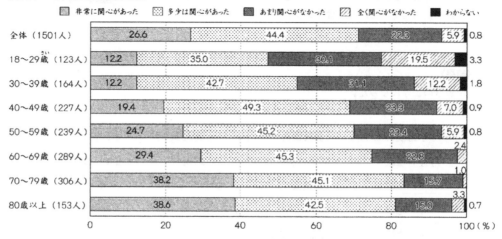

凡例：■ 非常に関心があった　▨ 多少は関心があった　■ あまり関心がなかった　▨ 全く関心がなかった　■ わからない

	非常に関心があった	多少は関心があった	あまり関心がなかった	全く関心がなかった	わからない
全体（1501人）	26.6	44.4	22.3	5.9	0.8
18～29歳（123人）	12.2	35.0	30.1	19.5	3.3
30～39歳（164人）	12.2	42.7	31.1	12.2	1.8
40～49歳（227人）	19.4	49.3	23.3	7.0	0.9
50～59歳（239人）	24.7	45.2	23.4	5.9	0.8
60～69歳（289人）	29.4	45.3	22.8	2.4	1.0
70～79歳（306人）	38.2	45.1	15.7	3.3	0.7
80歳以上（153人）	38.6	42.5	15.0		

資料2　年代別投票参加率

	投票参加率（％）
18～29歳	62.8
30～39歳	66.0
40～49歳	70.9
50～59歳	77.3
60～69歳	83.9
70～79歳	88.3
80歳以上	81.8

資料3　年代別投票率

	投票率（％）
18～29歳	37.6
30～39歳	47.1
40～49歳	55.6
50～59歳	63.0
60～69歳	71.4
70～79歳	72.3
80歳以上	48.6

※投票参加率は、「今回（2021年）の衆議院議員総選挙で、投票に行きましたか」という質問に対して、「投票に行った」と回答した割合で、年代別投票率は、2021年の選挙における投票率を示している。

（資料1、資料2、資料3は、公益財団法人明るい選挙推進協会「第49回衆議院議員総選挙全国意識調査—調査結果の概要—（令和4年3月）」をもとに作成）

2024(R6) 大宮国際中等教育学校
K 教英出版

【適

問1　資料1、資料2から読み取れることとして最も適切なものを、次のア〜エの中から1つ選び、記号で答えなさい。

ア　選挙に「非常に関心があった」、「多少は関心があった」と答えた人の割合の合計は、20代までが最も低く、30代でもこの年代の50％以下で、その割合の合計の差を20代までと30代で比べると、投票参加率の差と同じくらいである。

イ　選挙に「非常に関心があった」、「多少は関心があった」と答えた人の割合の合計は、40代から60％をこえ、年代が上がるほど高くなっており、80歳以上でいちばん高くなっている。投票参加率も、同じように年代が上がるほど高くなっている。

ウ　年代別の投票参加率は、他の年代と比べて20代までが最も低いが、選挙に「非常に関心があった」、「多少は関心があった」と答えた20代までの人の割合の合計は、投票参加率を上まわっている。

エ　年代別の投票参加率を見ると、70代が最も高く、60代、80歳以上の順になっているが、選挙に「非常に関心があった」、「多少は関心があった」と答えた人の割合の合計は、60代より80歳以上のほうが高くなっている。

【太郎さんと花子さんと先生の会話①】

太郎さん：資料3の投票率は、資料2の投票参加率と同じようなことなのだと思いますが、数がちがいますね。グラフにしたときに、形は似ていると思いますが……。

花子さん：資料1と資料2は、選挙権がある人全員ではなくて、一部にアンケートをして得られた結果のようですね。このことが関係していそうです。

先　　生：そのとおりです。アンケートのように、調査の対象になる一部の人に調査をして全体の状きょうをすい測することを、標本調査といいます。標本というのは、調査対象全体から調査のために取り出した一部分のことです。調査の対象すべてを調べる方法は、全数調査といいます。安全にかかわることは、時間がかかっても全数調査を行う必要があります。しかし、すべてを調査できないものは、標本調査のほうが適しています。

太郎さん：全数調査のほうが正確なので、全て全数調査を行ったほうがよいのではないですか。

先　　生：そうでもないですよ。具体的にどのような調査があるかを見て、考えてみましょう。

問2　次の問題に答えなさい。

（1）　全数調査ではなく、標本調査が適しているものを、次のア〜エの中から1つ選び、記号で答えなさい。

ア　危険物の持ちこみを防ぐために行われている空港での手荷物検査
イ　工場で生産したぬいぐるみに針が残っていないかを確かめるための製品検査
ウ　身長や体重などを測って児童の成長の記録をとっている学校での健康しん断
エ　果物の収穫時期を決めるための甘さの調査

（2）　全体が８００００人いる中、３０００人を対象にアンケート調査を行います。調査対象全体か
　　　らかたよりなく標本を取り出すために、調査対象全体を次の**資料4**のように重ならないグループ
　　　に分け、それぞれのグループから同じ割合で調査対象者を選ぶことにしました。グループＦから
　　　は、何人を調査すればよいか、その数を答えなさい。

資料4

グループＡ	９０００人	グループＤ	１６０００人
グループＢ	１４０００人	グループＥ	６０００人
グループＣ	２３０００人	グループＦ	１２０００人

【太郎さんと花子さんの会話②】

花子さん：選挙といえば、まもなく学校で、児童会役員を決める投票を行うそうですね。

太郎さん：その投票で使う投票箱は、わたしが作ることになっています。

花子さん：きっと図画工作が得意だから任されたのですね。どのような投票箱を作るのですか。

太郎さん：今、アイデアを練っているところです。それが終わったら、先生に材料を用意してもら
　　　　　うことになっています。

花子さん：太郎さんが作る投票箱、完成を楽しみにしています。

問3　太郎さんは、次の**【アイデアスケッチ】**を作成しました。**【アイデアスケッチ】**のような投票箱
　　　を作るためにそろえるべき木材の条件を、あとのア～エの中から１つ選び、記号で答えなさい。

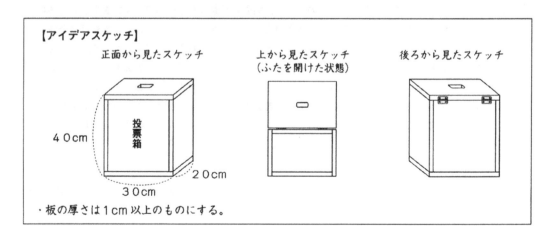

【アイデアスケッチ】
　正面から見たスケッチ　　　上から見たスケッチ　　　後ろから見たスケッチ
　　　　　　　　　　　　　　（ふたを開けた状態）

投票箱
４０cm
２０cm
３０cm

・板の厚さは１cm以上のものにする。

　　ア　板の厚さ１cmの木材（縦３８cm×横１８cmを２枚、縦３８cm×横２８cmを２枚、
　　　　縦３０cm×横２０cmを２枚）

　　イ　板の厚さ１cmの木材（縦３８cm×横２０cmを２枚、縦３８cm×横２６cmを２枚、
　　　　縦３０cm×横２０cmを２枚）

　　ウ　板の厚さ２cmの木材（縦３６cm×横２０cmを２枚、縦３６cm×横２６cmを２枚、
　　　　縦３０cm×横２０cmを２枚）

　　エ　板の厚さ２cmの木材（縦３６cm×横１６cmを２枚、縦３６cm×横２６cmを２枚、
　　　　縦３０cm×横２０cmを２枚）

【適

【太郎さんと花子さんと先生の会話②】

太郎さん：２０２３年に、さいたま市の市議会議員選挙が行われましたね。

花子さん：さいたま市の市議会議員選挙の選挙区は、さいたま市の区のはん囲と同じだそうです。２０２３年の選挙では、各区で当選する議員の数、つまり定数が、前回の選挙から変わったそうですね。**資料5**は、各選挙区の定数の変化を示したものです。

太郎さん：どうして変わったのでしょうか。

先　　生：**資料6**が示している各区の有権者の数を**資料5**の議員定数で割ると、議員１人あたりの有権者数が求められます。その数の差、すなわち格差を小さくするためですよ。

花子さん：２０１９年の選挙のときの定数と２０２３年のときの定数を比べると、１つの区では５人から４人に減って、１つの区では５人から６人に増えていますね。

先　　生：２０１９年の選挙で定数が５議席だった５つの区の有権者数を比べると、最も多い区と最も少ない区の差が２００００人以上開いていて、２０２３年の選挙のときも、差はさらに広がっていたのですよ。その２つの区の２０１９年と２０２３年の格差の状きょうが、どうなっているかを考えてみましょう。

太郎さん：２０１９年の議員１人あたりの有権者数を比べると、２つの区の格差は約１．３倍になっていました。

花子さん：２０２３年の議員１人あたりの有権者数を比べると、　　あ　　になり、２０１９年より小さくなっていることがわかります。

資料5　さいたま市議会議員選挙における選挙区ごとの定数の変化

	西区	北区	大宮区	見沼区	中央区	桜区	浦和区	南区	緑区	岩槻区	合計
２０１９年市議会選挙時	4	7	5	8	5	5	7	9	5	5	60
２０２３年市議会選挙時	4	7	5	8	5	4	7	9	6	5	60

（さいたま市ウェブサイトをもとに作成）

資料6　各区の有権者数の変化

	西区	北区	大宮区	見沼区	中央区	桜区	浦和区	南区	緑区	岩槻区
2019年	74,974	121,233	97,528	135,198	83,671	79,441	132,958	153,949	101,418	94,342
2023年	78,550	125,016	103,243	137,833	86,314	80,530	137,872	158,216	106,886	94,658

※２０１９年、２０２３年ともに３月１日時点のデータである。

（さいたま市ウェブサイトをもとに作成）

問4　【太郎さんと花子さんと先生の会話②】の空らん　　あ　　にあてはまる内容を、次のア～エの中から１つ選び、記号で答えなさい。

ア　緑区のほうが桜区より多くなりましたが、２つの区の格差は約１．１倍

イ　桜区のほうが緑区より多くなりましたが、２つの区の格差は約１．１倍

ウ　緑区のほうが桜区より多くなりましたが、２つの区の格差は約１．２倍

エ　桜区のほうが緑区より多くなりましたが、２つの区の格差は約１．２倍

5

~~~
太郎さんは、お母さんとイギリスについて話し始めました。
~~~

次の問1〜問4に答えなさい。

【太郎さんとお母さんの会話①】
太郎さん：1月にイギリスのロンドンに行く予定だから、イギリスについて調べてみようと思っています。
お母さん：どんなことを調べるのかな。
太郎さん：イギリスの人口や、貿易のことを調べてみたいです。他にも、日本とドイツ、中国についても調べてみます。

太郎さんは、次の資料1を見つけ、【貿易黒字と貿易赤字】という観点でそれぞれの国の貿易について考えてみることにしました。

資料1　日本・イギリス・中国・ドイツの人口・人口密度・貿易額（２０２０年）

	人口 （千人）	人口密度 （人/km²）	輸出額 （百万ドル）	輸入額 （百万ドル）	日本から その国への 輸出額 （億円）	その国から 日本への 輸入額 （億円）
日本	124,271	329	641,341	634,431		
イギリス	67,886	280	379,866	542,464	11,453	6,849
中国	1,439,324	150	2,590,646	2,055,612	150,819	174,931
ドイツ	83,784	234	1,380,379	1,170,726	18,752	22,660

（「データブック　オブ・ザ・ワールド　２０２２年版」をもとに作成）

【貿易黒字と貿易赤字】
　輸出額が輸入額を上回る状きょうのことを貿易黒字といい、逆に輸入額が輸出額を上回る状きょうのことを貿易赤字といいます。なお、輸出額と輸入額を合計した額が貿易額です。

問1　資料1から読み取れることとして最も適切なものを、次のア〜エの中から1つ選び、記号で答えなさい。

　　ア　日本とイギリスのそれぞれの国の輸出額、輸入額を見ると、日本は貿易黒字の国であり、イギリスは貿易赤字の国である。ただし、日本とイギリスの貿易で見ると、日本は貿易赤字である。
　　イ　中国とドイツのそれぞれの国の輸出額、輸入額を見ると、中国もドイツも貿易黒字の国である。また、日本とドイツの貿易で見ると、ドイツは貿易赤字である。
　　ウ　日本・イギリス・ドイツの人口1人あたりの貿易額は、イギリスが日本よりも多く、さらに貿易黒字であるドイツがイギリスよりも多くなっている。
　　エ　イギリス・中国・ドイツの人口1人あたりの貿易額は、イギリスよりもドイツが多く、さらに貿易黒字である中国がドイツよりも多くなっている。

2024(R6) 大宮国際中等教育学校
— 15 —
教英出版

【太郎さんとお母さんの会話②】

太郎さん：イギリスといえば、紅茶文化が有名ですね。今度イギリスに行ったとき、イギリスに住んでいるオリビアと会って、イギリスの紅茶文化を楽しんでこようと思います。そういえば、緑茶や紅茶、ウーロン茶などのお茶の原料は、全部同じ茶葉だと聞いたのですが、本当でしょうか。

お母さん：そうだね。例えば、茶の生産量が最も多い中国で生産された茶は、緑茶や紅茶、プーアル茶、ウーロン茶などに加工されて、中国の国内で消費されたり、他国に輸出されたりしているよ。

太郎さん：そうなのですね。茶の生産や貿易、消費の状きょうが気になってきたので、調べてみようと思います。

　　太郎さんは、茶の生産国と生産量、輸出と輸入、消費について調べ、次の資料2、資料3、資料4を見つけました。

資料2　茶の生産量上位10か国（2020年）

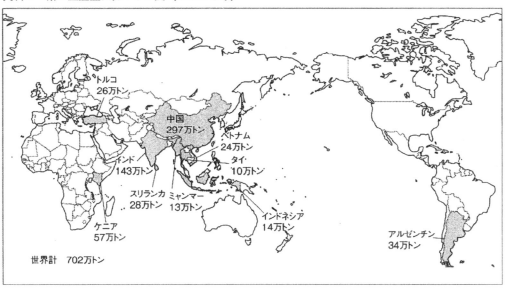

資料3　世界の茶の輸出量にしめる輸出上位5か国の割合・輸入量にしめる輸入上位5か国の割合（2020年）

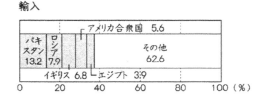

（資料2、資料3は「データブック　オブ・ザ・ワールド　2023年版」をもとに作成）

資料4　主な国の茶の消費量（２０１８年〜２０２０年の３年間の平均）

	1人あたり（kg）	消費量（万トン）
イギリス	1.61	10.76
中国	1.66	232.23
インド	0.81	108.81
日本	0.79	10.01
スリランカ	1.35	2.94
ケニア	0.82	4.01

※茶は、緑茶、ウーロン茶、紅茶などすべての茶。
（日本紅茶協会「紅茶統計（令和４年１１月）」をもとに作成）

問２　資料２、資料３、資料４から読み取れることとして最も適切なものを、次のア〜エの中から１つ選び、記号で答えなさい。

ア　茶は中国やインド、スリランカなどを中心に生産されており、これらの国は茶の主な輸出国でもある。輸入量が世界第３位のイギリスの茶の消費量は、日本やスリランカとほぼ同じである。

イ　中国の茶の生産量は、世界全体の約３０％である。中国の１人あたりの茶の消費量はイギリスと同じくらいであるが、中国の茶の消費量はイギリスの２０倍以上である。

ウ　インドは中国に次ぐ茶の生産国で、世界全体の茶の約２割を生産している。インドの茶の消費量はイギリスの約１０倍であるが、１人あたりの茶の消費量はイギリスや中国の約半分である。

エ　ケニアの茶の生産量は世界でも上位に位置しており、輸出量は世界で最も多い。ケニアの茶の消費量は日本の半分以下で、１人あたりの茶の消費量でもケニアは日本よりも少ない。

【太郎さんとお母さんの会話③】

太郎さん：イギリスに行ったら、オリビアとアフタヌーンティーを楽しむ約束があります。ロンドンのヒースロー空港のとう着予定時刻の、2時間後に会うことになりました。

お母さん：その日は何時の飛行機に乗る予定だったかな。

太郎さん：1月 ［ A ］ 日の、［ B ］ に羽田空港を出発する飛行機に乗ります。

お母さん：東京とロンドンは、時差が9時間あって、ロンドンのほうが、東京より時刻が9時間おくれているよ。だから、東京の時刻から9時間を引くと、ロンドンの現地時刻が分かるよ。時計を合わせるのを忘れないでね。

問3　次の【太郎さんのスケジュール】を参考に、【太郎さんとお母さんの会話③】にある空らん ［ A ］、［ B ］ にあてはまる日付、時刻の組み合わせとして正しいものを、あとのア～エの中から1つ選び、記号で答えなさい。

【太郎さんのスケジュール】

○東京・羽田空港発のロンドン直行便に乗る。
　　　　↓（12時間）
○ロンドン・ヒースロー空港　着
　　　　↓（2時間）
○1月11日午後3時30分（ロンドンの現地時刻）　オリビアと会う。

ア　A　10　　　B　午後4時30分　　　イ　A　10　　　B　午後10時30分
ウ　A　11　　　B　午前1時30分　　　エ　A　11　　　B　午前10時30分

【太郎さんとお母さんの会話④】

太郎さん：オリビアと会うまでに、英語をもっと話せるようになりたいです。英語の勉強を楽しくする方法はないでしょうか。

お母さん：好きな外国の映画を、字幕がなくても英語で聞き取れるか試してみるのはどうかな。

太郎さん：DVDを借りてくるのですか。

お母さん：インターネットで配信されている映画があるから、その中から探してみようか。

太郎さん：インターネットで見られるのは便利ですね。インターネットで配信されているものがどれくらい増えているのか、気になってきたので、調べてみようと思います。

インターネット上のコンテンツ配信に興味をもった太郎さんは、次の資料5を見つけました。

資料5　世界のコンテンツ市場の変化

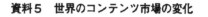

フィジカルコンテンツ市場

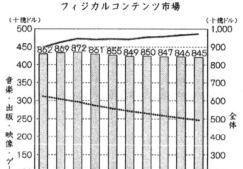

デジタルコンテンツ市場

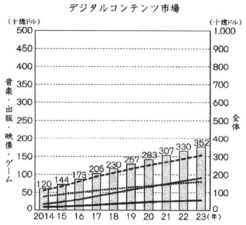

※2019年以降は推計値。フィジカルとは、DVDやCDのように実物があるもの、デジタルとは、インターネットでデータ配信されるもののこと。

（経済産業省「コンテンツの世界市場・日本市場の概観」をもとに作成）

問4　資料5から読み取れることとして最も適切なものを、あとのア～エの中から1つ選び、記号で答えなさい。

ア　世界のコンテンツ市場は、フィジカルコンテンツ市場が中心で、2017年にはデジタルコンテンツ市場の4倍以上の規模であったが、デジタルコンテンツ市場はその後も拡大を続けており、2023年にはフィジカルコンテンツ市場の半分を上回っていると考えられる。

イ　世界のフィジカルコンテンツ市場は、デジタルコンテンツ市場の成長にともなって、わずかずつだが市場が縮小しており、映像と音楽の分野はデジタルコンテンツ中心に置きかえられようとしている。

ウ　世界のデジタルコンテンツ市場は、2014年からの5年間で約2倍に拡大しているが、特にゲームの市場がのびており、ゲームの市場は2018年にはフィジカルコンテンツ市場の音楽の分野を上回る市場になっている。

エ　世界のデジタルコンテンツ市場における出版の分野の成長は、フィジカルコンテンツ市場の出版の分野の縮小金額を上回る規模で進んでおり、フィジカルコンテンツがデジタルコンテンツに置きかわっていく代表的な分野であると考えられる。

これで、問題は終わりです。

令和6年度

適 性 検 査 B

さいたま市立大宮国際中等教育学校

1

太郎さんと花子さんは、先生と人口と労働について話をしています。

次の問1～問4に答えなさい。

【太郎さんと花子さんと先生の会話①】

太郎さん：先日、２０２０年の埼玉県の人口重心は、さいたま市の西区にあるという記事を読みました。人口重心とは何ですか。

先　　生：人口重心とは、人口の一人一人が同じ重さをもつとして、その地域の人口が、全体としてバランスを保つことのできる点をいいます。

花子さん：さいたま市や川口市など、埼玉県内で人口が多い市は県の南側に多いため、埼玉県の人口重心はさいたま市にあるのですね。他の県ではどうなっているのか気になります。

先　　生：ここに、首都圏の各都県の人口重心の変化の様子を示した資料１と、２０２０年の人口重心を示した資料２がありますよ。社会の授業で、経度と緯度について学習しましたね。その数値から人口重心の位置がわかります。

花子さん：２０１５年と２０２０年のデータがあるので、人口重心がどのように移動したかがわかりますね。

資料１　首都圏の各都県の人口重心の経度と緯度

	２０１５年		２０２０年	
	東経（度）	北緯（度）	東経（度）	北緯（度）
東 京 都	139.6396	35.6872	139.6419	35.6874
Ａ　県	139.8324	36.5318	139.8326	36.5302
Ｂ　県	139.5786	35.9254	139.5816	35.9234
Ｃ　県	138.6186	35.6269	138.6165	35.6275
群 馬 県	139.1396	36.3598	139.1416	36.3580
千 葉 県	140.0831	35.6744	140.0784	35.6780
茨 城 県	140.2759	36.2142	140.2728	36.2104
Ｄ　県	139.5116	35.4530	139.5132	35.4548

資料２　首都圏の各都県の人口重心の位置（２０２０年）

※　経度と緯度は、通常は度・分・秒という単位で表すが、ここでは単位を度に変えて示している。

（資料１、資料２は、総務省統計局「統計トピックス Ｎｏ．１３５ 我が国の人口重心 －令和２年国勢調査結果から－」をもとに作成）

【適

【緯度と経度】
　緯度とは、赤道を基準として南北へそれぞれ９０度まで表したもので、赤道の北側を北緯といいます。赤道は０度、北極は北緯９０度です。
　経度とは、イギリスのロンドンを通る０度の経線（赤道と直角に交わる地球上の南北の線）を基準に、東西へそれぞれ１８０度まで表したもので、東まわりを東経といいます。

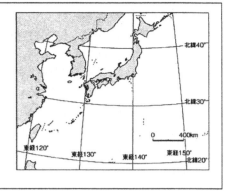

問1　【緯度と経度】の説明を参考にして、２０１５年から２０２０年にかけてのＣ県の人口重心の移動の様子を示しているものを、次のア〜クの中から１つ選び、記号で答えなさい。なお、ア〜クの図中の矢印は、人口重心の移動の方向を示しています。

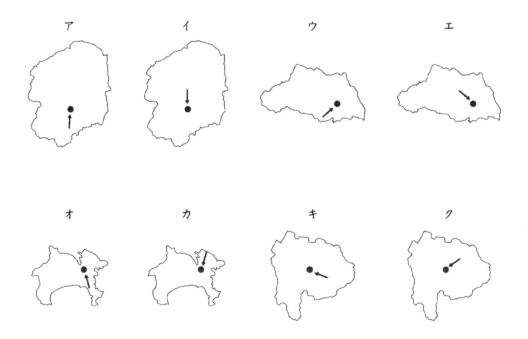

【太郎さんと先生の会話】

太郎さん：各都道府県の、人口の増減についても興味があり、資料をまとめて発表しようと思っています。資料には、地図を使おうと思っているのですが、地図を作るときに、気を付けたほうがよいことはありますか。

先　　生：そうですね。何を表したいかによって、地図の作り方は変わってきますよ。資料は、作り方をまちがえると、誤った印象をあたえてしまう可能性があるからです。地図を作るときに気を付けることについては、資料3のような考え方がありますよ。今回は、この資料3の考え方をもとに地図を作ってみてはどうですか。

太郎さん：ありがとうございます。資料3と人口の増減についての資料をもとに、地図を作成してみます。

資料3　地図を作るときに気をつけること

　数値で分類できるようなデータを地図で示したものを、定量的地図といいます。
　定量的地図は、絶対図と相対図に分けることができます。
　絶対図は、収穫量や人口などを円の大きさや棒の長さなどによって示したものです。相対図は、1haあたりの収穫量などの「単位面積あたり」の量や「人口1人あたり」の量など、計算によって求めた値を何段階かに分けて色や模様で示したものです。

12万トン～
8～12万トン
4～8万トン
～4万トン

　収穫量や人口のデータを何段階かに分けて、色や模様で示すと、誤解をあたえることがあります。例えば、右の図は2020年の都道府県別のだいこんの収穫量を示しています。色や模様で示すと、1位の千葉県よりも2位の北海道のほうが面積が広い分、色や模様が強調されてしまい、北海道のだいこんの生産量が千葉県より多い印象をあたえてしまいます。そのため、収穫量や人口は色や模様で示さないようにしましょう。

（農林水産省「令和2年産野菜生産出荷統計」をもとに作成）
（浮田典良「地図表現ガイドブック　主題図の原理と応用」などをもとに作成）
（外務省ウェブサイトをもとに作成）

資料4　関東地方の7つの都県の人口と人口増減率

	人口（人）	人口増減率（％）
茨城県	2,867,009	－1.71297
栃木県	1,933,146	－2.08225
群馬県	1,939,110	－1.72342
埼玉県	7,344,765	1.07659
千葉県	6,284,480	0.99337
東京都	14,047,594	3.93867
神奈川県	9,237,337	1.21764

（総務省統計局「令和2年国勢調査結果」をもとに作成）

※　－（マイナス）がついている数は、0より小さい。－2％の場合は、2％減っていることを示している。

K教英出版　　　　　　　　　　　　　　　　　　　【適

問2 太郎さんは、**資料3**と**資料4**をもとに、地図を作成しました。太郎さんが作成した地図を、次の
ア〜エの中から1つ選び、記号で答えなさい。

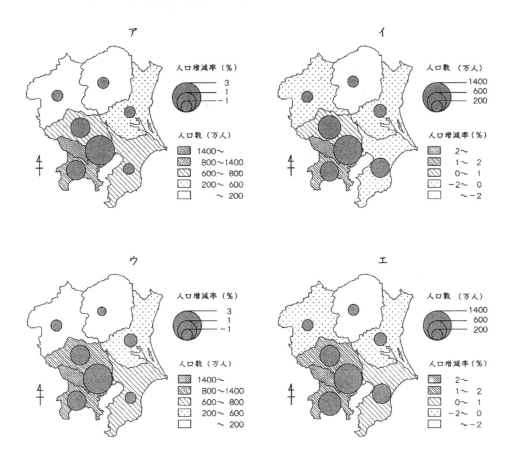

【花子さんと先生の会話】

花子さん：人口の移動には、社会の変化も関係しているのですね。例えば、進学や仕事のために引っこすことがありますが、進学者数や労働者数は、そのときの社会の状きょうによって変わると思います。

先　　生：そうですね。労働者数といえば、以前より働く女性が増えていて、女性の労働力率も変化していますね。労働力率とは、働いている人と仕事を探している人を合わせた数が、１５歳以上の人口全体の中でどのくらいになるかの割合のことをいいます。資料６での出生率とは、１人の女性が各年齢において生む子どもの数のことです。

花子さん：働く女性が増えているという話や、女性が結婚して子どもを産む年齢も高くなっているという話を聞いたことがあります。どんなふうに変化しているか、調べてみようと思います。

　　花子さんは、次の資料５と資料６を見つけ、さらに調べたことをもとにして【花子さんのまとめ】を作成しました。

資料５　女性の年齢別の労働力率の変化と男性の労働力率

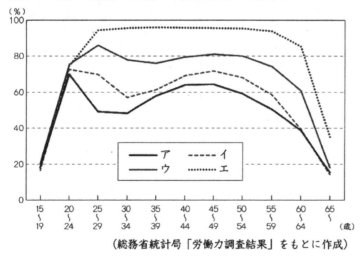

（総務省統計局「労働力調査結果」をもとに作成）

【適〔

資料6　年齢別の出生率の変化

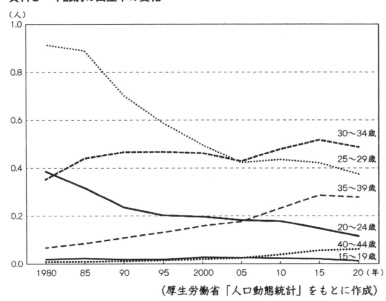

（人）

1980　85　90　95　2000　05　10　15　20（年）

30〜34歳
25〜29歳
35〜39歳
20〜24歳
40〜44歳
15〜19歳

（厚生労働省「人口動態統計」をもとに作成）

【花子さんのまとめ】

　女性の労働力率は、年齢別で示したとき、アルファベットのM字に似た形をえがき、30代あたりで低下（M字の底）します。それは、男性と比べて女性は結婚や妊娠、出産で仕事をはなれ、子どもが成長したら再就職する人が多いからです。

　結婚している人の労働者数の増加や結婚しない人の増加、子育て支援策の充実などで、日本における女性の年齢別の労働力率のグラフのM字の底は1980年以降、変化しています。

　資料5は、1980年、2000年、2020年の女性の労働力率と2020年の男性の労働力率を年齢別に示したものです。1980年の女性の労働力率を示したグラフは　A　、2020年の女性の労働力率を示したグラフは　B　です。

　1980年と2020年の女性の労働力率が　A　から　B　のように変化した理由を考える上で、資料6からいえることは、　C　ということです。

問3　【花子さんのまとめ】の空らん　A　、　B　にあてはまるグラフを、資料5中のア〜エからそれぞれ1つずつ選び、記号で答えなさい。また、空らん　C　にあてはまる内容を、次のア〜オの中から2つ選び、記号で答えなさい。

　　　C　の選択肢
　ア　40年間で、20〜24歳で出産することよりも25〜29歳で出産することが増えた
　イ　40年間で、35〜39歳で出産する女性の割合が大きく増えた
　ウ　40年間で、25〜29歳で出産することが大きく減った
　エ　40年間変わらずに、30〜39歳で出産することが比較的多い
　オ　40年間で、出産することが最も多い年代が、30〜34歳から25〜29歳に変わった

【太郎さんと花子さんと先生の会話②】

太郎さん：わたしたちも、将来はきっと働くと思います。将来のために、労働についてもさらに知りたくなってきました。

先　　生：社会が変化したり、それにともなって法律も変わったりして、今とはまたちがう働き方をすることになるかもしれませんね。

花子さん：過去に法律が変わったことがあったのですか。

先　　生：そうです。法律が改正されたり、新しい法律が作られたりしているのですよ。この**資料7**を見てください。この法律が作られたことで、採用の条件も変化していますよ。また、女性の労働に関しては**資料8**の法律の中にも規定がありますよ。働くことで得られる給料については、**資料9**の法律もあります。

太郎さん：ありがとうございます。法律が採用の条件にどのように反映されているのか、調べてみます。

資料7　男女雇用機会均等法（一部）

① ※1事業主は、労働者の募集及び採用について、その性別にかかわりなく※2均等な機会を与えなければならない。

事業主は、次に※3掲げる事項について、労働者の性別を理由として、差別的取り扱いをしてはならない。

② 労働者の配置、※4昇進、※5降格及び教育訓練

③ 住宅資金の※6貸付けその他これに※7準ずる※8福利厚生の※9措置であって※10厚生労働省令で定めるもの

④ 労働者の※11職種及び※12雇用形態の変更

⑤ ※13退職の勧奨、定年及び※14解雇並びに労働契約の更新

資料8　労働基準法（一部）

⑥ ※15使用者は、労働者に、休憩時間を除き一週間について四十時間を超えて、労働させてはならない。

⑦ 使用者は、一週間の各日については、労働者に、休憩時間を除き一日について八時間を超えて、労働させてはならない。

資料9　最低賃金法（一部）

⑧ 使用者は、※16最低賃金の適用を受ける労働者に対し、その最低賃金額以上の賃金を支払わなければならない。

⑨ 賃金の※17低廉な労働者について、賃金の最低額を保障するため、※18地域別最低賃金（一定の地域ごとの最低賃金をいう。）は、※19あまねく全国各地域について決定されなければならない。

※1　事業主……利益を得ることを目的に仕事をする人や会社のこと。

※2　均等……平等で差がないこと。　　　　※3　掲げる……人に知られるよう示すこと。

※4　昇進……地位などが上がっていくこと。　　※5　降格……地位などが下がっていくこと。

※6　貸付け……貸すこと。　　　　　　　　※7　準ずる……同じような。

※8　福利厚生……お金ではないほうしゅう。　※9　措置……対応すること。

※10　厚生労働省令……厚生労働省が定めたきまり。　※11　職種……仕事の種類のこと。

※12　雇用形態……社員、アルバイトなど、働き方の種類のこと。

※13　退職の勧奨……事業主が労働者に退職するようにすすめること。

※14　解雇……事業主が労働者を一方的にやめさせること。

※15　使用者……労働者を雇い、賃金を支払う者。

※16　最低賃金……最低でも支払われる給料の額。

※17　低廉……金額が安いこと。

※18　地域別最低賃金……２０２３年の地域別最低賃金は、東京都で時間額１，１１３円、大阪府で
　　　　　　　　　　　　１，０６４円。

※19　あまねく……すべて。

問4　次の【採用の条件】には、日本の法律に違反すると考えられる内容がふくまれています。太郎さ
　　んは、資料7、資料8、資料9をもとにして、違反している法律とそう考えられる理由を考え、【太
　　郎さんのまとめ】を作成しました。【太郎さんのまとめ】の空らん　　D　　、　　F　　にあては
　　まるものを、資料7、資料8、資料9中の①～⑨の中からそれぞれ１つ選び、番号で答えなさい。
　　また、　　E　　と　　G　　にあてはまる内容をそれぞれ１０字以上２０字以内で答えな
　　さい。なお、数字や記号についても、１字とする。（例）| 4 | 1 | . | 5 | % |

【採用の条件】

○募集職種：事務職

　賃金　月給２２万円～

　勤務地　東京本社または大阪支社

　勤務時間　　９：００～１７：００

　　（休憩時間　１２：００～１３：００）

　休日　日曜・祝日

　応募条件

　・男性：大学卒業以上

　・女性：高校卒業以上

【太郎さんのまとめ】

この【採用の条件】には、法律に違反していると考えられる内容が２つある。

・　　D　　に違反している。　←　一週間の　　E　　ため。

・　　F　　に違反している。　←　　G　　ため。

—8—

2

　シルベスターという１９世紀イギリスの数学者の言葉に「音楽は、感覚の数学であり、数学は理性の音楽である。」というものがあります。太郎さんと花子さんはインターネットで見つけたこの言葉が心に残っていました。

　ある日、音楽の授業で箏（こと）の演奏（そう）を聴いた２人は、箏で音を出すときの仕組みは、算数と関係があるのではないかと思い、そのことについて調べました。**資料１～資料４**は２人が調べた結果をまとめたものです。

次の問１～問５に答えなさい。

資料１　音について

　音は、ものが振動する（ふるえる）ことで生じ、空気中を波として伝わります。

　音の高さは、１秒間に空気が振動する回数（振動数）で表します。単位は「ヘルツ（Ｈｚ）」です。

　例えば、振動数が４４０Ｈｚの音は、１秒間に４４０回振動している音です。

資料２　音名と振動数（Ｈｚ）の関係

音名	振動数（Ｈｚ）	振動数の比 （ドの音を基準にした比）
ド	２６２	１
レ	２９４	１．１２２
ミ	３３０	１．２５９
ファ	３５０	１．３３４
ソ	３９２	１．４９８
ラ	４４０	１．６８１
シ	４９４	１．８８７
ド（１オクターブ上）	５２４	２
レ（１オクターブ上）	５８８	２．２４４

（京都府立大学学術報告「理学・家政学３巻１号（１９６０年）」をもとに作成）

資料３　ピアノの鍵（けん）と音名の対応

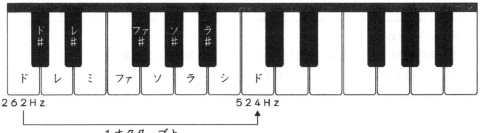

【適性

【太郎さんと花子さんの会話①】

花子さん：資料2をみると、ドより高い音のレは振動数が多くなっています。振動数が多くなるに
つれて、音が高くなるということですね。

太郎さん：そうですね。よくみると、振動数が262Hzのドの1オクターブ上のドは、524Hz
なのでちょうど2倍になっていますね。

問1　振動数が660Hzの音をピアノで弾く場合、どの鍵を弾けばよいですか。資料2を参考にして、
次の図1の①～㉔のいずれかの記号で答えなさい。

図1

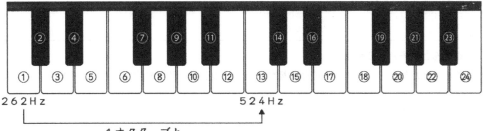

262Hz　　　　　　　　　　　　524Hz

1オクターブ上

問2　白い鍵とそのとなりの黒い鍵の振動数の比について、花子さんは次のように考えました。　X
にあてはまる数として最も適切なものを、あとのア～エの中から1つ選び、記号で答えなさい。

【花子さんの考え】

ピアノの音階は平均律という方法で整えられています。平均律では、となり合う音（例えばドと
ド♯、ファとファ♯、シとドなど）の振動数の比は、常に一定です。

そのため、黒い鍵の振動数は、その左どなりの白い鍵の振動数よりも約　X　倍振動数が多
いことがわかります。

ア　1.03　　イ　1.06　　ウ　1.12　　エ　1.26

資料4

弦の振動する部分の長さ・振動数・音の高さの関係		
弦は、振動する部分の長さが短いほど、振動数が多くなり、音の高さは高くなります。		

弦は、振動する部分の長さが短いほど、振動数が多くなり、音の高さは高くなります。

逆に、弦は、振動する部分の長さが長いほど振動数が少なくなり、音の高さは低くなります。

弦の振動する部分の長さ	長い ←→ 短い
振動数	少ない ←→ 多い
音の高さ	低い ←→ 高い

弦の張力・振動数・音の高さの関係

張力とは、弦を引っ張る力のことです。張力が強いほど、振動数が多くなり、音の高さは高くなります。

逆に、張力が弱いほど、振動数が少なくなり、音の高さは低くなります。

弦の張力	弱い ←→ 強い
振動数	少ない ←→ 多い
音の高さ	低い ←→ 高い

【太郎さんと花子さんの会話②】

太郎さん：わたしは、モノコードの弦の振動する部分の長さ、弦の張力を変えて、振動数がどう変わるか、実験しました。表1、表2はその時の結果です。振動数は、小数第2位で四捨五入しています。ただし、実験では、弦の弾き方はすべて同じでした。

花子さん：モノコードとは何でしょうか。

太郎さん：モノコードとは、図2のような、1本の弦が張られた楽器です。ことじの位置を調節することで、弦の振動する部分の長さを変えたり、おもりを変えることで弦の張力を調節したりできます。これにより、音の高さを変えることができます。

花子さん：わかりました。表1、表2には、おもりの重さが書かれていますが、これは、弦の張力を表しているということですね。つまり、おもりをつけるとその重さの分だけ弦に張力がはたらくわけですね。

太郎さん：そのとおりです。さて、表1、表2をもとに、弦の振動する部分の長さ、おもりの重さ、振動数の関係をみていきたいと思います。弦の振動する部分の長さ、おもりの重さがそれぞれ2倍、3倍、4倍になったとき、振動数はどのように変わるでしょうか。

花子さん：表1をみると、弦の振動する部分の長さが2倍のときは、振動数は約$\frac{1}{2}$倍になっていますね。3倍になると約$\frac{1}{3}$倍、4倍になると約$\frac{1}{4}$倍になっています。つまり、弦の振動する部分の長さと振動数には反比例の関係がありますね。

太郎さん：では、張力が2倍、3倍、4倍になったとき、振動数はどうなっているでしょうか。

花子さん：表2をみると、張力が2倍、3倍、4倍になっても、振動数は、2倍、3倍、4倍にはなっていません。

太郎さん：確かにそうですね。ただし、弦の張力と（振動数）×（振動数）の値は比例しているといえますね。

図2 モノコードの説明

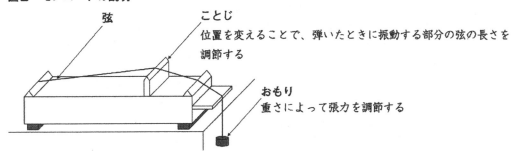

弦

ことじ
位置を変えることで、弾いたときに振動する部分の弦の長さを調節する

おもり
重さによって張力を調節する

表1 張力を固定したときの表

弦の振動する部分の長さ(cm)	おもりの重さ (g)	振動数 (Hz)
20	500	247.5
40	500	123.7
60	500	82.5
80	500	61.9

表2 弦の振動する部分の長さを固定したときの表

弦の振動する部分の長さ(cm)	おもりの重さ (g)	振動数 (Hz)	(振動数)×(振動数)
40	200	78.3	6130.9
40	400	110.7	12254.5
40	600	135.6	18387.4
40	800	156.5	24492.2

問3 下の**図3**のモノコードにおいて「ことじ」をQ（↑）におき調節した弦の×の部分を弾くと振動数は242Hzでした。もし、「ことじ」をP（↑）の部分に移動して、×の部分を弾くと振動数は何Hzになるか、整数で答えなさい。ただし、弦の弾き方は、変えないものとします。

図3

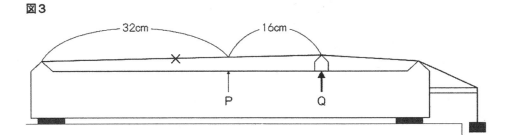

32cm   16cm

×

P   Q

問4　あるモノコードを弾いたときの振動数は３２０Ｈｚでした。ミの音にするために、おもりの重さを重くしました。重さを約何倍にしましたか。小数第３位を四捨五入して、小数第２位まで答えなさい。ただし、おもりの重さは、１倍から２倍の間で重くすることとします。

問5　あるモノコードで、弦の振動する部分の長さとおもりの重さを次の表3におけるＡ、Ｂの２つの設定にして、弦を弾きました。すると、どちらも同じ高さの音が出ました。このとき、下の表のＹにあてはまる数を答えなさい。ただし、弦の弾き方は、変えなかったものとします。

表3

	弦の振動する部分の長さ（ｃｍ）	おもりの重さ（ｇ）
Ａ	３０	４００
Ｂ	４５	Ｙ

> 花子さんは、科学について興味があり、図書館でおもしろそうな本を見つけたので、読んでみることにしました。

　次の文章は、仲野 徹著「科学者の考え方——生命科学からの私見」（晶 文社・内田 樹編）の一部です。これを読んで、問1〜問5に答えなさい。

　①コンセンサスという言葉があります。日本語では、意見の一致、とか、合意、と訳されます。政治では、よく「国民の合意をとりつけた」とかいう言い方がされますが、いろいろな考えの人がいて、たくさんの政党があることからもわかるように、政治的なことについて完全に国民の合意を得られることなどほとんどありえません。

　政治的なことについて、完全な合意がなされる、あるいは、なされたと政府によって解釈される、というのは、むしろ恐ろしい状況です。第二次世界大戦前の日本や、※1ナチスが※2台頭した時代のドイツのことを考えてみればわかるように、※3言論弾圧や戦争などといった恐ろしいことの引き金になる可能性が十分にあるのです。

　それに対して、科学というのは、コンセンサスを得やすい分野です。それは、科学は、※4政治信条のような「好き嫌い」ではなくて、「真実」をあつかうからです。②「　」付きの真実という、少しあいまいな書き方をしたのには理由があります。※5トンデモ説ほどひどくはなくとも、いま正しいとされていることであっても、ひょっとしたら、研究が進むにつれて、将来、正しくないと判定されることは十分にありえるのです。すなわち、本当の真実かどうかを完全に断定することは難しいということなのです。

　こういったことまで考えて、物事を完全に断定的に言い切らないことが多いのは、科学者のひとつの特徴です。科学者が真実を尊いと思うが故の行動パターンですから、科学者の良心という言い方もできます。けれども、こういう言葉違いは、慎重すぎてちょっとうっとうしいと思われるかもしれません。

　一つの例として地動説を考えてみましょう。現在では、地動説というのはコンセンサスになっています。しかし、※6ガリレオやコペルニクスの時代以前は、地動説ではなくて天動説がコンセンサスだったのです。科学におけるコンセンサス——あるいは、この場合は常識と言ってもいいかもしれません——は、必ずしも正しいとは限らないということが、この例だけからもわかるでしょう。

　このように多くの人が共有している科学的な知的枠組を、難しいけれどちょっとかっこいい言葉で「パラダイム」と言います。太陽が昇る、という観測事実は、はるか昔から皆が知っていたわけです。その事実は、昔は天動説のパラダイムで説明されていたのが、次に述べるように、科学的な観測が※7蓄積した結果として※8破綻し、地動説のパラダイムへと転換したという訳です。

　天動説を信じていたなんて、昔の人は頭が悪かったんだなぁと思うかもしれませんが、それは違います。その時代の最高に知性的な人だって天動説を信じていたのです。パラダイムというのは、それほど強力に時代を覆い尽くしているものなのです。

　では、③どのようにして天動説から地動説へとパラダイムが転換していったのでしょう。まったく知識がなかったら、天動説と地動説だと、天動説の方が信じやすいと思いませんか？　だって、地面がすごいスピードで動いているなんて、普段生活していてもまったく感じないのですから。だから、昔は、なんとなく天動説が圧倒的に優勢だったのです。

　しかし、技術が進み、いろいろなことが観測されるようになって、おかしいぞということが少しずつでてきました。たとえば、地球がじっとしていると考えると、惑星の動きを説明するのに、相当に複雑

な考えを持ち出さないといけないことがわかってきました。１６世紀になって、コペルニクスは、『天球の回転について』という本に、太陽が中心にあって、地球も惑星もその周りを回っていると考えた方が合理的だと書きました。

　この考えは、地球が宇宙の中心であるという聖書の考えにあわないために、反発をくらい、なかなか受け入れられませんでした。ちなみに、コペルニクスは、この本を死ぬ前年に発表しています。教会からクレームがつくのがわかっていたので、出版をそこまで遅らせたのではないかとも言われています。

　しかし、その考えの方が正しいのではないかという研究成果――すなわち天動説に対する反証ですね――が徐々に蓄積していきます。そんな時代の中に登場したのがガリレオです。ガリレオは、望遠鏡による観測で、木星の周りに四つの衛星があること、すなわち、木星もその周囲を回る星を持っている、ということを発見しました。これによって、地球が宇宙の中心であるという天動説に決定的なダメージを与えたのです。

　最終的にはもちろん地動説が認められたわけですが、一発ですんなりいったわけではないのです。コペルニクスとガリレオでは９０歳くらい歳が違いますから、コペルニクスの考えが出されてからパラダイムが入れ替わるまで、かなりの年数がかかったことがわかります。パラダイムというのは、非常に強固なものなので、少々の反論があっても、都合のいい言い訳を編み出してパラダイムを守るため、その反論を跳ね返してしまいます。しかし、さらに反論がどんどん積み重なっていくと、いよいよもたなくなって、最終的にその説が破綻し、初めてみんなの考えが変わるのです。

　（中略）

　みんなが信じ込んでいるパラダイムであっても、間違えている可能性があるということはわかってもらえたでしょうか。ある意味では、科学は、みんなが当たり前に思っていることに対して疑いを持つということによって進歩してきた、という言い方もできるのです。

（一部、省略やふりがなをつけるなどの変更があります。）

※１　ナチス……ヒトラーが率いた政党。

※２　台頭……勢いを増すこと。

※３　言論弾圧……国などが、力によって人々の発言をおさえつけること。

※４　政治信条……どのような社会にしていきたいのかについて、自分が信じる考え方。

※５　トンデモ説……現実にはありえないような説。

※６　ガリレオやコペルニクス……どちらも宇宙を研究した科学者で、コペルニクスは地動説を発表し、ガリレオは地動説を証明しようとした。

※７　蓄積……たまること。

※８　破綻……物事が、修復できないくらいにうまくいかなくなること。

問1　花子さんは、①コンセンサスについて、本文を読んで【花子さんのまとめ】のようにまとめました。空らん　A　、　B　、　C　、　D　にあてはまる言葉を、本文中からそれぞれ5字以内でさがして書きぬきなさい。

【花子さんのまとめ】
　コンセンサスとは、　A　の一致、または　B　という意味の言葉である。政治では、好き嫌いなどが判断基準になるため、完全なコンセンサスを得られることはほとんどありえないのに対して、　C　では、「真実」が基準となるため、コンセンサスを　D　。

問2　②「　」付きの真実とありますが、筆者が真実に「　」をつけることで説明しようとしている科学者の特徴や考え方として最も適切なものを、次のア〜エの中から1つ選び、記号で答えなさい。

ア　真実を尊重しているため言葉遣いに慎重で、言い切らないことで、将来正しくないと判定されたときに責任からのがれられるように気をつけるという特徴。

イ　良心を大切にしているため言葉遣いに慎重で、多くの研究者に気をつかってそれぞれの立場を尊重し、できるかぎり遠回しに表現するという特徴。

ウ　真実を大事にしているため判断に慎重で、将来的に正確でないと判断される可能性までをも考えて、はっきりと言い切ることをしないという特徴。

エ　良心を重視しているため判断に慎重で、断定することが難しい物事は将来判定される可能性があるととらえ、今考えずに判断を先送りにするという特徴。

問3　③どのようにして天動説から地動説へとパラダイムが転換していったのでしょうとありますが、花子さんは、この文章で説明されていたパラダイムの転換について友だちに教えようと、図にまとめました。【花子さんがまとめた図】について、あとの（1）、（2）の問いに答えなさい。

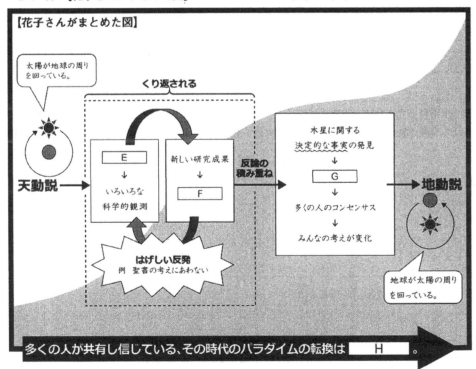

（1）　【花子さんがまとめた図】の中の空らん　E　、　F　、　G　にあ
てはまる言葉として最も適切なものを、本文の内容をふまえ、次のア～カの中からそれぞれ1つ
ずつ選び、記号で答えなさい。
ア　天動説の破綻
イ　知性の発展
ウ　技術の進歩
エ　教会からのクレーム
オ　地動説への疑い
カ　天動説に対する反証

（2）　【花子さんがまとめた図】の中の空らん　H　にあてはまる内容として最も適切な
ものを、本文の内容をふまえ、次のア～エの中から1つ選び、記号で答えなさい。
ア　政治よりも大変である
イ　さけられないものだ
ウ　とても長い時間がかかる
エ　個人の努力のおかげである

問4　本文から読み取れる筆者の説明の仕方や工夫として、**適切でないもの**を、次のア～エの中から1
つ選び、記号で答えなさい。
ア　本文の内容を理解するうえで重要な言葉の意味を説明してから、過去の出来事を例に挙げて具
体的な説明をしている。
イ　書き言葉の中に話し言葉も加えることで、科学の話でも読み手が親しみやすさや読みやすさを
感じられるようにしている。
ウ　パラダイムの説明の部分で、問いかけるような言い方をして、読み手からの共感を引き出そう
としている。
エ　読み手の印象に残りやすいたとえの表現を効果的に使い、天動説や地動説などの科学的な内容
を感覚的に説明している。

問5　筆者はこの文章で、科学はどのようにして進歩してきたと主張していますか。「パラダイム」と
いう言葉を使って、40字以上50字以内で書きなさい。（句読点や記号は1字と数えます。）

これで、問題は終わりです。

【適

令和6年度

適 性 検 査 C

さいたま市立大宮国際中等教育学校

花子さんは、総合的な学習の時間に、日本の若者（わか）と外国の若者の意識のちがいについて調べ、発表に向けた準備をしています。

以下の会話文を読んで、あとの問いに答えなさい。

先　　生：花子さん、発表原稿（こう）の準備はできていますか。

花子さん：はい。わたしは、アメリカから日本に留学しているリサさんと友だちになり、自分とは意識がちがうと感じることがありました。そこで、わたしは、日本と外国の若者の意識のちがいについて、調べて発表しようと考えました。

先　　生：花子さんは、日本の若者と外国の若者とで、どのような意識のちがいがあると思いますか。

花子さん：資料1を見てください。これは、日本・韓国（かんこく）・アメリカ・イギリス・ドイツ・フランス・スウェーデンの7か国の13歳（さい）から29歳に行ったアンケート調査のうち、「自分自身に満足している」という質問の回答の結果をまとめたものです。この結果から、日本の若者と外国の若者の意識のちがいがわかるように思います。

先　　生：なるほど。たしかにちがいがあるといえそうですね。

花子さん：わたしは、このような意識のちがいと関係のある資料が、他にもあるのではないかと思い、同じアンケート調査から別の資料をさがしました。資料2から資料4を見てください。これは、先ほどのアンケート調査から、別の質問の回答の結果をまとめたものです。わたしは、資料1の意識のちがいは、この資料のどれかと関係があるのではないかと考えました。資料2から資料4で、日本の調査結果が資料1と同じようなものを選びたいと思います。また、わたしは自分自身に満足していないところがあり、このままではいけないと考えて、外国の若者の意識のもち方から、学べるところがあるのではないかと考えました。

先　　生：なるほど、花子さんの考えはよくわかりました。それで、花子さんは、どのような発表をするつもりですか。

花子さん：まず、資料1をもとに、日本と外国の若者の意識について、どのようなちがいがあるのかを述べます。次に、資料2から資料4より、資料1の意識のちがいに関係があると考えた資料を1つ選び、そう考えた理由を説明します。最後に、外国の若者のような意識のもち方から学べることとして、自分自身に満足する気持ちを高めるために、これから具体的にどのようなことをしようと思うかを、自分の意見として述べます。

先　　生：楽しみにしていますね。

資料1　自分自身に満足している　　　　　　　　　　　　　　　（％）

	そう思う	そう思わない
日本	45.1	54.9
韓国	73.5	26.5
アメリカ	86.9	13.1
イギリス	80.0	20.0
ドイツ	81.8	18.2
フランス	85.8	14.2
スウェーデン	74.1	25.9

【適

資料２　よくうそをつく　(%)

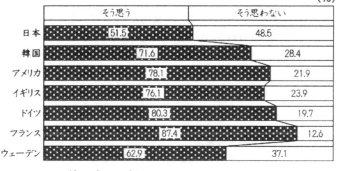

	そう思う	そう思わない
日本	30.2	69.8
韓国	24.7	75.3
アメリカ	28.2	71.8
イギリス	32.0	68.0
ドイツ	20.4	79.6
フランス	26.1	73.9
スウェーデン	20.2	79.8

資料３　人は信用できないと思う　(%)

	そう思う	そう思わない
日本	56.0	44.0
韓国	46.8	53.2
アメリカ	57.3	42.7
イギリス	57.2	42.8
ドイツ	44.6	55.4
フランス	51.0	49.0
スウェーデン	43.8	56.2

資料４　うまくいくかわからないことにも意欲的に取り組む　(%)

	そう思う	そう思わない
日本	51.5	48.5
韓国	71.6	28.4
アメリカ	78.1	21.9
イギリス	76.1	23.9
ドイツ	80.3	19.7
フランス	87.4	12.6
スウェーデン	62.9	37.1

（資料１〜資料４は内閣府「我が国と諸外国の若者の意識に関する調査（平成３０年度）」をもとに作成）

問　あなたが花子さんと同じ立場なら、どのような発表原稿を作成しますか。次の条件に従って書きなさい。

　　条件１：解答は横書きで１マス目から書くこと。

　　条件２：文章の分量は、３００字以内とすること。

　　条件３：数字や小数点、記号についても１字と数えること。

（例）| 4 | 1 | . | 5 | % |

2

太郎さんは、総合的な学習の時間に、空き家の現状について調べ、発表に向けた準備をしています。

以下の会話文を読んで、あとの問いに答えなさい。

先　　生：太郎さん、発表原稿の準備はできていますか。

太郎さん：はい。わたしは、最近空き家が増えているというニュースを見ました。そこで、空き家の状きょうと活用の方法について発表しようと考え、その原稿を書いているところです。**資料1**を見てください。これは、２００８年と２０１８年の全国とさいたま市の空き家の変化をまとめたものです。空き家率とは、すべての住宅数をもとにしたときの空き家の割合を表した数値です。わたしは、この資料から、さいたま市の空き家率の変化が、全国の変化とちがう動きをしていることに注目し、それはさいたま市の人口が増えていることと関係があるのではないかと考えました。

先　　生：なるほど。さいたま市の空き家率の変化の特ちょうと、そのようになった理由を考えてみるとおもしろそうですね。でも、人口が増えていること以外にも理由がありそうですね。ところで、空き家にはどのような問題点があるのですか。

太郎さん：**資料2**を見てください。これは、空き家についての心配事を調査した結果をまとめたものです。わたしは、この資料から空き家の問題点について、さまざまな点から説明できると考えました。

先　　生：なるほど。その問題を解消するために、空き家をどのように活用すればいいと思いますか。

太郎さん：**資料3**を見てください。この資料は、空き家の活用事例を調べてまとめたものです。どの活用事例も、空き家の問題点への対策になりそうだと思います。

先　　生：よく調べていますね。それで、太郎さんはどのような発表をするつもりですか。

太郎さん：まず、**資料1**をもとに、さいたま市の空き家の戸数と空き家率の変化の特ちょうと、そのような変化になった理由を考えて述べます。次に、**資料2**をもとに、空き家の問題点について、２点述べます。最後に、**資料3**の空き家の活用事例を１つ取り上げます。そのような活用が、なぜ**資料2**から述べた空き家の問題点を解決することにつながるか理由を述べます。

先　　生：すばらしい発表になりそうですね。

資料1　全国とさいたま市の空き家の戸数と空き家率の変化

全国の空き家の変化

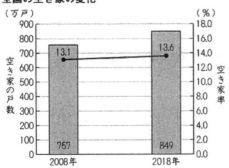

（総務省「住宅・土地統計調査（令和元年９月）」をもとに作成）

さいたま市の空き家の変化

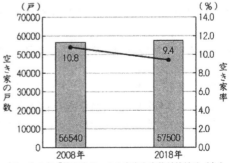

（さいたま市「第２次さいたま市空き家等対策計画（令和４年３月）」をもとに作成）

2024(R6) 大宮国際中等教育学校

K教英出版

【適

3

問1

問2

(1)

X　　　　　　（g）

説明

(2)

問3

4

問1

問2 (1)　　　　　　(2)　　　　　　人

問3

問4

5

問1

問2

問3

問4

性　別	受　検　番　号

□ の欄には、何も記入しないこと。

③

問1

A							5
B							5
C							5
D							5

問2 | | |

問3

(1)	E	
	F	
	G	
(2)	H	

問4 | | |

問5

15
30
45
40
50

性別・受検番号

| 性　別 | 受　検　番　号 |
| | |

の欄には、何も記入しないこと。

2

100

200

300

の欄には、何も記入しないこと。

性　別	受検番号

令和6年度　適性検査C　解答用紙（3）

3

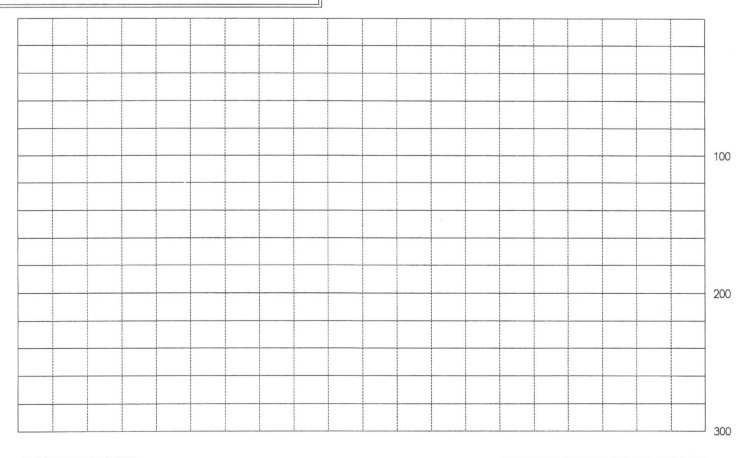

100

200

300

性　別	受　検　番　号

の欄には、何も記入しないこと。

1

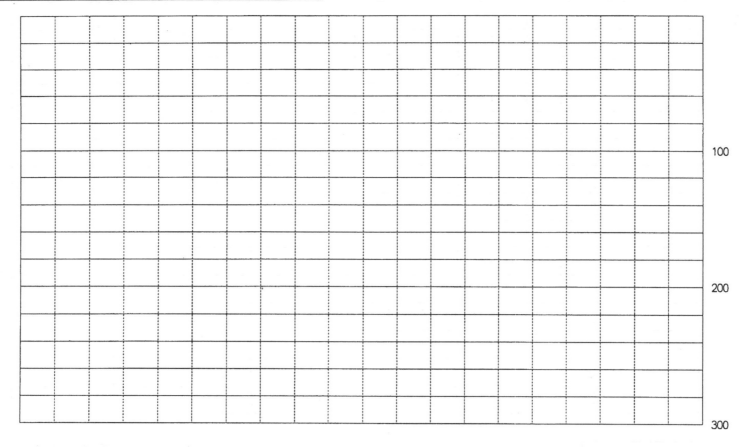

100

200

300

性　別　　　受　検　番　号

□の欄には、何も記入しないこと。

令和６年度　適性検査Ｂ　解答用紙（１）　（配点非公表）

1

問1 ［　　　　　　　　　］　　問2 ［　　　　　　　　　］

問3
A		B	
C			

問4

D ［　　　　　　　　　］

E （一週間の）　　　　　　　　　　　　　　　　　　　　　10
　　　　　　　　　　　　　　　　　　　　　（ため）　20

F ［　　　　　　　　　］

G 　　　　　　　　　　　　　　　　　　　　　　　　　　　10
　　　　　　　　　　　　　　　　　　　　　（ため）　20

2

問1 ［　　　　　　　　　］　　問2 ［　　　　　　　　　］

問3 ［　　　　　　　　　Ｈｚ］

問4 約［　　　　　　　　　倍］

問5 ［　　　　　　　　　（ｇ）］

性　別	受　検　番　号

□ の欄には、何も記入しないこと。

2024(R6) 大宮国際中等教育学校

K教英出版

【解答

令和6年度　適性検査A　解答用紙（1） （配点非公表）

1

問1 _____　問2 _____

問3 Jake さん … _____　Saki さん … _____

問4 _____

問5 ① _____ →② _____ →③ _____ →④ _____

2

問1 お店 _____　問2 _____ 通り

問3
選んだお店 …お店 _____　選んだお菓子 … _____
合計金額 … _____ 円

問4 _____ (%)

問5
正直者は … _____
誰の後ろから脱出できるか … _____

性　別	受　検　番　号

☐ の欄には、何も記入しないこと。

資料2　空き家についての心配事（複数回答可）

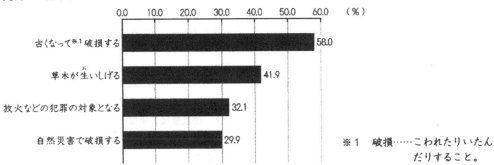

```
        0.0   10.0  20.0  30.0  40.0  50.0  60.0  （％）

古くなって※1破損する                                    58.0

草木が生いしげる                           41.9

放火などの犯罪の対象となる               32.1

自然災害で破損する                      29.9
```

※1　破損……こわれたりいたん
　　　　　　　　だりすること。

回答の合計が１００％にならないのは、あてはまるものを２つ以上選んでいる場合があるため。

（国土交通省「令和元年空き家所有者実態調査報告書（令和２年12月）」をもとに作成）

資料3　空き家の活用事例

●宿泊施設	●※2シェアオフィス	●介護施設

宿泊施設として、旅行者に提供する。	空き家をいくつかのスペースに区切って、スペースごとに貸し出す。	高齢者向けの※3デイサービスや※4グループホームとして利用する。

※2　シェアオフィス……１つの場所を、複数の企業や個人で共有するオフィスのこと。

※3　デイサービス………食事や入浴などを提供する日帰りの介護サービス。

※4　グループホーム……高齢者がスタッフの助けを受けながら、少人数で共同生活をおくる施設。

（国土交通省「「二地域居住」促進等のための「空き家」の活用に関する調査結果について（平成18年7月）」をもとに作成）

問　あなたが太郎さんなら、どのような発表原稿を作成しますか。次の条件に従って書きなさい。

　条件１：解答は横書きで１マス目から書くこと。

　条件２：文章の分量は、３００字以内とすること。

　条件３：数字や小数点、記号についても１字と数えること。

（例）| 4 | 1 | . | 5 | % |

③

太郎さんのクラスでは、総合的な学習の時間に、プラスチックごみの問題点について調べて発表することになりました。太郎さんは、「日本のペットボトルの使用を減らそう」というテーマで発表しようと考えて、準備をしています。

以下の会話文を読んで、あとの問いに答えなさい。

先　　生：太郎さん、プラスチックごみの問題点について、発表原稿の準備は進んでいますか。

太郎さん：はい。わたしは、プラスチックごみのうち、とくにペットボトルに注目して、「日本のペットボトルの使用を減らそう」という立場で発表しようと考え、発表原稿を用意しています。わたしは、**資料1**から**資料4**の4つの資料をもとに、ペットボトルの問題点を説明して、ペットボトルの使用を減らしたほうがいいという意見を述べようと考えました。まず、**資料1**を見てください。これは、政府が発表した記事の一部です。この記事には、プラスチックごみによる海の生き物の被害が書かれています。この資料を使って、ペットボトルが環境にあたえる被害について説明します。次に、**資料2**を見てください。これは、日本のペットボトルの出荷量と、ペットボトルを作るときに出る二酸化炭素の量をまとめたものです。資料から、2021年のペットボトルの出荷本数は、2004年と比べて約1.6倍になっているので、二酸化炭素による被害も同じくらい大きくなっていると考えられます。次に、**資料3**を見てください。これは、自然環境で海洋ごみが分解されるのに必要な年数をまとめたものです。この資料から、ペットボトルが分解されるまでに、約400年もの長い時間が必要だということを説明します。そして、**資料4**を見てください。これは、日本のペットボトルの回収率の変化をまとめたものです。この資料から、回収されなかったペットボトルが海洋ごみとなったり、ごみとして処理されたりするときに、環境に悪い影響をあたえていることを説明します。

先　　生：なるほど、太郎さんがどのような資料を用意して、どのように発表しようと考えているかよくわかりました。では、太郎さんが考えた発表原稿の内容について、花子さんはどう思いますか。

花子さん：はい。太郎さんが、プラスチックごみのうち、ペットボトルの問題点を説明して、ペットボトルの使用を減らそうという意見を述べることはわかりました。しかし、そのような意見を述べるために、ふさわしくない資料があるように思います。例えば、**資料1**はビニール袋のことは書かれていますが、ペットボトルのことが書かれていません。ペットボトルのかけらを食べてしまった生物の例などが書かれている資料に変えたほうがいいと思います。

先　　生：なるほど。では、太郎さんが用意した**資料2**から**資料4**のそれぞれについて、資料から読みとれることをふまえて、太郎さんの考えている発表に使う資料としてふさわしいかどうかと、花子さんがそのように考えた理由を、わかりやすくまとめて、太郎さんに伝えてみてください。

花子さん：わかりました。

【適

資料1　政府が発表した記事の一部

　２０１８年の夏、神奈川県鎌倉市の浜辺に打ち上げられたクジラの赤ちゃんの胃の中からプラスチックごみが出てきました。このように死んだクジラの胃からビニール袋などのプラスチックごみが発見される例が世界各地でいくつも報告されています。

（政府広報オンライン「海のプラスチックごみを減らしきれいな海と生きものを守る！（令和元年５月１４日）」より）

資料2　ペットボトル出荷本数とペットボトルを作るときに出る二酸化炭素の量

	２００４年度	２０２１年度
ペットボトル出荷本数（億本）	１４８	２３４
ペットボトルを作るときに出る二酸化炭素の量（万トン）	２０８．９	２０９．６

（ＰＥＴボトルリサイクル推進協議会「ＰＥＴボトルリサイクル年次報告書２０２２」をもとに作成）

資料3　自然環境で海洋ごみが分解されるのに必要な年数

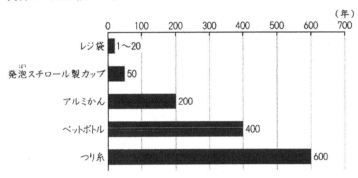

（WWFジャパン「海洋プラスチック問題について（平成30年10月）」をもとに作成）

資料4　日本のペットボトルの回収率の変化

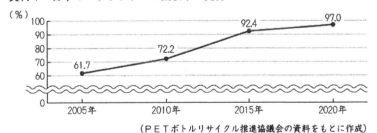

（ＰＥＴボトルリサイクル推進協議会の資料をもとに作成）

問　あなたが花子さんなら、どのようなことを太郎さんに伝えますか。次の条件に従って書きなさい。

　条件１：解答は横書きで１マス目から書くこと。

　条件２：文章の分量は、３００字以内とすること。

　条件３：数字や小数点、記号についても１字と数えること。　　（例）| 4 | 1 | . | 5 | % |

これで、問題は終わりです。

K 教英出版

令和5年度

適 性 検 査 A

さいたま市立大宮国際中等教育学校

1 放送による問題

　※問題は、問1〜問5までの5問あります。

　※英語はすべて2回ずつ読まれます。問題用紙にメモを取ってもかまいません。答えはすべて解答
　用紙に記入しなさい。

問1　Emma（エマ）さんとKazúki（かずき）さんがEmma（エマ）さんのぼうしについて話をして
　います。2人の話を聞いて、内容に合う絵を次のア〜エの中から1つ選び、記号で答えなさい。

ア
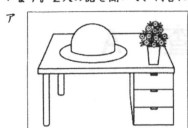

イ

ウ

エ

問2　Meg（メグ）さんとRiku（りく）さんが話をしています。2人の話を聞いて、内容に合う絵を
　次のア〜エの中から1つ選び、記号で答えなさい。

ア

イ

ウ

エ

2023(R5) 大宮国際中等教育学校

区教英出版

— 1 —

【適

問3　Mika（みか）さんとPaul（ポール）さんは、中学生になったら入りたいクラブ活動について、クラスでアンケートをとりました。2人はその結果について話し、希望者の人数が多かった順にそれぞれのクラブ活動を表した絵を並べて、表を作りました。2人の話から、それぞれのクラブ活動の希望者の人数を聞き取った上で、2人が作った表として正しいものを次のア～エの中から1つ選び、記号で答えなさい。

ア

1	
2	
3	
4	
5	

イ

1	
2	
3	
4	
5	

ウ

1	
2	
3	
4	
5	

エ

1	
2	
3	
4	
5	

問4 Momo（もも）さんと John（ジョン）さんが転校生の Tim（ティム）さんについて話をしています。2人の話を聞き、Tim（ティム）さんと Momo（もも）さんがいっしょにできることを表した絵を、下のア～エの中から**2つ**選び、記号で答えなさい。

ア

イ

ウ

エ

問5 Kenta（けんた）さんが、妹の Nami（なみ）さんと先週の土曜日にしていたことについてスピーチをしています。Kenta（けんた）さんの話を聞き、【Kenta（けんた）さんと Nami（なみ）さんが先週の土曜日にしたこと】の順番になるように、①～④にあてはまる絵を、下のア～エの中からそれぞれ1つずつ選び、記号で答えなさい。

【Kenta（けんた）さんと Nami（なみ）さんが先週の土曜日にしたこと】

【適

太郎さんのお母さんは、パソコンを使ってインターネットの通信販売のサイト(図1)で箱入りトマトを見ています。そこへ太郎さんがやってきて、話しかけました。

図1

あまーいトマト

この商品について
・あまくておいしいトマトです
・マヨネーズとの相性ばっちり
・低農薬の商品です

みんなの評価

| 1箱4個入り | 1箱9個入り |

4個入り、9個入りから
選べます。

次の問1～問4に答えなさい。

【太郎さんとお母さんの会話①】

太郎さん：真っ赤なトマトですね。トマトを買おうとしているのですか。

お母さん：そう。今度、トマト料理を作って、友達をもてなそうと思っているのよ。それにはたくさんのトマトが必要なので、インターネットの通信販売を利用して探しているのよ。

太郎さん：通信販売のサイトには、箱入りトマトを上から見た写真がのっていますね。4個入りのトマトか、9個入りのトマトか、どちらかを選べるようになっています。

お母さん：箱の大きさは同じなので、4個入りのトマトか、9個入りのトマトか、どちらを選ぼうか迷っているのよ。

太郎さん：9個入りのほうがトマトの個数としては多いけど、4個入りのほうがトマト1個の大きさは大きいですね。トマトの量は、どちらがたくさん入っていると言えるでしょうか。

お母さん：そうだね。どうやって、比べるのがいいかな。

太郎さん：どちらのトマトも箱の底に接するように平らに並べられていて、となりどうしのトマトも接するように、箱全体にぎっしりつめこまれているようですね。まずは、どちらの面積が大きいか計算して比べてみるのはどうでしょうか。

お母さん：上から見たときのトマトの面積を比べるということね。

図2

4個入りのトマトを上から見た模式図

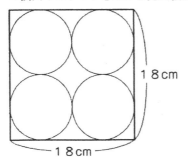

9個入りのトマトを上から見た模式図

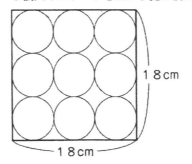

— 4 —

【太郎さんとお母さんの会話②】

太郎さん：上から見たトマトの形は、本来は、円ではないですが、**図2**のように円になっていると
　　　　　します。また、1つ1つのトマトの大きさは同じというわけではないですが、4個入り
　　　　　のトマトはすべて同じ大きさ、9個入りのトマトはすべて同じ大きさとします。

お母さん：そのようにみなして、大きさを比べることができるね。

太郎さん：はい。上から見た箱の形は正方形で、どちらも1辺の長さは18cmと書かれています。

お母さん：そのことから、トマトの半径もわかるのね。

太郎さん：そうです。1つの円の面積は、円周率を3.14とすると、（半径）×（半径）×3.14
　　　　　で求められるので、上から見たときのトマト全部の面積は、1つの円の面積に個数をか
　　　　　ければ求められますね。この式を使って、それぞれの面積を計算してみます。

お母さん：そうだね。面積をそれぞれ計算して求めるのもよいけど、大きさを比べるだけなら答え
　　　　　を求めなくてもわかるよ。上から見たときの4個入りのトマト全部の面積は、　A　
　　　　　×3.14、上から見たときの9個入りのトマト全部の面積は、　B　×3.14とな
　　　　　るよね。

太郎さん：わかりました。この式の　A　と　B　の大きさを比べることで、上から見たと
　　　　　きのトマト全部の面積は、　C　ことがわかるのですね。

問1　図2、【太郎さんとお母さんの会話②】をもとに、空らん　A　、　B　にあてはまる数を、
　　　それぞれ整数または小数で答えなさい。また、空らん　C　にあてはまる言葉として最も適切
　　　なものを、次のア～ウの中から1つ選び、記号で答えなさい。

　　　ア　4個入りのほうが、9個入りよりも大きい

　　　イ　4個入りのほうが、9個入りよりも小さい

　　　ウ　4個入りも9個入りも同じ

【太郎さんとお母さんの会話③】

お母さん：今、計算したのは、上から見たときの面積だけど、わたしは体積も計算して比べるとい
　　　　　いと思うよ。トマトの体積は計算できそうかな。

太郎さん：4個入りのトマトも9個入りのトマトも、1個の形は球のようになっているので、球の
　　　　　体積を計算すればよさそうです。しかし、球の体積をどう計算すればよいのかわからな
　　　　　いです。

お母さん：そうだね。トマトを球とみなして計算しましょう。1つの球の体積は、円周率を3.14
　　　　　とすると、（半径）×（半径）×（半径）×3.14×4÷3で求められるのよ。

太郎さん：そうなのですね。では、箱に入ったトマト全部の体積は、1つの球の体積に個数をかけ
　　　　　れば求められますね。先ほどと同じように、必要な部分だけ計算してみます。4個入り
　　　　　のトマト全部の体積は、　D　×3.14×4÷3、9個入りのトマト全部の体積は、
　　　　　　E　×3.14×4÷3となりますね。

お母さん：つまり、体積は、　F　ことがわかるのね。

問2　図2、【太郎さんとお母さんの会話③】をもとに、空らん　D　、　E　にあてはまる数を、それぞれ整数または小数で答えなさい。また、空らん　F　にあてはまる言葉として最も適切なものを、次のア〜ウの中から1つ選び、記号で答えなさい。

　　ア　4個入りのほうが、9個入りよりも大きい
　　イ　4個入りのほうが、9個入りよりも小さい
　　ウ　4個入りも9個入りも同じ

【太郎さんとお母さんとお父さんの会話①】

お父さん：2人は、4個入りのトマトと9個入りのトマトについて面積と体積を比べたけれど、表示には重さも書いてあったよ。トマト1gあたりの金額を比べてみようよ。

太郎さん：そうですね。4個入りのトマトは1箱で1200円、9個入りのトマトは1箱で1080円と書いてあります。また、4個入りのトマトは1個あたり平均285g、9個入りのトマトは1個あたり平均85gとも書いてありますね。

お母さん：そうですね。箱代は無料なので、この平均の重さを使って、トマト1gあたりの金額を比べることができますね。

問3　【太郎さんとお母さんとお父さんの会話①】をもとに、次の（1）、（2）に答えなさい。
（1）　4個入りのトマトにおけるトマト1gあたりの金額を、小数第2位を四捨五入して、小数第1位まで答えなさい。
（2）　9個入りのトマトにおけるトマト1gあたりの金額を、小数第2位を四捨五入して、小数第1位まで答えなさい。

【太郎さんとお母さんとお父さんの会話②】

太郎さん：いろいろな方法で比べることができましたね。

お母さん：そうだね。いろいろ考えたけれど、1箱4個入りのトマトも1箱9個入りのトマトも、それぞれ1箱ずつは買いたいな。

お父さん：そうしようか。でも、送料をふくめて購入金額は7500円以下にしてほしいな。見ているサイトでは、何箱まとめて買っても送料は500円かかるよ。

太郎さん：では、送料をふくめて、7500円以下でどのように購入するのがよいか、考えましょう。

お母さん：そうしましょう。

問4　【太郎さんとお母さんとお父さんの会話②】をもとに、送料をふくめて、7500円以下で購入することを考えます。購入金額が最大となるのは、1箱4個入り1200円のトマトと、1箱9個入り1080円のトマトをそれぞれ何箱ずつ買う場合か、答えなさい。ただし、1箱4個入りのトマトと1箱9個入りのトマトについて、それぞれ最低1箱ずつは買うものとします。

花子さんは自由研究で、食物にふくまれている栄養素の消化について調べようとしています。

次の問1～問3に答えなさい。

【花子さんとお母さんの会話①】

花子さん：お母さん、朝食で食べたごはんは残っていますか。自由研究で、だ液のはたらきについて調べるため、ごはんつぶが必要なのです。

お母さん：すい飯器に少し残っていますよ。どのような内容ですか。

花子さん：ごはんつぶをかむと、あまく感じることがありました。不思議に思ったので、そのことについて調べたいと思っています。しかし、調べ方についてなやんでいます。

お母さん：そうなのですね。では、ごはんつぶにどのような変化が起きるのか、実験してみてはどうでしょうか。結果を比べられるように、かつおぶしについても調べるといいですね。

花子さん：はい、調べてみます。

花子さんは、まず、ごはんつぶとかつおぶしの変化について調べ、次の資料1を見つけました。

資料1　ごはんつぶとかつおぶしの変化に関する実験結果

ジッパーつきビニル袋の中身	ごはんつぶのみ	ごはんつぶとだ液	ごはんつぶと水	かつおぶしのみ	かつおぶしとだ液	かつおぶしと水
ヨウ素液の色	青むらさき色に変化	変化なし	青むらさき色に変化	変化なし	変化なし	変化なし

※それぞれのジッパーつきビニル袋を約４０℃の水にしばらくつけてから、ヨウ素液を加えて色の変化を確認した。

【花子さんとお母さんの会話②】

花子さん：資料1から、ある条件によって、ごはんつぶが変化することとかつおぶしが変化しないことがわかりました。約４０℃の水にしばらくつけてから、ヨウ素液を加える実験だったようです。

お母さん：そうですね。だ液はヒトのカラダの中ではたらくので、実験でも体温に近い状態に保つ必要があるのです。それでは、体温より低いとき、体温より高いときのそれぞれの場合で、だ液のはたらきがどうなるか、調べてはどうでしょうか。

花子さん：はい。約４０℃より温度を低くしたとき、温度を高くしたときのそれぞれの場合で、だ液のはたらきはどうなるのか、実験をしてみようと思います。

花子さんは、約４０℃より温度を低くしたとき、温度を高くしたときのそれぞれの場合で、だ液のはたらきがどうなるかについて調べるため、【実験】を行い、その結果からわかることを【花子さんのまとめ①】にまとめました。

【適

【実験】
〈用意するもの〉
□ジッパーつきビニル袋（6枚）　　□スポイト（2個）　　□ビーカー（2個）
□ごはんつぶ　　　□ヨウ素液　　　□だ液（20mL）
□約0℃の水　　　□約80℃の水　　□約40℃の水

〈方法〉
①　6枚のジッパーつきビニル袋をそれぞれあ、い、う、え、お、かとし、それぞれのビニル袋にごはんつぶ0.1gを入れて、ビニル袋の上からよくもむ。
②　あ、えには何も入れず、い、う、お、かにはそれぞれだ液を5mL加えて、ビニル袋の上からよくもむ。
③　あ、い、うは約0℃の水を入れたビーカーの中に、え、お、かは約80℃の水を入れたビーカーの中に、それぞれしばらくつける。
④　あ、い、う、え、お、かのビニル袋は、ときどき取り出してよくもむ。
⑤　あ、い、うを約0℃の水から、え、お、かを約80℃の水からそれぞれ取り出す。
⑥　温度が一定になってから、あ、い、え、おにヨウ素液を加えて、色の変化を調べる。
⑦　うとかを、約40℃の水を入れたビーカーの中にしばらくつける。
⑧　うとかのビニル袋は、ときどき取り出してよくもむ。
⑨　うとかを約40℃の水から取り出し、それぞれにヨウ素液を加えて、色の変化を調べる。

〈結果〉

ジッパーつきビニル袋	あ	い	う	え	お	か
ヨウ素液の色	青むらさき色に変化	青むらさき色に変化	変化なし	青むらさき色に変化	青むらさき色に変化	青むらさき色に変化

【花子さんのまとめ①】
・ジッパーつきビニル袋あ、えの結果から、ごはんつぶは、約0℃の水、約80℃の水につけただけでは変化しないことがわかった。
・ジッパーつきビニル袋い、う、お、かの結果から、【実験】で確かめられただ液による変化があるかどうかについて、次のことがわかった。

	【実験】で確かめられただ液による変化があるか	後で約40℃の水につけ、ときどき取り出してよくもんだとき、【実験】で確かめられただ液による変化があるか
約0℃の水につけたとき	A	ある
約80℃の水につけたとき	ない	B

問1　【花子さんのまとめ①】の空らん　A　、　B　にあてはまる内容として正しいものを、それぞれ「ある」または「ない」から1つ選び、答えなさい。ただし、解答用紙の「ある」または「ない」のどちらか1つに○をつけて答えるものとします。

【花子さんとお母さんの会話③】

花子さん：ごはんやかつおぶしなどにふくまれる栄養素は、小腸で吸収された後、どうなるのですか。

お母さん：栄養素の炭水化物は、米やパンなどの穀物に多くふくまれ、体を動かすときのエネルギーのもとになります。また、栄養素のたんぱく質は、かつおぶしなどの魚、肉、たまご、豆に多くふくまれ、筋肉などの体をつくるもとになります。

花子さん：それぞれの栄養素は、わたしたちの体にとって重要なはたらきをしているのですね。

お母さん：たんぱく質については、**資料2**のように、1日にとり入れる目標量が厚生労働省によって示されています。

資料2　1日にとり入れるたんぱく質の目標量

年齢（歳）	男性（g）	女性（g）
1～ 2	31以上～ 48以下	29以上～ 45以下
3～ 5	42～ 65	39～ 60
6～ 7	49～ 75	46～ 70
8～ 9	60～ 93	55～ 85
10～11	72～110	68～105
12～14	85～130	78～120
15～17	91～140	75～115
18～29	86～133	65～100
30～49	88～135	67～103
50～64	91～130	68～ 98
65～74	90～120	69～ 93
75以上	79～105	62～ 83

（厚生労働省「日本人の食事摂取基準（2020年版）」をもとに作成）

【花子さんとお母さんの会話④】

お母さん：駅の近くにあるレストランのランチメニューには、それぞれの料理にふくまれているたんぱく質の量が書かれているみたいですね。

花子さん：今度行ってみたいですね。このレストランにはどのような料理があり、どのくらいのたんぱく質がふくまれているのでしょうか。

花子さんは、インターネットを使って、駅の近くにあるレストランのランチメニューを調べました。**資料3**は、このレストランのホームページにあったランチメニューを表したものです。

資料3　駅の近くにあるレストランのランチメニュー

・①～③の3つのグループからそれぞれ1品ずつ、合計3品を自由にお選びください。

・（　）内の値は、その料理にふくまれているたんぱく質の量の合計を表しています。

グループ①：主食・しる物	グループ②：主菜	グループ③：副菜
・ご飯とみそしる　（9.0g） ・パンとコーンスープ　（12.0g）	・チキンステーキ　（28.0g） ・白身魚のフライ　（23.0g） ・きのこのオムレツ　（20.0g） ・とうふハンバーグ　（26.0g）	・トマトサラダ　（2.0g） ・ポテトサラダ　（4.0g） ・コールスローサラダ　（3.0g） ・しらすサラダ　（6.0g）

【適性

Meg(W)：Nice!　Fruits are famous in Aomori.　Did you eat any fruits?

Riku(M)：Yes, I did.　I ate an apple.　It was delicious.　What's your favorite memory, Meg?

Meg(W)：My favorite memory is the spring vacation.　I went to Yamanashi.　I saw a
　　　　　beautiful lake and Mt. Fuji.　I ate cherries there.

　　　（3秒後）

問2の2回目を放送します。

　　　（繰り返し）

　　　（5秒後）

次に、問3を行います。

　みかさんとポールさんは、中学生になったら入りたいクラブ活動について、クラスでアンケートをとりま
した。2人はその結果について話し、希望者の人数が多かった順にそれぞれのクラブ活動を表した絵を並
べて、表を作りました。2人の話から、それぞれのクラブ活動の希望者の人数を聞き取った上で、2人が
作った表として正しいものを次のアからエの中から1つ選び、記号で答えなさい。それでは始めます。

　　　（3秒後）

問3の1回目を放送します。

Mika(W)：Three girls and a boy want to join the art club.　Two girls and four boys
　　　　　want to join the brass band.　Two girls and three boys want to join the soccer team.　Two girls
　　　　　and a boy want to join the dance club.　The brass band is popular.

Paul(M)：That's right, Mika.　The tennis team is popular, too.　Four girls and three boys
　　　　　want to join it.

　　　（3秒後）

問3の2回目を放送します。

　　　（繰り返し）

　　　（5秒後）

次に、問4を行います。

　ももさんとジョンさんが転校生のティムさんについて話をしています。2人の話を聞き、ティムさんと
ももさんが一緒にできることを表した絵を、下のアからエの中から2つ選び、記号で答えなさい。

　それでは始めます。

　　　（3秒後）

問4の1回目を放送します。

Momo(W): Who is that boy, John ?

John(M): He is Tim.　　He's a new student.

Momo(W): I see.　　Where is he from?

John(M): He's from Canada.　　He can play the violin very well.

Momo(W): Cool.　　I like music.　　I can't play the violin but I can play the piano.

John(M): That's right.　　Oh, you like singing too, Momo.　　He can't play the piano but he can sing well.　　You
　　　　　can sing together.

Momo(W): That's a good idea.

（3秒後）

問4の2回目を放送します。

（繰り返し）

（5秒後）

最後に、問5を行います。

けんたさんが、妹のなみさんと先週の土曜日にしていたことについてスピーチをしています。けんたさんの話を聞き、けんたさんとなみさんが先週の土曜日にしたことの順番になるように、①から④にあてはまる絵を、下のアからエの中からそれぞれ1つずつ選び、記号で答えなさい。

　　それでは始めます。

　　（3秒後）

問5の1回目を放送します。

　（M）

　　Last Saturday, my sister, Nami and I did many things.　　We wanted to play tennis, but it was raining a lot in the morning.　　So we watched tennis on TV.　　Then, we made a cake together.　　We had spaghetti for lunch at noon.　　In the afternoon, it was sunny.　　We played tennis in the park.

　　We cooked curry and rice and ate it for dinner.　　We ate the cake after that.　　It was delicious.

（5秒後）

問5の2回目を放送します。

（繰り返し）

（5秒後）

　　これで放送による問題を終わります。

【スクリプト】

これから、放送による問題を始めます。
　放送による問題は、問題用紙の1ページから3ページまであります。
　（3秒後）

　問題は、問1から問5までの5問あります。英語はすべて2回ずつ読まれます。問題用紙にメモを取っても
かまいません。答えはすべて解答用紙に記入しなさい。
　（3秒後）

　はじめに、問1を行います。
　エマさんとかずきさんがエマさんのぼうしについて話をしています。2人の話を聞いて、内容に合う絵
を次のアからエの中から1つ選び、記号で答えなさい。
　それでは始めます。
　（3秒後）

　問1の1回目を放送します。
　Emma(W)：Where is my hat, Kazuki?
　Kazuki(M)：It's on the desk, Emma.
　Emma (W)：That isn't my hat.　My hat has a flower on it.
　Kazuki (M)：OK.　It's under the chair.
　Emma (W)：Oh, thank you, Kazuki.
　（3秒後）

　問1の2回目を放送します。

　（繰り返し）

　（5秒後）

　次に、問2を行います。
　メグさんとりくさんが話をしています。2人の話を聞いて、内容に合う絵を次のアからエの中から1つ
選び、記号で答えなさい。
　それでは始めます。
　（3秒後）

　問2の1回目を放送します。
　Meg(W)：What's your favorite memory of last year, Riku?
　Riku(M)：It's a trip with my family.　We went to Aomori.　I saw the Nebuta Festival.

2023(R5) 大宮国際中等教育学校

K 教英出版

【放送

【花子さんとお母さんの会話⑤】

お母さん：どの年齢や性別であっても、1日にとり入れるたんぱく質の目標量に幅がありますね。

花子さん：はい。**資料2**から、1～2歳の男性を見ると、1日の目標量の最小値は31g、最大値は48gなので、17gの幅があるとわかりますね。駅の近くのこのレストランでランチを食べると、1日の目標量の最小値の2分の1くらいはとり入れられるかもしれませんね。

お母さん：そうですね。例えば、40歳の女性と13歳の男性が、**資料3**にあるレストランで2人とも同じランチメニューをそれぞれ残すことなく食べたものとしましょう。2人とも1日の目標量の最小値の2分の1以上のたんぱく質をとり入れることができるメニューの選び方は、全部で何通りあるでしょうか。

花子さん：**資料2**と**資料3**を使って考えると、全部で ［ C ］ 通りになります。

お母さん：そうなりますね。

問2　【花子さんとお母さんの会話⑤】の空らん ［ C ］ にあてはまる整数を答えなさい。

消化や栄養素について調べた花子さんは、図書館で見つけた**資料4**をもとに、動物の主な食べ物と消化管の長さの関係について、【花子さんのまとめ②】のようにまとめました。

資料4　いろいろな動物の主な食べ物と、体長を1としたときの消化管の長さの比

動物	主な食べ物	体長を1としたときの消化管の長さの比
ウマ	植物（草）	12.0
オオカミ	肉	4.7
ヒグマ	植物（草、木の実）、こん虫、肉や魚	8.0
ウサギ	植物（草、木の皮、果物）	10.0
ライオン	肉	3.9
ヒト	植物（穀物、いも類、野菜）、肉や魚	7.5

（R.フリント著「数値でみる生物学　生物に関わる数のデータブック」（シュプリンガー・ジャパン）をもとに作成）

【花子さんのまとめ②】

ヒグマやヒトの、体長を1としたときの消化管の長さの比は、オオカミや ［ D ］ より大きく、ウマや ［ E ］ より小さくなっている。**資料4**から考えると、この理由は、ヒグマやヒトが植物と肉や魚を主に食べているからではないかと考えられる。

問3　【花子さんのまとめ②】の空らん ［ D ］ 、 ［ E ］ にあてはまる言葉を、それぞれ**資料4**の動物の中から選び、答えなさい。

4

~~~
　花子さんは、お父さんと保育所の話をしています。
~~~

次の問1～問2に答えなさい。

【花子さんとお父さんの会話①】
お父さん：花子さんは、いつも楽しそうに保育所に通っていたね。
花子さん：保育所で遊ぶのが、とても楽しかったのを覚えています。
お父さん：保育所では、いろいろな遊びを学んできたね。
花子さん：はい。特に、みんなで手びょうしを打ってリズムをつくる遊びが大好きでした。

問1　次の日、学校に行った花子さんは、友だちと4人で、保育所に通っていたときに教わった、手び
　　ょうしでリズムをつくる遊びをやってみることにしました。4人が打つ手びょうしのリズムはばら
　　ばらですが、4人が同じテンポで同時に手びょうしを打ち始めると、あるリズムにきこえます。資
　　料1のように4人が同じテンポで同時に手びょうしを打ち始めた時、きこえるリズムとして最も適
　　切なものを、あとのア～エの中から1つ選び、記号で答えなさい。

資料1　4人が打つ手びょうしのリズム

【適

【花子さんとお父さんの会話②】

花子さん：保育所に通っていたとき、熱中症の予防のため、夏の外の気温が高い日は、外遊びや
　　　　　プール遊びをさせてもらえないときがありました。昔もそうだったのでしょうか。

お父さん：暑い日でもプールに入っていたよ。近年は地球温暖化の影響で気温が高くなっている
　　　　　と聞きますね。実際、昔のほうが今より夏も過ごしやすかったと感じるよ。

花子さん：熊谷市は暑いことで有名ですが、熊谷市でも気温が高くなっているのでしょうか。

お父さん：昔から今までの気温の変化を調べてみたらどうかな。

花子さん：はい、調べてみます。ちょうどこの前、友人のお兄さんから「箱ひげ図」というおもし
　　　　　ろいグラフのかき方を教えてもらったので、箱ひげ図を使って考えようと思います。

【箱ひげ図の説明】

　右のような図を「箱ひげ図」といいます。「データの最大値、最小値、平均値、中央値、四分位数」をわかりやすく示すために用いられるグラフです。

　「中央値」とは、データの値を大きさの順に並べたとき、中央にくる値のことです。

　「四分位数」とは、データを大きい順に並べたとき、データの数で4等分する位置の値のことです。小さい順に、第1四分位数、第2四分位数、第3四分位数といいます。第2四分位数は中央値と同じです。

　例として、11人が受けた国語と算数のテストのデータを箱ひげ図で表してみることにします。

　〈表〉は11人の国語と算数のテストの点数を高い順にまとめたもの、〈箱ひげ図〉はそれらを箱ひげ図に表したものです。

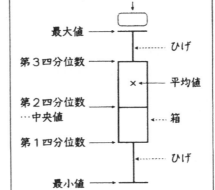

〈箱ひげ図の見方〉

※この問題では、ひげの上部に
　平均値を示している

〈表〉

順位	国語（点）	順位	算数（点）	
1	98	1	74	←最大値
2	98	2	70	
3	82	3	66	
4	77	4	65	
5	54	5	60	
6	40	6	55	←中央値
7	38	7	54	
8	36	8	52	
9	32	9	40	
10	25	10	32	
11	14	11	26	←最小値
平均値	54	平均値	54	

〈箱ひげ図〉

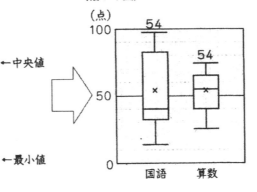

― 12 ―

〈表〉を見ると、国語と算数の平均点はどちらも同じ５４点になっています。しかし、〈表〉を見ただけではデータの特色を簡単に読み取ることはできません。

　しかし、〈箱ひげ図〉を見ると、国語は最高得点と最低得点の間に大きな差があり、最大値から最小値までに点数がちらばっていること、一方で、算数は１１人の点数に国語ほど大きなちがいが見られないことをとらえることができます。

　また、１１人の２５％が２.７５人であることを考えると、第３四分位数の表示から、「国語の点数が８０点以上だった人は少なくとも２人はいる」ということも読み取ることができます。

　このように、箱ひげ図は、データの分布を知りたいときに用いると便利なグラフです。

【花子さんとお父さんの会話③】

花子さん：熊谷市の７月の日ごとの最高気温について、まずは①熊谷市の２０２０年の７月の日ごとの最高気温を表した箱ひげ図を作ってみました。１日の最高気温が最も高かった日と最も低かった日の差が１０℃以上あり、１日の最高気温が２９℃以下の日が半月以上あることがわかります。また、②熊谷市の１９５０年代と２０１０年代の、７月の日ごとの最高気温を表した箱ひげ図をそれぞれ作りました。

お父さん：２つを並べてみると、約６０年でずいぶん変化していることが読み取れるね。

花子さん：はい。グラフからわかることを、これからまとめてみようと思います。

資料２　熊谷市の１９５０年代の７月（３１日間）の最高気温を表した箱ひげ図

資料３　熊谷市の２０１０年代の７月（３１日間）の最高気温を表した箱ひげ図

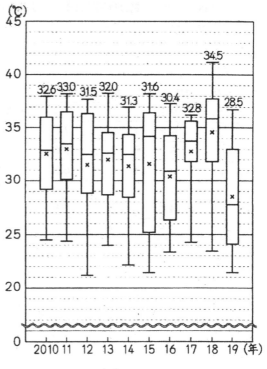

（気象庁ウェブサイトをもとに作成）

問2　次の（1）、（2）に答えなさい。

（1）　【箱ひげ図の説明】、【花子さんとお父さんの会話③】をもとに、下線部①について、熊谷市の２０２０年の７月（３１日間）の最高気温を表した箱ひげ図として正しいものを、次のア～エの中から１つ選び、記号で答えなさい。

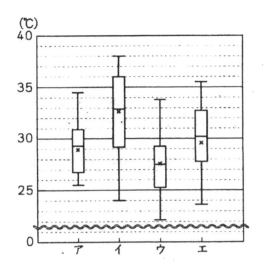

（2）　【箱ひげ図の説明】、【花子さんとお父さんの会話③】をもとに、下線部②について、**資料２**と**資料３**からわかることとして適切なものを、次のア～オの中から**２つ**選び、記号で答えなさい。

ア　１日の最高気温が３６℃をこえる日は、１９５０年代の７月には１日もなかったが、２０１０年代の７月には合わせて３２日以上ある。

イ　１日の最高気温が２６℃未満の日が７月に少なくとも７日あった年は、１９５０年代には６年であったが、２０１０年代には１年しかなかった。

ウ　１日の最高気温が３０℃をこえている日が７月に半月以上ある年は、１９５０年代には２年あったが、２０１０年代には９年あった。

エ　７月の１日の最高気温は、１９５０年代と比べて２０１０年代は平均よりも中央値が低くなっている年が多かった。

オ　２０１０年代の７月は、１９５０年代の７月と比べて、平均気温が３０℃をこえない年が多かった。

5

～～
　2023年の世界卓球選手権が南アフリカ共和国の都市ダーバンで開かれます。それを知った太郎
さんは、総合的な学習の時間に、南アフリカ共和国について調べることにしました。
～～

次の問1～問4に答えなさい。

【太郎さんと先生の会話①】
太郎さん：世界卓球選手権が行われるダーバンの位置を調べたところ、**資料1**を見つけました。
先　　生：ダーバンは、南アフリカ共和国の都市ですね。どんな気候なのか、選手も気になってい
　　　　　るのではないでしょうか。
太郎さん：アフリカ大陸には砂漠が広がっているので、どの国も暑い印象があります。南アフリカ
　　　　　共和国も暑いのではないかと思います。
先　　生：アフリカ大陸には、暑い地域もありますが、すべての地域でそうとは限りませんよ。日
　　　　　本も、地域によって気候にちがいがありますよね。
太郎さん：そうですね。では、**資料2**の南アフリカ共和国の各地の都市の気候を**資料3**のさいたま
　　　　　市の気候とも比べ、まとめてみます。
先　　生：それはよい考えですね。

資料1　南アフリカ共和国の3つの都市の位置

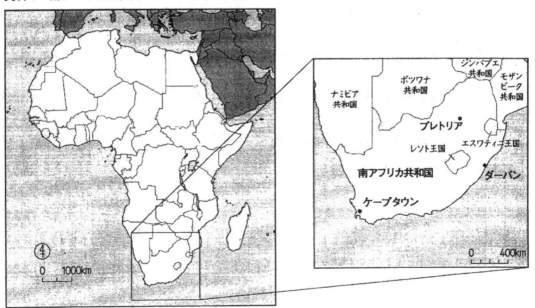

資料2　プレトリア、ダーバン、ケープタウンのいずれかの都市の気候

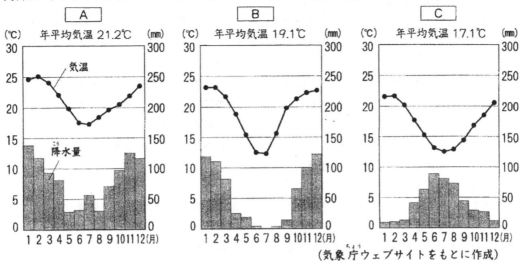

(気象庁ウェブサイトをもとに作成)

資料3　さいたま市の気候

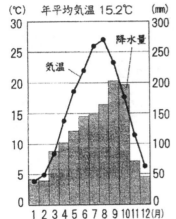

(気象庁ウェブサイトをもとに作成)

【太郎さんが調べてまとめた内容】

・南アフリカ共和国は南半球に位置しているので、北半球に位置するさいたま市とは気温の変化が異なる。さいたま市で気温が高くなる時期に南アフリカ共和国では気温が低くなり、さいたま市で気温が低い時期に南アフリカ共和国では気温が高くなる。

・資料2の3つの都市のうち最も西に位置する都市は、他の2つの都市に比べると、気温が全体的に低くなっている。

・内陸部にあるプレトリアは、雨が多い時期と雨が少ない時期にはっきり分かれており、気温が低い時期に雨が少ない。また、最も気温の高い月と最も気温の低い月の気温の差が、資料2の3つの都市の中で最も大きい。

・さいたま市と資料2の3つの都市の5月の気温を比べると、ダーバンだけがさいたま市より気温が高い。

問1　資料2の空らん　A　～　C　にあてはまる都市の組み合わせとして最も適切なものを、資料1、資料2、資料3、【太郎さんが調べてまとめた内容】をもとにして、次のア～カの中から1つ選び、記号で答えなさい。

ア　A　プレトリア　　　B　ダーバン　　　　C　ケープタウン
イ　A　プレトリア　　　B　ケープタウン　　C　ダーバン
ウ　A　ダーバン　　　　B　プレトリア　　　C　ケープタウン
エ　A　ダーバン　　　　B　ケープタウン　　C　プレトリア
オ　A　ケープタウン　　B　プレトリア　　　C　ダーバン
カ　A　ケープタウン　　B　ダーバン　　　　C　プレトリア

【太郎さんと先生の会話②】

太郎さん：次は、南アフリカ共和国がある地域の人口について調べてみました。世界の各地域、つ
　　　　　まり6つの州の人口の変化がわかる数値を見つけたので、グラフにまとめて**資料4**をつ
　　　　　くりました。ロシアはアジア州とヨーロッパ州にまたがっていますが、国際連合の地域
　　　　　区分では国家としてのロシアはヨーロッパ州に分類されているので、**資料4**ではロシア
　　　　　の人口はヨーロッパ州にふくめています。地域区分については**資料5**にまとめました。
先　　　生：よくできていますね。各州の人口の変化がよくわかりますね。
太郎さん：ありがとうございます。グラフでは年ごとの世界全体にしめる各州の人口の割合がよく
　　　　　つかめないので、もう1種類グラフをつくることにしました。
先　　　生：どんなグラフを作成するのですか。
太郎さん：「ツリーマップ」というグラフです。長方形を分割する形で、割合を面積の大きさで示
　　　　　しています。
先　　　生：どのようなツリーマップができるのか、楽しみです。

資料4　世界の6つの州の人口の変化

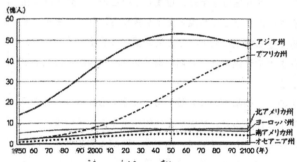

※2021年以降は、将来の推計値である。

（国際連合「World Population Prospects」をもとに作成）

資料5　世界の6つの州

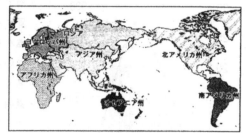

問2　**資料4**の1950年、2000年、2050年、2100年にあてはまるツリーマップを、次の
　　　ア～エの中からそれぞれ1つずつ選び、記号で答えなさい。

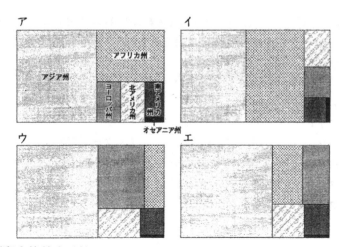

（国際連合「World Population Prospects」をもとに作成）

【太郎さんと先生の会話③】

太郎さん：世界の人口の変化を調べているときに、世界の国々で高齢化が進んでいることを知りま
　　　　　した。高齢化とは、人口にしめる高齢者の割合が増えることです。６５歳以上の高齢者
　　　　　の割合を高齢化率といって、高齢化率が７％をこえると「高齢化社会」、１４％をこえ
　　　　　ると「高齢社会」というのだそうです。

先　　　生：日本では高齢化が進んでいますね。他の国ではどうなっていますか。

太郎さん：資料６を見てください。資料６は、日本をふくむ９か国の高齢化率が７％から１４％に
　　　　　なるまでの期間がまとめられたものです。国によって、ずいぶんようすが異なることが
　　　　　読み取れます。

先　　　生：そうですね。

資料６　９か国の高齢化率が７％から１４％になるまでの期間

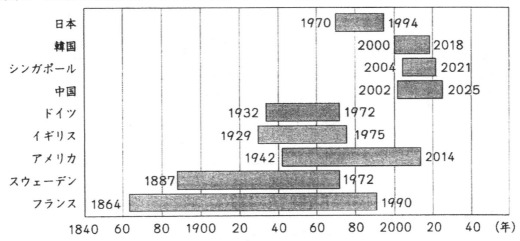

※１９５０年以前のデータと２０２１年以降のデータは、推計値である。

（内閣府「令和２年版高齢社会白書」をもとに作成）

問3　資料６から読み取れることとして最も適切なものを、次のア〜エの中から１つ選び、記号で答え
　　なさい。

ア　高齢化率が７％から１４％になるまでの期間は、フランスは日本の５倍以上、アメリカは日本
　　の３倍である。

イ　９か国のうち、２０００年以降に高齢化率が１４％に達した、または達すると予想されている
　　国は３か国ある。

ウ　９か国のうち、高齢化率が７％から１４％になるまでの期間が最も短いのは中国、最も長いの
　　はフランスである。

エ　高齢化率が７％から１４％になるまでの期間は、中国はスウェーデンより６０年以上短く、日
　　本はスウェーデンより６５年以上短かった。

【太郎さんと先生の会話④】

先　　生：世界について、さまざまな角度から調べることができましたね。

太郎さん：はい。ありがとうございます。もう一つ資料を見つけたのでしょうかいします。こちらに、国・地域別の栄養不足の人口の割合がまとめられた**資料7**があります。栄養不足の人が大勢いる地域がわかります。

先　　生：そうですね。世界に広く目を向け、課題を考えることは大切ですね。

太郎さん：はい。**資料7**からわかることをまとめ、考えてみようと思います。

資料7　国・地域別の栄養不足の人口の割合（2019〜2021年平均）

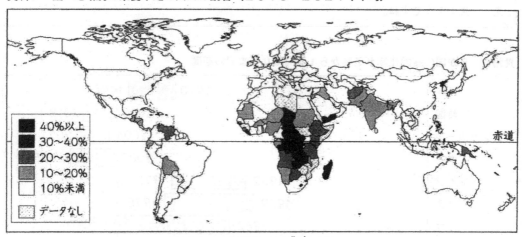

（国際連合食糧農業機関「FAOSTAT」をもとに作成）

【太郎さんのまとめ】

・アフリカ州は、他の州と比べて　　D　　国が多い。

・アフリカ州の中では、　　D　　国は、特に赤道の近くに多く分布している。

問4　**資料5**、**資料7**をもとに、【太郎さんのまとめ】の空らん　　D　　にあてはまる内容を、15字以内で書きなさい。

これで、問題は終わりです。

【適

令和5年度

適 性 検 査 B

さいたま市立大宮国際中等教育学校

[1]

花子さんは、日曜日に家族でお菓子工場の見学に行きました。次の日、そのことについて先生と話をしています。

次の問1〜問4に答えなさい。

【花子さんと先生の会話①】

先　　生：楽しい工場見学になったようで、よかったですね。

花子さん：お菓子が次々とベルトコンベアーで運ばれている様子や機械で大量に作られているようすは、見ていてとても楽しかったです。そういえば、そのときにおやつの話題になりました。なぜ、15時ごろにお菓子などを食べる間食のことをおやつというのでしょうか。

先　　生：江戸時代の時刻の表し方が関係していますよ。江戸時代は、現在の14時から15時ごろのことを「八つ時」といいました。1日2食が一般的だったころ、だいたいその時間に間食をとっていて、それを「お八つ」とよんでいたことから、間食をおやつというようになりました。

花子さん：知りませんでした。江戸時代の時刻の表し方に興味がわきました。

先　　生：では、もう少しくわしく説明しましょう。江戸時代の時刻は、日の出を「明け六つ」、日の入りを「暮れ六つ」とし、その間をそれぞれ6等分していました。ですから、その長さは昼と夜、そして季節によって変化したのです。資料1が参考になりますよ。なお、資料1の図は、5時から19時が昼間時間になる日について示しています。

花子さん：現在の時刻を江戸時代の方法で表してみるのもおもしろそうですね。

資料1　江戸時代の時刻の表し方

　江戸時代の時刻は、九つ、八つ、七つ、六つ、五つ、四つを使って表された。各地に時のかねが設けられ、人々は、かねが鳴る回数で時刻を知ることができた。例えば、「八つ」には8回のかねが鳴らされた。

　右の図は、現在の5時が明け六つ、現在の19時が暮れ六つになるときの江戸時代の時刻を示している。

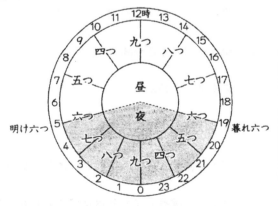

（一般社団法人日本時計協会ウェブサイトをもとに作成）

問1　【花子さんと先生の会話①】、資料1をもとに、午後の「八つ」の時刻がいちばんおそくなる日を、次のア〜エの中から1つ選び、記号で答えなさい。ただし、ア〜エのそれぞれの日の出と日の入りの時刻は、ア〜エに書かれている時刻として考えること。

　　ア　日の出　5時45分　／　日の入り　17時45分
　　イ　日の出　4時30分　／　日の入り　19時00分
　　ウ　日の出　6時30分　／　日の入り　17時30分
　　エ　日の出　6時50分　／　日の入り　16時30分

【花子さんと先生の会話②】

先　　生：おやつといえば、この前、北海道のおみやげでお菓子をいただいたのですが、牛乳をたっぷりと使って作られていると、その包装紙には、書いてありました。北海道は乳牛の飼育がさかんなので、牛乳を使ったお菓子が作られているのでしょう。

花子さん：そのおみやげのお菓子が北海道で作られているのは、原料である牛乳の※調達が簡単だからなのかもしれません。原料の調達と製品を作る場所には関係があるのですね。そういえば、社会の授業で、鉄は原料の多くを海外から調達して、製鉄所で作っているものであると習いました。鉄の原料は鉄鉱石でしたよね。

先　　生：そうですね。製鉄所の立地も原料の調達方法と関係があるのです。他にも、主に石灰石を使うセメント工場、石炭を使う火力発電所の立地も同じような関係があります。それぞれどのような場所にあるのか、次の資料2と資料3を参考に考えてみましょう。

花子さん：わかりました。やってみます。

※調達……必要なお金や物を集めてくること。

資料2　製鉄所、セメント工場、火力発電所のいずれかの立地

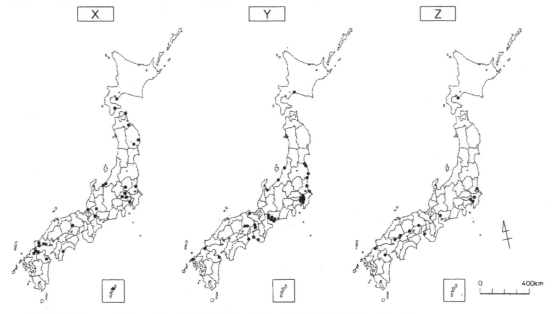

※火力発電所については、総出力150万kw以上の火力発電所を示している。

（「日本国勢図会2022／23年度版」、「2017年版電気事業便覧」をもとに作成）

資料3　製鉄所、セメント工場、火力発電所の原料と立地の関係

	原料と立地の関係
製鉄所	鉄は、主に鉄鉱石と、石炭をむし焼きにしたコークスを原料としています。鉄鉱石は主にオーストラリアやブラジルからの輸入に頼っています。とても重いので、海外からは船で運ばれます。輸入に便利で鉄を使う工場が多い、太平洋側に多く分布しています。
セメント工場	セメントの主な原料として、石灰石が使用されます。日本では全国各地に石灰岩が分布しているため、石灰石が豊富に採れ、自給率は１００％となっています。石灰石は重く、遠くに運ぶのに費用がかかるので、工場は原料の産地の近くに多く建てられています。
火力発電所	火力発電の燃料は、石炭や石油、液化天然ガスで、そのほとんどを海外からの輸入に頼っています。火力発電所ではたくさんの水が必要になるため、火力発電所は海のすぐ近くに建てられています。全国各地の海ぞいにありますが、多くの電力が必要とされる都市部の近くに多く立地しています。

問2　資料2の空らん ［ X ］ ～ ［ Z ］ にあてはまるものの組み合わせとして最も適切なものを、資料3をもとに、次のア～カの中から1つ選び、記号で答えなさい。

ア　X　製鉄所　　　　Y　火力発電所　　Z　セメント工場

イ　X　製鉄所　　　　Y　セメント工場　Z　火力発電所

ウ　X　火力発電所　　Y　製鉄所　　　　Z　セメント工場

エ　X　火力発電所　　Y　セメント工場　Z　製鉄所

オ　X　セメント工場　Y　製鉄所　　　　Z　火力発電所

カ　X　セメント工場　Y　火力発電所　　Z　製鉄所

【花子さんと先生の会話③】

花子さん：原料の調達が、工場などの立地に影響することがよくわかりました。国内で商品がどのように運ばれているかについて興味がわき調べたところ、**資料4**を見つけました。

先　　生：２０１３年度以降は、積載率が年々下がっているのですね。**資料4**の積載率とは、トラックにのせられる貨物の最大重量に対して、実際にトラックにのせた貨物の重量の比率のことでしたよね。

花子さん：はい。私は、積載率を上げることにより、効率的に輸送を行うことができるのではないかと思い、**資料5**のように輸送を行うことを考えました。

先　　生：＜前＞では、工場Ⅰ、Ⅱ、Ⅲから倉庫a、b、cに輸送し、倉庫a、b、cから※納品先まで複数のトラックで輸送しているようですね。トラックの上に表している数字でトラックの積載率を表しているということですね。わかりやすい資料をつくりましたね。

花子さん：ありがとうございます。トラックは最大で１０トンの貨物を運ぶことができます。そして、＜後＞では、工場の荷物を、倉庫a、b、cよりも大きな倉庫dに輸送し、倉庫dから納品先まで輸送します。また、＜前＞と＜後＞のどちらの場合でも、すべてのトラックには運転手１人しか乗っていないこととします。このように、＜後＞では、少ないトラックの台数で、＜前＞と　**A**　の貨物を輸送することで積載率を上げることができ、効率的な輸送につながると考えました。

先　　生：とてもよい着眼点ですね。しかし、**資料5**の＜後＞の方法では、　**B**　というような問題が発生するのではないかとも言われています。効率的な輸送を達成するためには、さまざまな観点から考える必要があるようです。

花子さん：そうですね。一言に効率的な輸送といっても、さまざまな要因が関係しているのですね。

※納品……品物をおさめること。

資料4　貨物を輸送する自動車の積載率の変化

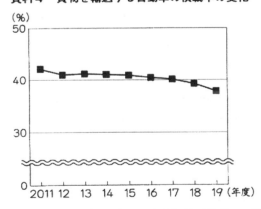

(国土交通省「自動車輸送統計年報（平成２３年度～令和元年度）」をもとに作成)

資料5　花子さんが考えた、効率的な輸送の方法

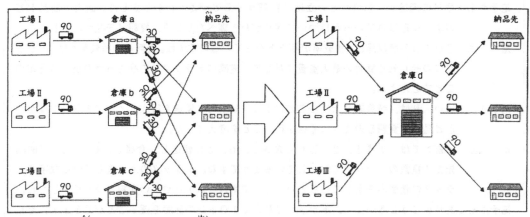

（共同物流等の促進に向けた研究会「連携による持続可能な物流に向けて（提言）（令和元年）」をもとに作成）

問3　【花子さんと先生の会話③】、資料5をもとに、【花子さんと先生の会話③】の空らん　Ａ　にあてはまる内容を4字以内で書きなさい。また、空らん　Ｂ　にあてはまる適切なものを、次のア～エの中から1つ選び、記号で答えなさい。

ア　1台のトラックに積む荷物の量が減り、二酸化炭素の排出量を減らす

イ　使用するトラックの台数が多くなることで、輸送費が増加する

ウ　商品を集める倉庫が増えることで、費用が減る

エ　納品先で一度に1台から受け取る荷物の量が増え、1回の積み下ろし作業が増加する

【花子さんと先生の会話④】

花子さん：最近、インターネットを使った通信販売の増加について家で話していたのですが、昔は商品の買い方が今とずいぶんちがったようですね。コンビニエンスストアによく行くのですが、コンビニエンスストアは、昔はこんなに店の数がなかったと聞きました。また、おばあちゃんは百貨店でよく買い物をしたそうです。

先　　生：コンビニエンスストアが増えたのは、1980年以降ですからね。百貨店、食料品スーパー、コンビニエンスストア、通信販売にはそれぞれ特徴があるので、生活の変化や買い物行動の変化によって、それぞれの販売額はここ数十年で大きく変化しています。

花子さん：百貨店、食料品スーパー、コンビニエンスストアのちがいが特に気になったので、自分で調べてみました。この資料6を見てください。コンビニエンスストアは、　Ｃ　が百貨店、食料品スーパーと比べ、いちばん大きいことにおどろきました。

先　　生：そうですね。調べてみると、いろいろなことがわかりそうですね。

資料6　百貨店、食料品スーパー、コンビニエンスストアの特徴（2014年）

	百貨店	食料品スーパー	コンビニエンスストア
特徴	・衣・食・住にかかわるさまざまな商品を販売している。 ・売り場の面積は、3,000m²以上である。 ・*セルフ方式店でない。	・あつかっている商品のうち、飲料、食料品が70%以上である。 ・売り場の面積は250m²以上である。 ・セルフ方式店である。	・飲料、食料品をあつかっている。 ・売り場面積が30m²以上250m²未満である。 ・1日の営業時間は14時間以上である。 ・セルフ方式店である。
事業所数	195	14,768	35,096
従業者数 （人）	66,683	748,815	537,618
年間商品販売額 （百万円）	4,922,646	15,375,413	6,480,475
売り場面積 （m²）	4,761,930	18,766,075	4,335,189

※セルフ方式店……商品が無包装、あるいは包装されて値段がついており、客が自由に商品を取り、レジで商品の代金を支払う形式をセルフ方式という。この形式による販売を、売り場面積の50%以上で行っている店。

（経済産業省「平成26年商業統計表」をもとに作成）

問4　資料6をもとに、【花子さんと先生の会話④】の空らん　C　にあてはまるものを、次のア〜オの中から1つ選び、記号で答えなさい。

　ア　1事業所あたりの年間商品販売額
　イ　売り場面積1m²あたりの年間商品販売額
　ウ　従業者1人あたりの年間商品販売額
　エ　1事業所あたりの従業者数
　オ　1事業所あたりの売り場面積

2

> 太郎さんとお父さんは、ダンボールに入った荷物の発送のために、宅配センターに行きました。持って行った荷物は、図1の保管場所に置かれました。それを見て、太郎さんは、お父さんと話をしています。

次の問1～問4に答えなさい。

【太郎さんとお父さんの会話①】

太郎さん：ダンボールに入ったさまざまな大きさの荷物がありますね。

お父さん：そうだね。保管場所といっても限られたスペースだから、上に重ねて置かれている荷物もあるね。どのくらいの荷物を置くことができるかな。

太郎さん：保管場所には、どのくらい荷物を置くことができるのか、保管場所の大きさや荷物の種類、積み方などを宅配センターの人に聞いて調べたいと思います。

図1

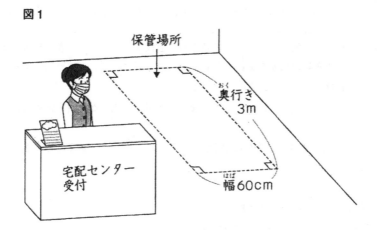

保管場所

奥行き
3m

幅60cm

宅配センター
受付

問1　図1のように、保管場所は、幅が６０cm、奥行きが３mの長方形をしています。その保管場所の中に、１辺が５０cmの立方体の荷物を置くことを考えます。荷物を上に重ねずに置いた場合、最大で何個置くことができますか。ただし、となりどうしの荷物のすきまは１０cmあけるものとします。

【適

令和5年度

適 性 検 査 C

さいたま市立大宮国際中等教育学校

太郎さんは、総合的な学習の時間で「起業」をテーマに発表をすることになり、その準備に取り組んでいます。

以下の会話文を読んで、問いに答えなさい。

先　　生：太郎さんは、何について発表するつもりですか。

太郎さん：わたしは、日本での起業活動について調べ、発表してみようと思っています。

先　　生：太郎さんは、新しく自分の会社を立ち上げることに興味があり、「起業」について調べたいということですね。

太郎さん：そうです。発表に向けて調べていくと、実は、日本の起業活動は、世界の国と比べたときに、あまり活発ではないことがわかりました。資料1を見てください。これは、＊G7先進7か国の総合起業活動指数をグラフ化したものです。総合起業活動指数とは、各国の起業活動の活発さをあらわす数値で、起業したいと考えている人や起業して間もない人が、成人人口にしめる割合のことです。これを見ると、日本より数値の高い国が多いです。

先　　生：よく調べていますね。

太郎さん：次に、資料2は、起業している人と起業していない人の仕事や生活に関する満足度についての調査結果です。それぞれのグラフを見ると、すべてのグラフで、起業している人のほうが、満足している割合が高いです。ただ、起業するにしても、しっかり準備をしないと成功しないと思っています。

先　　生：そのとおりですね。そのために、起業に関心をもっている人向けの勉強会をさまざまな所で開さいしているようです。ある市では、専門家を招いて話を聞いたり、ビジネスゲームで起業体験ができる取り組みをしたり、SNSを使った宣伝方法を教えたりするなど、勉強会の内容の工夫をしているそうです。

太郎さん：それは興味深いですね。では、最後に資料3を見てください。これは、「起業に関心をもっている人たちが起業する際にあったらよいと思う支援策」を表したグラフです。資料3のような支援が充実すれば、日本で起業したいと考える人や実際に起業する人が増えるのではないでしょうか。

先　　生：なるほど。実は、日本にも中学生や高校生で起業し、成功している人がいるのですよ。すごい行動力ですね。さいたま市でも、子ども向けに起業家教育を行っています。

太郎さん：わたしも、もっと起業について勉強したいです。わたしと同じように多くの人に関心をもってもらいたいので、起業についての勉強会を開くことの発表をしてみます。

先　　生：それはよいですね。それでは、資料1から資料3を使って、どのような発表をする予定ですか。

太郎さん：まず、資料1から、総合起業活動指数が最も高い国とその国の数値を示します。そして、その国の数値は日本の数値の約何倍か、小数第2位を四捨五入し、小数第1位までの数で述べます。次に、資料2の3つのグラフから、「かなり満足」と「やや満足」を合わせた割合で、起業している人と起業していない人との割合の差を比べたとき、最も差が大きいグラフはどれか述べます。最後に、起業について学ぶために、どのような勉強会が必要か、資料3の上位3項目の中から1つ選んで示します。そして、その選んだ項目の勉強会で、どのような内容の工夫をしたらよいか具体的に述べ、より充実した勉強会にするための提案を発表します。

先　　生：すばらしい発表になることを楽しみにしています。

※　G7……フランス、アメリカ、イギリス、ドイツ、日本、イタリア、カナダの7か国及びヨーロッパ連合（EU）が参加する枠組み。

資料1　総合起業活動指数

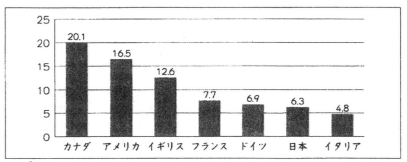

（経済産業省「起業家精神に関する調査報告書（令和３年度）」をもとに作成）

資料2　満足度について

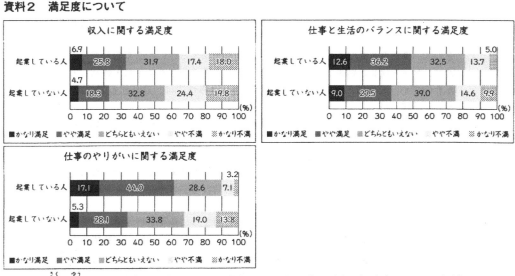

（日本政策金融公庫総合研究所「２０２１年度起業と起業意識に関する調査」をもとに作成）

資料3　起業に関心をもっている人たちが起業する際にあったらよいと思う支援策（複数回答）

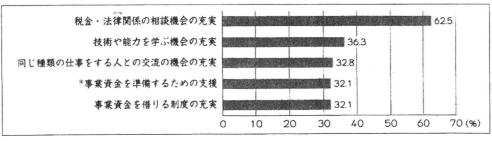

（日本政策金融公庫総合研究所「２０２１年度起業と起業意識に関する調査」をもとに作成）

※　事業……会社が利益を得ることを目的として行う仕事。

問　あなたが太郎さんなら、どのように発表しますか。次の条件に従って発表原稿を作りなさい。

　条件1：解答は横書きで1マス目から書くこと。

　条件2：文章の分量は、３００字以内とすること。

　条件3：数字や小数点、記号についても１字と数えること。　　（例）｜４｜２｜.｜５｜%｜

2

花子さんは、総合的な学習の時間で「公民館」をテーマに発表することになり、その準備をしています。

以下の会話文を読んで、問いに答えなさい。

太郎さん：花子さん、発表の準備は進んでいますか。

花子さん：はい。わたしは、さいたま市の公民館が地域の中心となって、さまざまな取り組みをしていることを知りました。そこで、さいたま市の公民館の今後の役割について調べ、発表しようと思います。まず、**資料1**を見てください。これは、２０２１年につくられた「さいたま市公民館ビジョン」の一部です。これを見ると、公民館にはどのような役割があるか見えてきます。

太郎さん：そうですね。

花子さん：次に、**資料2**を見てください。これは、さいたま市の公民館の延べ利用者数をまとめたもので、延べ利用者数の推移がわかります。

太郎さん：3年おきの資料ですが、２００９年度から延べ利用者数が減少していることがわかりますね。

花子さん：そして、**資料3**を見てください。これは、よく利用するさいたま市の公共施設についてのアンケート調査の結果をもとに、公民館の利用者の割合を各年代・性別ごとにまとめたものです。例えば、２０１２年における３０代男性では、３０代の男性の４.５％の人が公民館を利用しているということです。

太郎さん：これを見てみると、２０１８年の利用者の割合が２０１２年の利用者の割合より減少している年代がありそうですね。

花子さん：なるほど。わたしの地域の公民館では、「公民館まつり」を開さいすることになったそうです。公民館が「公民館まつり」で行うイベントを募集しているそうなので、わたしは、**資料1**の「さいたま市公民館ビジョン」の内容をふまえたイベントを提案したいと考えています。

太郎さん：それはすばらしいですね。では、花子さんはどのように発表を行う予定なのですか。

花子さん：最初に、**資料1**の「さいたま市公民館ビジョン」を見て、公民館が目指す方向性を述べます。次に、資料2から、２０１８年度の公民館の延べ利用者数は、２００９年度に比べて約何％減少したのか、小数第2位を四捨五入し、小数第1位まで求めて述べます。そして、**資料3**から、公民館の各年代・性別ごとの利用者の割合の変化について、２０１８年の利用者の割合が２０１２年の利用者の割合より男女で共通して減った年代をすべて示し、その年代の男女がそれぞれ何ポイント減少しているかも述べます。最後に、それに関連して先ほど示した年代から1つの年代を選び、「公民館まつり」の中で行うイベントとして、その年代の人がたくさん来るようなイベントについての具体的な提案を発表します。

太郎さん：発表を楽しみにしています。

資料1　さいたま市公民館ビジョンの一部

第3章　公民館が目指すもの
　1　公民館の宣言　「地域の未来をあなたと」
　2　公民館が目指す方向性　「にぎわいから学びをつかみ地域とのつながりをはぐくむ場」
第4章　ビジョンを実現するために
　「さいたま地域づくりプロジェクト」が目指す3つの行動目標
　1　人々の学びのきっかけをつくり、魅力あふれる様々な学びの場となります。（人づくり）
　2　だれもが気軽に立ち寄れる、地域住民のつながりの場となります。（つながりづくり）
　3　地域を共につくり、暮らしを助け、地域課題を解決する拠点となります。（地域づくり）

（さいたま市教育委員会「さいたま市公民館ビジョン（令和3年）」をもとに作成）

4

問1

問2
(1)
(2)

5

問1

問2
| 1950年 … | 2000年 … |
| 2050年 … | 2100年 … |

問3

問4
（15）

性　別	受　検　番　号

の欄には、何も記入しないこと。

令和5年度　適性検査B　解答用紙（2）

3

問1

(15)
(30)
(45)
50　　　55

問2　　　　→　　　　→　　　　→

問3　　　　　　　　　　　　　　　　(15)

問4　Y　　　　　　Z

問5

性　別	受　検　番　号

の欄には，何も記入しないこと。

2

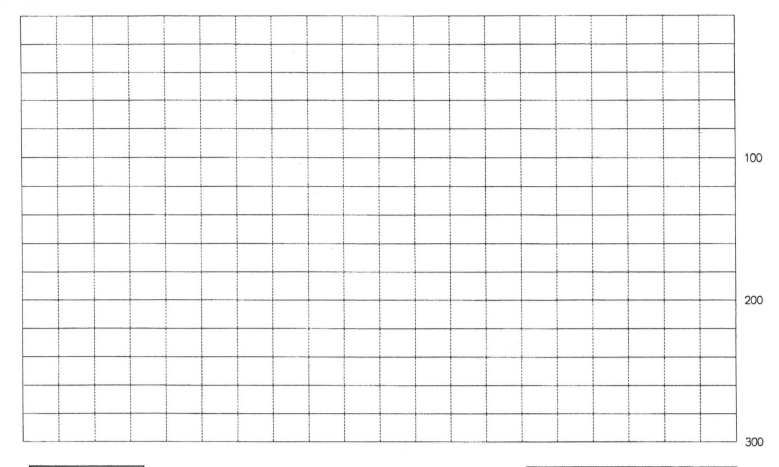

100

200

300

の欄には，何も記入しないこと。

性　別　　受　検　番　号

K 教英出版

令和５年度　適性検査Ｃ　解答用紙（３）

3

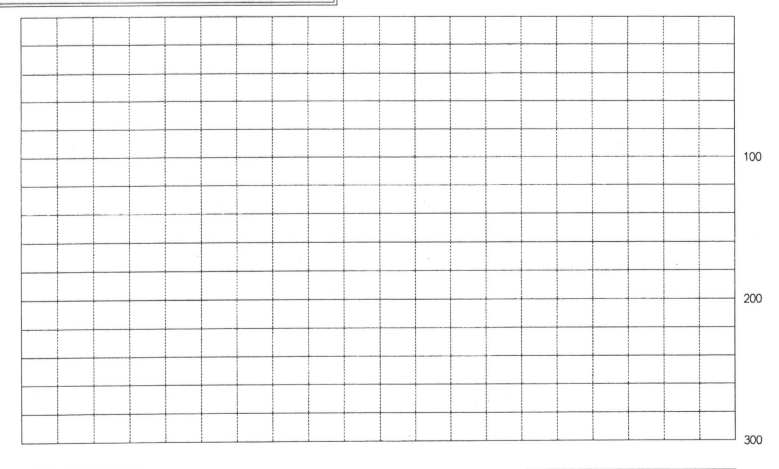

100

200

300

性　別	受　検　番　号

　　　の欄には、何も記入しないこと。

（評価基準非公表）

1

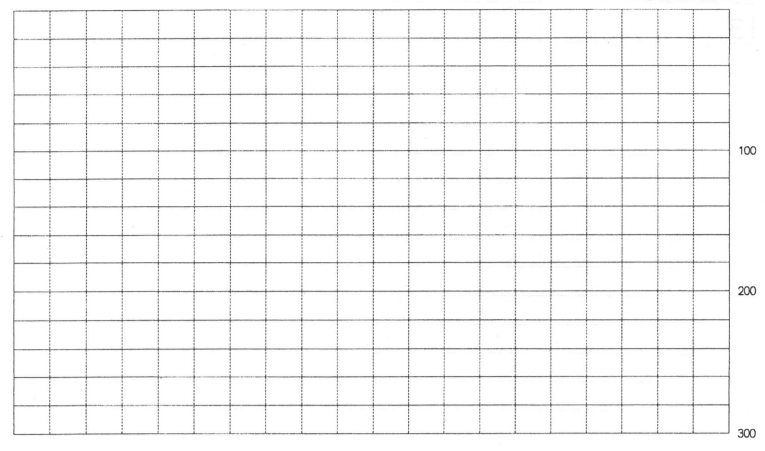

100

200

300

性　別	受　検　番　号

▭の欄には，何も記入しないこと。

【解答

1

問1

問2

問3

A　　　　　　　　　　　4

B

問4

2

問1　　　　　　個　　　　問2　　　　　　kg

問3

問4　　　　　　回

性　別	受　検　番　号

□ の欄には、何も記入しないこと。

2023(R5) 大宮国際中等教育学校

K教英出版

【解答用

1

問1		問2	

問3		問4	

問5	①	②	③	④

2

問1	A	B	C

問2	D	E	F

問3	（1）	１ｇあたり　　　　　　　円	（2）	１ｇあたり　　　　　　円

問4	４個入りのトマトを　　　　　　箱、９個入りのトマトを　　　　　箱

3

問1	A	ある　・　ない	B	ある　・　ない

問2	

問3	D	E

性　別	受　検　番　号

□　の欄には、何も記入しないこと。

2023(R5) 大宮国際中等教育学校

K 教英出版

【解答用

資料2　さいたま市の公民館の延べ利用者数の推移

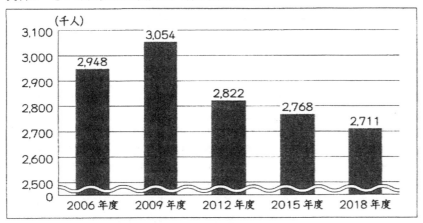

（さいたま市「さいたま市統計書（平成18年度、平成21年度、平成24年度、平成27年度、平成30年度）」をもとに作成）

資料3　各年代・性別におけるさいたま市の公民館の利用者の割合

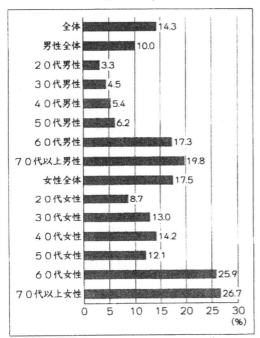

（さいたま市教育委員会「さいたま市生涯学習市民意識調査報告書（平成25年）」をもとに作成）

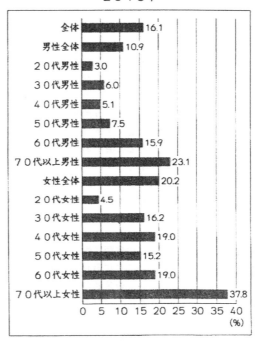

（さいたま市教育委員会「さいたま市生涯学習市民意識調査報告書（平成30年）」をもとに作成）

問　あなたが花子さんなら、どのように発表しますか。次の条件に従って発表原稿を作りなさい。

　条件1：解答は横書きで1マス目から書くこと。

　条件2：文章の分量は、300字以内とすること。

　条件3：数字や小数点、記号についても1字と数えること。

（例）| 4 | 2 | . | 5 | % |

3

> 　図書委員の花子さんは、読書週間の図書朝会で、みんなに読書に興味をもってもらうため、発表する準備をしています。

以下の会話文を読んで、問いに答えなさい。

花子さん：図書委員として、みんなが本を読みたくなるような発表を考えています。今回は、読書習慣と読解力について、お話ししようと思います。

先　　生：それはよいですね。２０１８年に行われたＯＥＣＤのＰＩＳＡ（生徒の学習到達度調査）がヒントになりますよ。ＯＥＣＤとは、経済協力開発機構という、ヨーロッパの国々、アメリカ、日本などを含む約４０か国が加盟している、世界的問題に協力して取り組む国際機関です。ＰＩＳＡは、加盟国の教育を比べるため、１５歳の生徒が、それまでに身につけてきた知識や技能を、実生活のさまざまな場面で直面する課題にどの程度活用できるかを測るテストです。ＰＩＳＡでは、読書活動と読解力の関係についても調査しています。

花子さん：そうですか。

先　　生：ＰＩＳＡでいう読解力とは、文章の中から情報を探し出したり、文章を理解したり、文章について評価したり、よく考えたりすることのようです。

花子さん：そうなのですね。日本の生徒の読解力は、どれくらいですか。

先　　生：日本の生徒の読解力の得点は、世界平均に比べて高いです。

花子さん：なぜ、日本の生徒の読解力の得点が高いのでしょうか。

先　　生：ここにヒントになりそうな資料があります。資料1は、読書活動と読解力の関係についての日本を含むＯＥＣＤ全体の傾向です。そこには、読解力の得点の高い生徒の特徴が書いてあります。ちなみに、ここでいう肯定的とは、読書に対して前向きにとらえているという意味です。それに対して、読書に対して前向きではない、つまり、後ろ向きにとらえているという意味の場合は、否定的といえます。資料2は、読書活動における日本の特徴が書いてあります。資料3は、読書への関わりに関する調査結果ですが、注意して読み取る必要がありそうです。読書に対して、2つの肯定的な質問と3つの否定的な質問があります。つまり、数値が高いからといって、必ずしも読書に前向きであるとは限らないようです。

花子さん：では、否定的な質問の場合には、数値が低いほど、読書に対して前向きということですね。

先　　生：そうです。

花子さん：ありがとうございます。資料3をよく見ると、日本とＯＥＣＤ平均の結果を比べたときに、すべての質問で同じ傾向を読み取ることができそうです。

先　　生：おもしろいことに気がつきましたね。資料4は、読む本の種類と*頻度の関係です。花子さん、自分の発表の内容を決められそうですか。

花子さん：はい。最初に、資料1をもとに、読解力の得点の高い生徒の特徴を述べます。次に、資料2から、「どうしても読まなければならない時しか、読まない」という質問に「まったくその通りだ」または「その通りだ」と回答した生徒の割合は、日本はＯＥＣＤ平均と比べて何ポイント低いのかを数値とともに述べます。さらに、その結果から、日本はＯＥＣＤ平均と比べ、読書に対して肯定的であるか、または否定的であるかを述べます。また、資料3の5つの項目において、日本がＯＥＣＤ平均の結果と比べ、読書に肯定的な結果が出ている質問の数を述べます。最後に、資料4のうち、日本の数値がＯＥＣＤ平均を下回っている読む本の種類を1つ示し、みんなにそれを積極的に読んでみようとよびかけるつもりです。

先　　生：すばらしい発表になりそうですね。

※　頻度……くり返される度合い、回数。

資料1　読書活動と読解力の関係

日本を含むOECD全体の傾向

○本の種類にかかわらず、本を読む頻度は、２００９年と比較して減少傾向にある。

・「月に数回」または「週に数回」読むと回答した生徒の割合

（例）「新聞」　日本２１．５％、OECD平均２５．４％

「雑誌」　日本３０．８％、OECD平均１８．５％

○読書を肯定的にとらえる生徒や本を読む頻度が高い生徒の方が、読解力の得点が高い。

資料2　読書活動における日本の特徴

○OECD平均と比較すると、日本は、読書を肯定的にとらえる生徒の割合が多い傾向にある。

「まったくその通りだ」または「その通りだ」と回答した生徒の割合

（例）「読書は、大好きな趣味の一つ」　日本４５．２％、OECD平均３３．７％

「どうしても読まなければならない時しか、読まない」

日本３９．３％、OECD平均４９．１％

資料3　「読書への関わり」に関する調査結果　　資料4　「読む本の種類・頻度」に関する調査結果

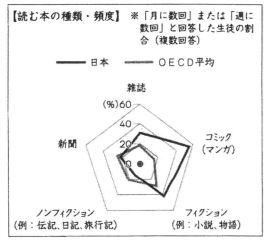

【読書への関わり】　※「まったくその通りだ」または「その通りだ」と回答した生徒の割合（複数回答）

━━ 日本　　━━ OECD平均

どうしても読まなければならない時しか、読まない

読書をするのは、必要な情報を得るためだけだ

読書は、大好きな趣味の一つだ

読書の時間はムダだ

本の内容について人と話すのが好きだ

【読む本の種類・頻度】　※「月に数回」または「週に数回」と回答した生徒の割合（複数回答）

━━ 日本　　━━ OECD平均

雑誌

新聞

コミック（マンガ）

ノンフィクション（例：伝記、日記、旅行記）

フィクション（例：小説、物語）

（資料１～４　国立教育政策研究所「OECD生徒の学習到達度調査（PISA 2018）」をもとに作成）

問　あなたが花子さんなら、どのように発表しますか。次の条件に従って発表原稿を作りなさい。

条件１：解答は横書きで１マス目から書くこと。

条件２：文章の分量は、３００字以内とすること。

条件３：数字や小数点、記号についても１字と数えること。

（例）| ４ | ２ | ． | ５ | ％ |

これで、問題は終わりです。

教英出版

太郎さんとお父さんは、宅配センターの人に倉庫を見せてもらえることになりました。

【太郎さんとお父さんの会話②】

太郎さん：荷物を発送するために、荷物を保管場所から倉庫へ移動させるそうです。倉庫には、いくつか荷物がありますが、すべてあわせると、どのくらいの重さになるでしょうか。

お父さん：そうだね。まずは荷物の大きさを調べてみようか。

太郎さん：宅配センターの人によると荷物のサイズは、6種類になっているそうです。最も小さい荷物のサイズ《1》の体積を1として、荷物のサイズと体積の比と個数を表にまとめました。

お父さん：ありがとう。さて、このままだと1つ1つの荷物の重さがわからないから、計算できないね。どうやって計算しようか。

太郎さん：わたしたちが持ってきた荷物は、サイズ《4》で、重さが4kgでしたよね。

お父さん：そうだね。では、荷物の体積と重さが比例しているとして、倉庫に置かれているすべての荷物の重さの合計を計算してみよう。

太郎さん：わかりました。その方法で計算してみます。

表

荷物のサイズ	荷物の体積の比	倉庫に置かれている荷物の個数（個）
《1》	1	2
《2》	2	2
《3》	4	2
《4》	8	1
《5》	16	1
《6》	32	1

問2　【太郎さんとお父さんの会話②】、表をもとに、倉庫に置かれているすべての荷物の重さの合計を求めなさい。

太郎さんとお父さんは、宅配センターから自宅へ帰ってきました。太郎さんは、宅配センターの人の荷物の置き方について、お父さんと話をしています。

【太郎さんとお父さんの会話③】

太郎さん：先ほど、宅配センターの人の荷物の置き方を見ましたが、新しい荷物がきたら、それをゆかに置くか、それより大きな荷物の上に重ねて置いているようでした。時々、それらを整理しているようでしたよ。

お父さん：その整理とは、どのようなものだったのかな。

太郎さん：重ねて置かれている小さな荷物をすべて持ち上げて、大きな荷物の上に重ねて置くことで、まとめているようでした。また、すでに置かれている荷物を、となりの空いているスペースにわざわざ移動させたりはしていないようでした。

お父さん：少ない労力で整理しているようですね。

太郎さん：それをもとに考えてみたいことがあります。このような整理の仕方で、荷物を整理していくと、どの程度まで片づけることができるでしょうか。

お父さん：おもしろいことを考えたね。では、このような整理の仕方を**【整理の手順】**としてまとめてみたから、これをもとに考えていこうか。

太郎さん：はい。荷物は6種類のサイズが1個ずつあるとして、サイコロを使って考えていきたいと思います。正面から見たときのサイコロの目の数を、荷物のサイズとして考えます。**【整理の手順の例】**を、いくつか考えてみました。整理の仕方によっては、**終りょうの状態**は複数ありえますね。

お父さん：そうだね。

【整理の手順】

　倉庫には、荷物を置くことができる4か所に区切られたスペースがあり、荷物がとなりどうしのスペースに置かれ、1列に並んでいます。また、荷物は6種類のサイズが1個ずつあります。最初、荷物は、ゆかまたは他の荷物の上に置かれています。これらを整理する手順は以下のとおりです。

1　1個または重ねて置かれている複数個の荷物を、以下の2、3によって、となりのスペースに移動させることができ、そのスペースに移動した動きを1回として数える。ただし、何も置かれていないスペースに、荷物を移動させることはできない。

2　移動させたい荷物が1個の場合、そのサイズが、となりのスペースにある、重ねて置かれている荷物の一番上の荷物または1個置かれている荷物のサイズより小さければ、そのスペースにある荷物の一番上にのせることができる。

3　移動させたい荷物が複数個の場合、それらのうち一番下の荷物のサイズが、となりのスペースにある、重ねて置かれている荷物の一番上の荷物または1個置かれている荷物のサイズより小さければ、荷物を複数個まとめて、そのスペースにある荷物の一番上にのせることができる。

4　1〜3により荷物を移動させることができない状態を、**終りょうの状態**といい、整理を終える。

【整理の手順の例】

 1 のサイコロとは、正面から見えている目の数が1のサイコロを表し、荷物のサイズが表の《1》という意味です。また、1 以外の 2 から 6 までのサイコロについても同じように《2》から《6》とします。0 は、サイコロがないことを表します。

<例1>

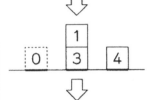

1 は 3 より小さいので、1 のサイコロを持ち上げて、3 のサイコロの上に重ねて置く。

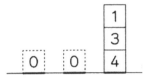

3 は 4 より小さいので、3 のサイコロとその上の 1 のサイコロを両方持ち上げて、4 のサイコロの上に重ねて置く。

終りょうの状態

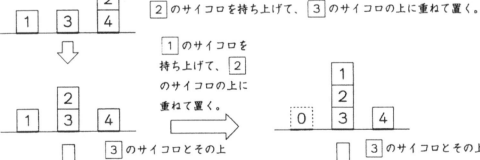

荷物のとなりは何も置かれていないスペースなので、これ以上サイコロを移動することができないため、終りょうの状態となる。

<例2>

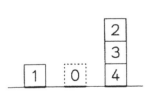

2 のサイコロを持ち上げて、3 のサイコロの上に重ねて置く。

1 のサイコロを持ち上げて、2 のサイコロの上に重ねて置く。

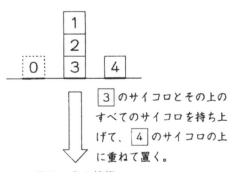

3 のサイコロとその上の 2 のサイコロを両方持ち上げて、4 のサイコロの上に重ねて置く。

3 のサイコロとその上のすべてのサイコロを持ち上げて、4 のサイコロの上に重ねて置く。

終りょうの状態

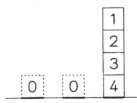

荷物のとなりは、何も置かれていないスペースなので、これ以上サイコロを移動することができないため、終りょうの状態となる。

終りょうの状態

荷物のとなりは、何も置かれていないスペースなので、これ以上サイコロを移動することができないため、終りょうの状態となる。

問3 【整理の手順】に従って、図2の状態から整理を開始したとき、**終りょうの状態**を表した図を**2種類**かきなさい。なお、荷物がない場所には、[0]をかくこととします。

図2

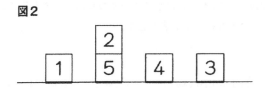

【太郎さんとお父さんの会話④】

お父さん：＜例3＞をみてごらん。移動の仕方によっては、**終りょうの状態**において、サイコロの置かれた場所が1か所だけになることがわかるね。このような状態を、**完全に片づけられた状態**ということにしよう。

太郎さん：そうしましょう。少ない回数で、うまく移動して完全に片づけることが、効率的な整理だといえるわけですね。

＜例3＞

完全に片づけられた状態

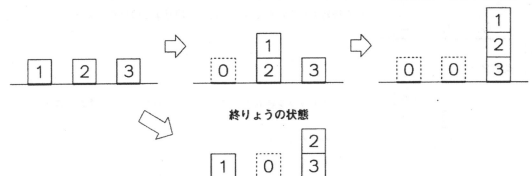

終りょうの状態

荷物のとなりは、何も置かれていないスペースなので、これ以上サイコロを移動することができないため、**終りょうの状態**であるが、2か所にサイコロが置かれているので、**完全に片づけられた状態**とはいえない。

問4 【整理の手順】に従って、図3の状態から整理を開始したとき、**完全に片づけられた状態**にするためには、最小で何回移動が必要か答えなさい。ただし、＜例4＞のような移動は、2回サイコロを移動したとみなします。

図3   ＜例4＞

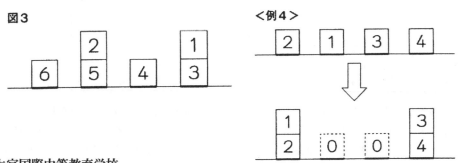

花子さんは、言葉について調べていて、図書館でおもしろそうな本を見つけたので読んでみることにしました。

次の文章は、古田徹也著「いつもの言葉を哲学する」（朝日新聞出版）の一部です。これを読んで、問1～問5に答えなさい。

①
　私たちが生活する世界は比喩的な表現に満ちている。「お手洗い」は普通、手を洗うことが主目的の場所ではない。（さらに言えば、公衆トイレの「洗面台」で実際に顔を洗っている人もまず見かけない。）また、「はらわたが煮えくりかえっている」ときも本当にはらわたが煮えているわけではないし、「断腸の思いでいる」ときも、本当に腸が断ち切れているわけではない。

　そして、比喩的な表現は多くの場合、個別の習慣や生活形式（生活のかたち）、文化といったものと深く結びついている。たとえば、「成金」、「高飛車」、「駄目」、「一目置く」といった表現は、将棋や囲碁というゲームが生活に根差した文化以外では生まれえないものだ。また、「ガチャ」が比喩として成り立つのも、街中にガチャガチャ（ガチャポン）が設置されているという状況や、多くの人がスマホのゲームで「ガチャ」を回しているという状況があってのことだし、「お手洗い」も、トイレの後に手を洗う習慣が存在しなければ、トイレやそこで用を足すことを指す言葉にはならなかっただろう。

×

　この※1憶測が―――本当に※2妥当なものかどうかはともかくとして―――盛んに※3喧伝されたことは、私自身にとっては、自分が＜住居内は土足禁止＞という文化のうちで生活しているという、普段は気にも留めない事実を意識する機会になった。考えてみれば当たり前のことだが、たとえば「土足で踏み込む」とか「土足で入ってくる」といった表現は、家などの※4プライベートスペースに土足のまま入ることに対して強い拒否反応を示す文化内でのみ、独特の意味をもちうる。すなわち、他人のプライバシーや繊細な事情などを※5考慮せず、そこに無遠慮に立ち入って口を出したり※6詮索したりする、という意味である。

　日本語であれ何であれ、※7自然言語の言葉を話すというのは生活形式（生活のかたち）の一部である。「土足で踏み込む」という言葉ひとつとっても、そこには、※8日本語圏の人々が長年どのように生活し、どのような文化をかたちづくってきたか、ということが背景にある。自然言語の言葉を深く知ることは、多くの場合、※9当該の言語が根を張ってきた文化のことを深く知ることでもあるのだ。その点で、個々の自然言語は、それぞれの歴史に※10培われた（おそらく最も巨大で複雑な）文化遺産という側面をもっている。しかも、それらは今現在も使われ、絶えず変容を続けているという意味で、②生ける文化遺産だと言えるのである。

文化の形成には、人間共通の能力や特性といったもののほかに、個々の地域の地理的な条件や※11偶発的な出来事等々、実に多様な要素が※12与っている。たとえば、日本語におけるものの個数の呼び方と日数の数え方とを比べてみると、それぞれ、

「ひとつ」、「ふたつ」、「みっつ」、「よっつ」、「いつつ」、「むっつ」、「ななつ」、「やっつ」、「このつ」、「とう」

「ついたち」、「ふつか」、「みっか」、「よっか」、「いつか」、「むいか」、「なのか」、「ようか」、「このか」、「とうか」

という風に、共通している箇所とそうでない箇所が見出せる。なぜ「一日」は「ひとか」ではなく「ついたち」なのか、なぜ「六日」は「　Ｙ　」ではなく「　Ｚ　」なのか等々のことには、それぞれ、人間が発音しやすい音の特徴や、日本語の※13音便（※14連音変化）の※15経緯、語源にさかのぼる言葉の長い歴史といった、多様で複雑な背景が存在する。たとえば、「ついたち」は元々は月のはじめ頃を指す「月立ち」であり、それが連音変化したかたちだという（角川古語大辞典）。

　ものの数え方のこうした不規則性は、日本語の言葉を子どもに（あるいは外国人などに）教える際に皆が手こずることのひとつだが、それは数え方の単位も同様だ。なぜ、リスやハムスターは「一匹、二匹」と数えるのに、ウサギは「一羽、二羽」と数えることがあるのか。イカはなぜ「一杯」なのか。豆腐はなぜ「一丁」なのか。なぜ、「パンツ一枚！」ではなく「パンツ一丁！」なのか、等々。――こうした疑問にはすべて一定の説明（あるいは、諸説）を与えることができるが、そのためには日本語圏の文化の歴史に、場合によっては相当深く分け入っていかなければならない。

　言葉は、文化のなかに根を張り、生活のなかで用いられることで、はじめて意味をもつ。言葉について考えることは、それが息づく生活について考えることでもある。

（一部に省略、表記、ふりがなをつけるなどの変更があります。）

※１　憶測……はっきりわからないことを、たぶんこんなことだろうと考えること。

※２　妥当……考え方ややり方が、その状況に合っていること。

※３　喧伝……世の中に言いふらすこと。

※４　プライベートスペース……家族や個人だけのための、私的な空間のこと。

※５　考慮……よく考えること。

※６　詮索……細かいところまでくわしく知ろうとすること。

※７　自然言語……自然に発生し、社会で使われている言語のこと。日本語、英語、中国語、など。

※８　日本語圏……日本語が話されている地域。

※９　当該……話題の内容に関係する、そのもの。

※10　培う……長い時間をかけて育てる。

※11　偶発……思いがけず起こること。

※12　与る……関わる。

※13　音便……ある言葉の音が、発音しやすいように変わること。

※14　連音変化……２つ以上の文字や言葉がつながったときに、発音が変わること。

※15　経緯……ものごとがそのようになった成り行き。

問1　本文中の①の部分を、文章中の言葉を使って、５０字以上５５字以内で要約しなさい。（句読点や記号は１字と数えます。）

問2　本文中の空らん　　　Ｘ　　　には、次のア～エの４つの文が入ります。適切な順になるように、ア～エを並べかえなさい。

　ア　そのような文化の方が、外で履いていた靴でそのまま家中を歩き回ったりベッドに寝転がったりする文化よりも、部屋のなかが清潔に保たれ、ウイルスの飛散や付着の危険性も低下するのではないか、というわけだ。
　イ　世界が※16パンデミックの※17様相を呈し始めた頃、欧米と比べて日本の感染者数が比較的低く抑えられている要因がさまざまに推測されていた。
　ウ　そのひとつとしてよく挙がっていたのは、〈日本をはじめとする特定の国や地域では、家に入るときに靴を脱ぐ文化がある〉というものだ。
　エ　昨今の新型コロナ禍において、この点を私があらためて実感したのは、「土足」に関してである。

※16　パンデミック……感染爆発
※17　様相を呈し……ようすを示し

問3　花子さんは、下線部②「生ける文化遺産」とはどのようなことなのか、本文を読んで【花子さんのまとめ】のようにまとめました。空らん　　　Ａ　　　にあてはまる言葉を、本文中の言葉を使って、１５字以内で書きなさい。なお、「生ける」は、「生きている」という意味です。（句読点や記号は１字と数えます。）

【花子さんのまとめ】
自然言語を生ける文化遺産にしている特徴
・人々が長年かたちづくってきた文化や生活が背景にあり、歴史に培われたという特徴
・　　Ａ　　という特徴

問4　本文中の空らん　Ｙ　、　Ｚ　にあてはまる適切な言葉を本文の内容をふまえ、それぞれひらがな３字で書きなさい。

問5 本文の内容と筆者の表現の特徴について説明したものとして最も適切なものを、次のア〜エの中から1つ選び、記号で答えなさい。

ア 日本語には、日常の中で育まれた興味深い比喩表現が数多くあることを、具体的な例をいくつか挙げながら説明している。そして、こうした比喩表現を効果的に使うためには、漢字の成り立ちについてもっとよく知り、生活の中で言葉について考えていこうと述べている。

イ 日本語の比喩表現の起源に気づくことは難しいが、それ以上に数に関する表現がわかりにくいということを、数字に関するさまざまな表現を示しながら説明している。また、日本語のものの数え方の不規則性は、他の言語に比べてわかりにくいと述べている。

ウ 日常でなにげなく使われている表現を具体例として挙げながら、日本語がどのようなものの影響で今の形になっているのかを、説明している。そのうえで、言葉について考える場合には、その言葉を育んできたものとの関係を無視することはできないと述べている。

エ 比喩表現も、自然言語も、そこで暮らす人々と深い関わりがあるという点で共通していると説明している。そのため、日本語を子どもや外国人に教えるときには、まず自分たちにとって当たり前の生活習慣や文化について教えていくことが効果的だと述べている。

これで、問題は終わりです。

令和４年度

適 性 検 査 Ａ

注　　意

1　問題は □1 から □5 までで、１８ページにわたって印刷してあります。

2　検査時間は５０分間です。

3　声を出して読んではいけません。

4　解答はすべて解答用紙にはっきりと記入し、**解答用紙だけ提出**しなさい。

5　解答を直すときは、きれいに消してから、新しい解答を書きなさい。

6　**性別・受検番号**は解答用紙の決められた欄(らん)２か所に必ず記入しなさい。

さいたま市立大宮国際中等教育学校

1 放送による問題
　　※問題は、問1〜問5までの5問あります。
　　※英語はすべて2回ずつ読まれます。問題用紙にメモを取ってもかまいません。答えはすべて解答
　　　用紙に記入しなさい。

問1　Kate（ケイト）さんと Shun（しゅん）さんが話をしています。2人の話を聞いて、内容に合う
　　　絵を次のア〜エの中から1つ選び、記号で答えなさい。

問2　Mike（マイク）さんと Aya（あや）さんが話をしています。2人の話を聞いて、内容に**合わない**
　　　絵を次のア〜エの中から1つ選び、記号で答えなさい。

♥…好き　　❌…好きではない

問3　Jake（ジェイク）さんがお母さんに買い物をたのまれました。2人の話を聞いて、Jake（ジェイク）さんが買うものとして正しい絵を次のア～エの中から1つ選び、記号で答えなさい。

問4　Meg（メグ）さんとKenta（けんた）さんが話をしています。2人の話を聞き、【2人のこれからの予定】の順番になるように、①～③にあてはまる絵を、下のア～ウの中からそれぞれ1つずつ選び、記号で答えなさい。

【2人のこれからの予定】

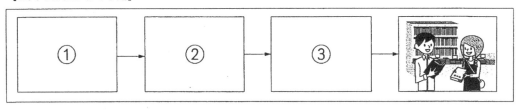

問5　Mai（まい）さんが妹の Saki（さき）さんについて英語で紹介しています。話を聞いて、Saki（さき）さんの「一番好きな動物」「好きな食べ物」「上手なスポーツ」「しょうらいの夢」の組み合わせとして正しいものを次の表のア〜カの中から１つ選び、記号で答えなさい。

	一番好きな動物	好きな食べ物	上手なスポーツ	しょうらいの夢
ア				
イ				
ウ				
エ				
オ				
カ				

【適性

太郎さんは、アメリカ合衆国から日本へ引っ越してきたマイケルさんと話をしています。

次の問1~問3に答えなさい。

【太郎さんとマイケルさんの会話①】

太 郎 さ ん：日本はどうですか。

マイケルさん：とても人が多いので、おどろきました。日本はアメリカ合衆国よりも、人がたくさ
　　　　　　んいるように感じます。

太 郎 さ ん：人口を比べると、アメリカ合衆国のほうが多く、日本の約2.6倍です。国土面積
　　　　　　はそれ以上に大きな差があり、アメリカ合衆国は日本の約26倍です。

問1　【太郎さんとマイケルさんの会話①】から、日本の人口密度は、アメリカ合衆国の人口密度の約
　　何倍か答えなさい。

【太郎さんとマイケルさんの会話②】

太 郎 さ ん：マイケルさんがアメリカ合衆国にいたとき、どのようなもので遊んでいましたか。

マイケルさん：わたしは、「クリプト」と呼ばれるカードゲームで、よく遊んでいました。

太 郎 さ ん：初めて聞きました。「クリプト」とは、どのようなカードゲームですか。

マイケルさん：カードに書かれた数字を使い、たし算、ひき算、かけ算、わり算のいずれかの計算
　　　　　　を行って、決められた数字をつくるゲームです。1人で遊べるように工夫したルー
　　　　　　ルを紹介します。

【ルール】

〈用意するもの〉

□クリプト用のカード全52枚

　➡52枚の内訳

　　・　1から10までのカード……3枚ずつ

　　・11から17までのカード……2枚ずつ

　　・18から25までのカード……1枚ずつ

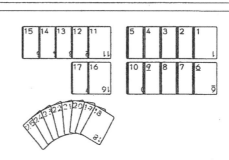

〈手順〉

1　すべてのカードをよくまぜ、上からカードを4枚とり、数字が見えるように並べて置きます。
　　この4枚のカードを「プレイヤーカード」といいます。

2　残った48枚のカードは数字が見えないようにまとめて置き、一番上のカードをとります。こ
　　のカードを「ターゲットカード」といいます。そのターゲットカードを4枚のプレイヤーカード
　　の横に数字が見えるように置きます。

3　プレイヤーカードに書かれた4つの数字のうち、2つの数字を使って、計算式をつくります。

4　3の計算式の答えとなる数と、残った2枚のプレイヤーカードに書かれた数のうちのどちらか
　　を使って、計算式をつくります。

— 4 —

5　4の計算式の答えとなる数と、残った1枚のプレイヤーカードに書かれた数を使って、計算式をつくります。この計算式の答えとターゲットカードに書かれた数が等しくなるようにします。

〈証明〉
・〈手順〉の3〜5の順に、3つの計算式を書き表します。

〈注意点〉
・〈手順〉の3〜5の計算式には、たし算（＋）、ひき算（－）、かけ算（×）、わり算（÷）のどれを使ってもかまいません。
・プレイヤーカードに書かれた4つの数字は必ず1回ずつ使います。
・プレイヤーカードに書かれた4つの数字はどの順番で使ってもかまいません。
・〈手順〉の4、5では、プレイヤーカードに書かれた数字と、直前の〈手順〉の計算式の答えを使い、計算式をつくります。
・プレイヤーカードとターゲットカードの組み合わせによっては、正しい〈証明〉ができない場合もあります。正しい〈証明〉ができないと判断したときは、4枚のプレイヤーカードをターゲットカード以外のカードにまぜ、上から4枚をとって新しいプレイヤーカードに交換することができます。

【正しい〈証明〉の例】
・プレイヤーカード： ②、⑥、②、①
・ターゲットカード：⑦

〈証明〉　　　　　　　〈解説〉

② × ① = 2　　　プレイヤーカードの②と①を使用

2 ÷ ② = 1　　　直前の計算式の答えの2とプレイヤーカードの②を使用

⑥ + 1 = ⑦　　　プレイヤーカードの⑥と直前の計算式の答えの1を使用し、その答えがターゲットカードの⑦と等しくなったため、正しい〈証明〉ができた

【正しくない〈証明〉の例】
・プレイヤーカード：②、⑥、②、①
・ターゲットカード：⑦

〈証明〉　　　　　　　〈解説〉

⑥ + ① = 7　　　プレイヤーカードの⑥と①を使用

② ÷ ② = 1　　　プレイヤーカードの②と②を使用
　　　　　　　　　※直前の計算式の答えを使用していない

7 × 1 = 7　　　手順どおりでないため、正しくない〈証明〉である
　　　　　　　　　※2つ前の計算式の答えを使用している

　　　　　　　　　　　　　　　　　　　　　　　　　【適性

【太郎さんとマイケルさんの会話③】

太 郎 さ ん：実際にやってみると、かなり難しいですね。

マイケルさん：このゲームにはいくつかの戦略があります。そのうち、【0（ゼロ）戦略】と、【わ
り算戦略】を紹介します。まずは、【0（ゼロ）戦略】の例を示します。

【0（ゼロ）戦略】
・プレイヤーカード：③、⑩、③、⑰
・ターゲットカード：⑰
〈証明〉

③ － ③ ＝ 0

⑩ × 0 ＝ 0

0 ＋ ⑰ ＝ ⑰

太 郎 さ ん：【0（ゼロ）戦略】は、0に何をかけても答えが0になることを利用しているので
すね。

マイケルさん：そうです。次は、【わり算戦略】の例を示します。

【わり算戦略】
・プレイヤーカード：②、④、⑥、⑯
・ターゲットカード：⑬
〈証明〉

④ ＋ ⑥ ＝ 10

10 ＋ ⑯ ＝ 26

26 ÷ ② ＝ ⑬

太 郎 さ ん：プレイヤーカードの数はすべて偶数で、ターゲットカードに書かれた13は奇数で
す。そこで、偶数どうしの計算の答えを奇数にするために、どこかでわり算を使う
必要があることを利用しているのですね。

マイケルさん：そうです。【0（ゼロ）戦略】や【わり算戦略】のほかに、自分でいろいろな戦略
を考えてみるのもおもしろいですよ。

問2　次の（1）、（2）に答えなさい。

（1）　プレイヤーカードが⑦、⑦、⑧、⑫、ターゲットカードが⑫の場合の正しい〈証明〉
を1つ書きなさい。

（2）　プレイヤーカードが⑥、⑫、⑫、⑱、ターゲットカードが⑦の場合の正しい〈証明〉
を1つ書きなさい。

問3　プレイヤーカードが②、②、②、⑩のとき、正しい〈証明〉ができるターゲットカードの
数のうち、最も大きい数を答えなさい。また、そのときの〈証明〉を書きなさい。

　太郎さんは、学校が休みの日に、洗たくの手伝いをすることにしています。

次の問1〜問4に答えなさい。

【太郎さんとお父さんの会話①】

太郎さん：今日は洗たくをしなかったのですね。

お父さん：今日はくもっていて空気がじめじめしているから、洗たくものがかわきにくいんだよ。明日は晴れて空気がかんそうするらしいから、洗たくは明日にするよ。

太郎さん：空気がじめじめするというのは、空気中に水蒸気が多くふくまれていてしめっぽいということですよね。空気のしめりけはどのように決められているのですか。

お父さん：空気のしめりけは、「しつ度」という数値で表すことができるよ。くわしいことは、調べてみるといいね。

太郎さん：はい、調べてみます。

　太郎さんは、しつ度について本やインターネットで調べ、ノートにまとめました。

【太郎さんがまとめたノート】

・一定の体積の空気中にふくむことができる水蒸気の量には限度があり、限度をこえた分の水蒸気は、水てきとなってあらわれる。

・ある空間の1m³の空気中にふくむことができる水蒸気の限度の量を調べたところ、表1のように、気温によって変化することがわかった。

表1　1m³の空気中にふくむことができる水蒸気の限度の量

気温（℃）	0	1	2	3	4	5	6
1m³の空気中にふくむことができる水蒸気の限度の量（g）	4.8	5.2	5.6	5.9	6.4	6.8	7.3

気温（℃）	7	8	9	10	11	12	13
1m³の空気中にふくむことができる水蒸気の限度の量（g）	7.8	8.3	8.8	9.4	10.0	10.7	11.4

気温（℃）	14	15	16	17	18	19	20
1m³の空気中にふくむことができる水蒸気の限度の量（g）	12.1	12.8	13.6	14.5	15.4	16.3	17.3

　1m³の空気中にふくまれている水蒸気の量が、その気温での1m³の空気中にふくむことができる水蒸気の限度の量に対して、どのくらいの割合かを百分率で表した値を「しつ度」といい、次の式で求められる。

$$しつ度（\%）= \frac{1m³の空気中にふくまれている水蒸気の量（g）}{その気温での1m³の空気中にふくむことができる水蒸気の限度の量（g）} \times 100$$

【適性

問1　表1から、気温と1m³の空気中にふくむことができる水蒸気の限度の量の関係について、
　　正しいものを、次のア〜エの中から1つ選び、記号で答えなさい。

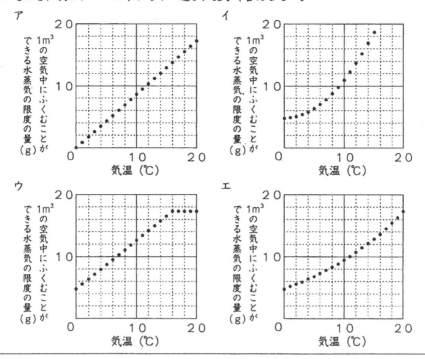

【太郎さんとお父さんの会話①】の日に太郎さんは、お父さんとお母さんに協力してもらい、寝
室、和室、太郎さんの部屋の気温としつ度を3人で同時にはかったところ、表2のようになりました。

表2　室内の気温としつ度

部屋	寝室	和室	太郎さんの部屋
部屋の容積（m³）	36.0	36.0	28.0
室内の気温（℃）	16	18	18
室内のしつ度（%）	60.0	60.0	60.0

※室内の気温は、その部屋のどの場所でも変わらないものとし、空気中の水蒸気は、
　それぞれの部屋全体に均一に広がっているものとする。

問2　表2の太郎さんの部屋全体にふくまれている水蒸気の量は何gか、小数第1位を四捨五入して、
　　整数で答えなさい。

問3　表2の3つの部屋のうち、部屋全体にふくまれている水蒸気の量が最も多いのはどの部屋ですか。
　　次のア〜ウの中から1つ選び、記号で答えなさい。

　　ア　寝室　　　　　イ　和室　　　　　ウ　太郎さんの部屋

次の日はよく晴れたので、衣類の洗たくを行いました。

【太郎さんとお父さんの会話②】

お父さん：洗い終わった衣類を、ベランダに持っていってくれるかな。

太郎さん：はい。衣類に水がふくまれているから重いですね。これらの衣類から水が蒸発すると、
　　　　　重さはどのくらい変化するのでしょうか。

お父さん：重さをはかって調べてみたらどうかな。重さは、ばねを使ってはかることができるよ。

太郎さん：そうなのですね。物の重さとばねののびには何か関係があるのでしょうか。

お父さん：ばねののびは、つり下げた物の重さに比例するんだよ。

太郎さん：比例の関係を利用すれば、ばねの長さをはかるだけで衣類にふくまれていた水の重さが
　　　　　わかりそうですね。さっそく実験してみます。

お父さん：最初に、重さが分かっている物をつり下げて、ばねがどのくらいのびるかを調べておく
　　　　　といいね。1mL の水の重さが1g であることを利用するといいよ。それから、ばねが
　　　　　たえきれる重さより重い物をつり下げるとばねがのびきってしまって、つり下げた物を
　　　　　取り外してもばねが元の長さに戻らなくなり、物の重さをはかることができなくなるか
　　　　　ら、気をつけてね。

【実験】

〈用意したもの〉

□ばね　　　　　□ものさし　　　□糸　　　　　□500mL の空のペットボトル

□計量カップ　　□水　　　　　　□洗たくかご　□洗い終わった衣類

〈手順〉

1　図1のように、天井にばねの一方のはしを取り付けて、何もつり下げていないときのばねの
　長さをはかる。

2　空のペットボトルの口の部分に糸をしばりつけ、図2のように、空のペットボトルを天井に取
　り付けたばねにつり下げ、ばねの長さをはかる。

3　計量カップで500mL の水をはかりとり、空のペットボトルをばねから取り外して、計量カッ
　プに入っているすべての水をペットボトルに注ぎ入れる。この後、再び図2のように、水の入
　ったペットボトルを天井に取り付けたばねにつり下げ、ばねの長さをはかる。

4　洗たくかごの取っ手に糸をしばりつけ、図3のように、空の洗たくかごを天井に取り付けたば
　ねにつり下げ、ばねの長さをはかる。

5　洗い終わった衣類を、図3の洗たくかごの中に静かに入れ、ばねの長さをはかる。

6　洗たくかごの中に入れた衣類を干して、すべてかわいたら、再び図3の洗たくかごの中に静か
　に入れ、ばねの長さをはかる。

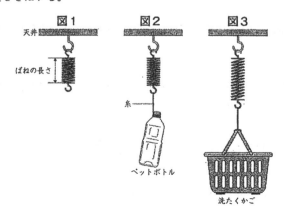

図1　　　　　図2　　　　　図3

天井

ばねの長さ

糸

ペットボトル

洗たくかご

問2の1回目を放送します。

Mike(M)：What's your favorite fruit, Aya?

Aya(W)：I like grapes.　I want to go to Yamanashi this summer because grapes are famous there.

Mike(M)：I see.

Aya(W)：Do you like grapes, Mike?

Mike(M)：No, I don't.　I like strawberries.

Aya(W)：I like them, too.

（3秒後）

問2の2回目を放送します。

（繰り返し）

（5秒後）

次に、問3を行います。

ジェイクさんがお母さんに買い物をたのまれました。2人の話を聞いて、ジェイクさんが買うものとして正しい絵を問題用紙にあるアからエの中から1つ選び、記号で答えなさい。

それでは始めます。

（3秒後）

問3の1回目を放送します。

Mother(W)：Jake, can you go to the supermarket?

Jake(M)：Yes.　What do you want, Mom?

Mother(W)：I want some milk, some eggs, and some potatoes.

Jake(M)：OK.　How many eggs do you want?

Mother(W)：Six, please.

Jake(M)：OK.　And how many potatoes do you want?

Mother(W)：Wait.　I have potatoes, so I don't want any potatoes.　Ah, I want some onions!

Jake(M)：How many onions do you want?

Mother(W)：Two, please.

（3秒後）

（繰り返し）

（5秒後）

次に、問4を行います。
　メグさんとけんたさんが話をしています。2人の話を聞き、【2人のこれからの予定】の順番になるように、①から③にあてはまる絵を、問題用紙にあるアからウの中からそれぞれ1つずつ選び、記号で答えなさい。
　それでは始めます。
（3秒後）

問4の1回目を放送します。
Meg(W) : I want to go shopping with you, Kenta.　I want some T-shirts.

Kenta(M) : OK, Meg.　But I'm hungry now.　I want to eat lunch before shopping.

Meg(W): What do you want to eat?

Kenta(M): I want to eat pizza.

Meg(W): I know a good Italian restaurant.　It's in the department store.　We can eat pizza at the restaurant and go shopping after lunch.

Kenta(M): Sounds nice.　I want to go to the bookstore before going home.　I want to buy a book.

Meg(W):　We can go to the bookstore in the department store.

Kenta(M) : OK.　Let's go to the department store.
（3秒後）

問4の2回目を放送します。

（繰り返し）

（5秒後）

最後に、問5を行います。
　まいさんが妹のさきさんについて英語で紹介しています。話を聞いて、さきさんの「一番好きな動物」「好きな食べ物」「上手なスポーツ」「しょうらいの夢」の組み合わせとして正しいものを問題用紙にある表のアからカの中から1つ選び、記号で答えなさい。

それでは始めます。
（3秒後）

問5の1回目を放送します。
(W)

This is Saki.　She is my sister.　Saki and I love animals.　We have cats, but her favorite animals are rabbits.　She likes hamburgers.　She doesn't like curry and rice.

She plays many sports.　She can play soccer well.　She can't play tennis well, but she likes it.

She wants to be an English teacher in the future.

（5秒後）

問5の2回目を放送します。

（繰り返し）

（5秒後）

これで、放送による問題を終わります。

※音声は収録しておりません

【スクリプト】

これから、放送による問題を始めます。
放送による問題は、問題用紙の1ページから3ページまであります。
（3秒後）

問題は、問1から問5までの5問あります。英語はすべて2回ずつ読まれます。問題用紙にメモを取ってもかまいません。答えはすべて解答用紙に記入しなさい。
（3秒後）

はじめに、問1を行います。
ケイトさんとしゅんさんが話をしています。2人の話を聞いて、内容に合う絵を問題用紙にあるアからエの中から1つ選び、記号で答えなさい。
それでは始めます。
（3秒後）

問1の1回目を放送します。
Kate(W)：How was your summer vacation, Shun?
Shun(M)：I went to the summer festival, Kate.　I ate shaved ice there.　It was delicious.
Kate(W)：That's nice!　I like shaved ice, too.
Shun(M)：How was your summer vacation, Kate?
Kate(W)：I went to the amusement park.　I saw fireworks there.　They were beautiful.
（3秒後）

問1の2回目を放送します。

（繰り返し）

（5秒後）

次に、問2を行います。
マイクさんとあやさんが話をしています。2人の話を聞いて、内容に合わない絵を問題用紙にあるアからエの中から1つ選び、記号で答えなさい。
それでは始めます。
（3秒後）

〈結果〉

ばねの長さの記録

手　　順	ばねの長さ（cm）
1　何もつり下げないとき	8.0
2　空のペットボトルをつり下げたとき	8.2
3　500mLの水が入ったペットボトルをつり下げたとき	12.2
4　空の洗たくかごをつり下げたとき	13.2
5　洗い終わった衣類が入った洗たくかごをつり下げたとき	19.6
6　かわいた衣類が入った洗たくかごをつり下げたとき	17.8

問4　【実験】で、洗い終わった衣類から蒸発した水の重さは何gか、その求め方を式で説明し、答えなさい。ただし、ばねと糸の重さは考えないものとし、ばねがのびきってしまうことはなかったものとします。

4

太郎さんは、家族で新幹線に乗り、親せきの家に行くことになりました。

次の問1～問3に答えなさい。

【太郎さんとお父さんとお母さんの会話】

お父さん：新幹線の中で食べるお弁当を選ぼう。

太郎さん：4種類のお弁当がありますね。どれを選びましょうか。

お母さん：わたしは、外箱と容器にプラスチックが使われていないお弁当にするね。

太郎さん：お弁当の包装紙には、容器包装の識別マークが表示されているので、外箱と容器にプラスチックが使われていないお弁当がわかりますね。このほかにも表示されているものがあります。

お父さん：これは、お弁当に含まれるアレルギー物質を示したピクトグラムだね。

お母さん：文字だけではなくてこうやってピクトグラムでわかりやすく示しているんだ。食物アレルギーのある人や、日本語がわからない人への配慮がなされているね。

太郎さん：わたしは、とり肉が食べたいので、とり肉が入っているこのお弁当にします。

お父さん：わたしは食物アレルギーで、小麦が食べられないから、小麦が使われていないお弁当を選ぶことにしよう。

お母さん：3人ともそれぞれちがう種類のものを選んだね。

お父さん：じゃあ、この3つのお弁当にしよう。

問1　次のア～エは、【太郎さんとお父さんとお母さんの会話】にある4種類のお弁当の表示です。太郎さん、お父さん、お母さんが選んだものを、次のア～エの中からそれぞれ1つずつ選び、記号で答えなさい。

ア

イ

ウ

エ

親せきの家から帰ってきた太郎さんは、鉄道や自動車などの輸送機関に興味をもったため、社会科の調べ学習のテーマとして取りあげることにしました。

【太郎さんと先生の会話①】

太郎さん：鉄道や自動車は、どのくらいの人を輸送しているのでしょうか。

先　　生：資料1を見てください。これは、国内の人の輸送について表したものです。

太郎さん：この「輸送量」とはなんですか。

先　　生：「輸送量」とは、ある輸送機関が運んだ人や貨物の量のことで、人を輸送した場合、「人キロ」という単位で表します。人の輸送量は、輸送した「人の数」に輸送した「きょり」をかけて求められます。例えば、1億人を10km運ぶと、10億人キロになります。

太郎さん：資料1を見ると、新幹線を含む鉄道全体と新幹線にはちがいがあるのですね。鉄道、自動車、航空機についてどのようなことが言えるか、調べてみたいと思います。

資料1　主な国内の人の輸送（2019年度）

輸送機関		輸送した人数（億人）	輸送量（億人キロ）	1人あたりの平均利用きょり（km）
鉄道全体		251.9	4350.6	17.3
	新幹線	3.7	993.3	268.5
自動車		697.0	9096.0	13.1
航空機		1.0	945.9	945.9

（「日本国勢図会　2021／22年版」をもとに作成）

（注）1人あたりの平均利用きょり（km）は、輸送量を輸送した人数で割って算出した。

問2　太郎さんは、資料1から読み取って考えたことを、【太郎さんのまとめ】のようにまとめました。
　　【太郎さんのまとめ】の空らん　A　、　B　、　C　にあてはまる言葉の組み合わせとして正しいものを、次のア〜カの中から1つ選び、記号で答えなさい。また、空らん　D　にあてはまる数字を、小数第1位を四捨五入して整数で答えなさい。

ア	A	輸送した人数	B	輸送量	C	1人あたりの平均利用きょりが長い
イ	A	輸送した人数	B	1人あたりの平均利用きょり	C	輸送量が多い
ウ	A	輸送量	B	輸送した人数	C	1人あたりの平均利用きょりが長い
エ	A	輸送量	B	1人あたりの平均利用きょり	C	輸送した人数が多い
オ	A	1人あたりの平均利用きょり	B	輸送した人数	C	輸送量が多い
カ	A	1人あたりの平均利用きょり	B	輸送量	C	輸送した人数が多い

【太郎さんのまとめ】
　主な国内の人の輸送について
・鉄道
　新幹線の　A　は鉄道全体の2％未満と少ないが、　B　は鉄道全体の約23％をしめている。これは、新幹線のほうが新幹線以外の鉄道と比べ、より乗客の　C　ことによる。
・自動車
　輸送量は、鉄道全体・自動車・航空機を合わせた全体の約　D　％をしめている。また、輸送した人数は、鉄道全体・自動車・航空機を合わせた全体の約73％をしめており、多くの人に使われている交通手段であると考えられる。
・航空機
　航空機の輸送量は、鉄道全体や自動車より少ない。しかし、1人あたりの平均利用きょりは、鉄道全体の約55倍となり、他のどの輸送機関よりも長い。これは、航空機が長いきょりの移動によく利用されるからだと考えられる。

【適性

【太郎さんと先生の会話②】

先　　生：今は何を調べているのですか。

太郎さん：今は、資料２を使って、国内の人や貨物の輸送量の変化について調べているところです。

先　　生：それはよい視点ですね。

資料２　国内の輸送機関別の人の輸送量と貨物の輸送量の変化

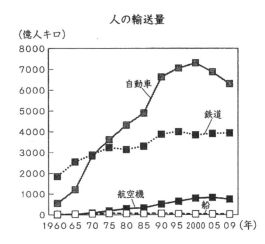

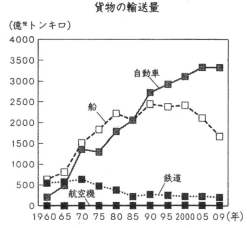

※トンキロ……輸送量を表す単位。貨物の重さ（トン）に運んだきょり（km）をかけて求める。

（運輸総合研究所「交通経済統計要覧　平成３１年・令和元年版」をもとに作成）

問３　資料２から読み取れることとして正しいものを、次のア～エの中から１つ選び、記号で答えなさい。

ア　２００９年時点で人と貨物の輸送量がともに最も多いのは自動車で、どちらも１９７０年から１９８０年の間に鉄道による輸送量を上回った。

イ　２００９年の鉄道による人の輸送量と貨物の輸送量は１９６０年と比べて、ともに２倍以上に増加した。

ウ　航空機による人の輸送量は、１９９０年から２００９年にかけて増加しているが、２００９年の人の輸送量は４つの輸送機関のうち、最も少ない。

エ　２００９年の船による人の輸送量は、自動車に比べて少ないが、貨物の輸送量は自動車の次に多く、１９６０年から１９８０年までの間の貨物の輸送量は自動車よりも多かった。

5

次の問1〜問3に答えなさい。

【花子さんとお父さんの会話①】

お父さん：ただいま。

花子さん：お帰りなさい。お友だちは元気でしたか。

お父さん：うん。いろいろと話せて楽しかったよ。

花子さん：わたしも会いたかったです。総合的な学習の時間の調べ学習のテーマを考えているのですが、サウジアラビアをテーマにしようと思っています。

お父さん：それはいいね。日本とも関わりが深い国だからね。

花子さん：まずは、国土面積や人口など、基本的なことから調べることにします。

お父さん：サウジアラビアだけを調べるのではなく、日本と比べて考えると、よりサウジアラビアの特色がとらえやすくなると思うよ。

花子さん：はい。そうします。ここにサウジアラビアと日本に関する資料1があるので、これを使って考えてみます。

資料1　サウジアラビアと日本

（国土面積は２０１５年、それ以外は２０１７年のデータ。）

| | 国土面積
（千km²） | 人口
（千人） | ※1土地面積
（千km²） | 農地 | | 年降水総量 | | 資源として使える水の量 | |
				耕地 （千km²）	牧場・ 牧草地 （千km²）	計 （km³）	1人あたり （m³）	計 （km³）	1人あたり （m³）
サウジアラビア	2207	32938	2150	36	1700	126.8	3850	2.4	73
日本	378	127484	365	44	6	630.3	4944	430.0	3373

（「世界国勢図会　２０１７／１８年版」、「データブック　オブ・ザ・ワールド　２０２１年版」、AQUASTAT をもとに作成）

※1　土地面積……国土面積から、川や湖の面積を除いた面積。

問1　資料1から読み取れることとして正しいものを、次のア〜オの中から**すべて**選び、記号で答えなさい。

ア　国土面積を比べると、サウジアラビアは日本の８倍をこえる。

イ　人口を比べると、サウジアラビアは日本の約４倍である。

ウ　サウジアラビアでは、耕地は土地面積の２％に満たない。

エ　１人あたりの年降水総量を比べると、サウジアラビアは日本の８割に満たない。

オ　１人あたりの資源として使える水の量を比べると、サウジアラビアは日本の１％に満たない。

【花子さんとお父さんの会話②】

花子さん：お父さん、日本はサウジアラビアから石油を輸入しているのですよね。

お父さん：よく知っているね。でも、石油は限りある資源だから、いつまでも採れるわけではない
んだ。この資料2と資料3を見てごらん。

花子さん：※2原油価格の変化を示したグラフと、サウジアラビアの主な輸出品と輸入品の割合を示
したグラフですね。

お父さん：資料2を見て、原油価格はどのように変化しているかな。

花子さん：２０１０年の原油価格は、１９９０年の原油価格の約　Ａ　倍に上がっています。
しかし、２０１０年以降を見ると、２０１２年に１※3バレルあたり１０９ドルとなった
あとに、２０１６年に１バレルあたり４１ドルとなっています。２０１６年の原油価格
は、２０１２年の　Ｂ　％になっています。原油価格は安定していないのですね。

お父さん：資料2と資料3から、サウジアラビアの経済がどんな問題をかかえているのか、考えて
ごらん。

花子さん：サウジアラビアの経済は　Ｃ　に大きくよっているから、原油価格の変化に
よって、国の収入が安定しないのではないでしょうか。

お父さん：そのとおりだね。

※２　原油……採取されたままの天然の石油。

※３　バレル……原油や石油などの量を表す単位。１バレルは約１６０L。

資料2　１バレルあたりの原油価格の変化　　資料3　サウジアラビアの主な輸出品と輸入品（２０１８年）

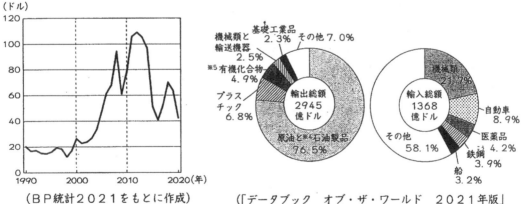

（BP統計２０２１をもとに作成）　　　　（「データブック　オブ・ザ・ワールド　２０２１年版」
をもとに作成）

※４　石油製品……燃料やプラスチックの原料など、原油を加工してできるもの。

※５　有機化合物……ここでは石油などを原料とする化学製品など。

問2　【花子さんとお父さんの会話②】の空らん　Ａ　にあてはまる整数を答えなさい。次に、空
らん　Ｂ　にあてはまる数字を、小数第１位を四捨五入して整数で答えなさい。また、空らん
　Ｃ　にあてはまる内容として最も適切なものを、次のア～エの中から１つ選び、記号で答
えなさい。

ア　原油と石油製品の輸出　　イ　原油と石油製品の輸入
ウ　機械類の輸出　　　　　　エ　機械類の輸入

【花子さんとお父さんの会話③】

花子さん：石油などを燃料として使うと、二酸化炭素を排出すると聞きました。二酸化炭素は、地球温だん化にも影響があるため、二酸化炭素の排出量をおさえることが必要だと思います。

お父さん：ここに世界の国や地域別の二酸化炭素排出量の割合を表した【グラフ】があるよ。

花子さん：日本は世界の中でも排出量の多い国の１つなのですね。

お父さん：二酸化炭素排出量について考えるときには、バブルチャートを使ってみてはどうかな。

花子さん：バブルチャートとは何ですか。

お父さん：ふつうのグラフは縦と横のじくの２つの要素を１つのグラフに表すよね。バブルチャートは縦じく、横じく、円の大きさの３つの要素を１つのグラフに表せるので、３つのデータの関係性を、１つのグラフで見ることができるよ。わたしがつくったこの【バブルチャートの例】を参考にして、資料４を見てごらん。

花子さん：はい。資料４で、それぞれの国の「二酸化炭素総排出量」だけでなく、「人口」「１人あたりの二酸化炭素排出量」の３つのデータの関係性を見ることができますね。

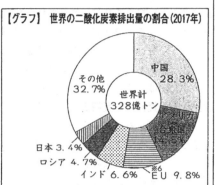

【グラフ】 世界の二酸化炭素排出量の割合 (2017年)

中国 28.3%
世界計 328億トン
その他 32.7%
アメリカ合衆国 14.5%
日本 3.4%
ロシア 4.7%
インド 6.6%
EU 9.8% ※6

(「世界国勢図会 ２０２０／２１年版」をもとに作成)

※6　ＥＵ……ヨーロッパ連合。本部がベルギーのブリュッセルにある。

【バブルチャートの例】

　あるアイスクリーム店の１号店、２号店、３号店のメニューの数、営業時間、１日の販売数を示した〈表〉と〈バブルチャート〉

〈表〉

	メニューの数（品）	１日の販売数（個）	営業時間（時間）
１号店	10	200	10
２号店	30	100	12
３号店	20	300	6

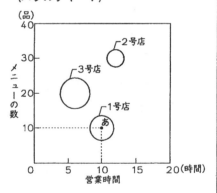

〈バブルチャート〉

・〈バブルチャート〉の縦じくはメニューの数、横じくは営業時間を表している。円（バブル）の大きさは、１日の販売数を表しており、１日の販売数が多くなるほど、円（バブル）は大きくなる。

・メニューの数と営業時間を表す点をとり、その点を中心として、円（バブル）をえがく。例えば、〈バブルチャート〉にある「あ」の点は、１号店の円（バブル）の中心を表している。

・〈バブルチャート〉から、２号店は、他の２店と比べてメニューの数が多く、営業時間が長いが、１日の販売数は少ないことが読み取れる。

【適⋯

問3　資料4は、資料5にあるアメリカ合衆国を除く6つの国のデータを示したバブルチャートです。
　　ここに、アメリカ合衆国の円（バブル）を加えるとき、次の（1）、（2）に答えなさい。

（1）　アメリカ合衆国の円（バブル）の大きさとして正しいものを次のア～エの中から1つ選び、記
　　号で答えなさい。

　　　　ア　①よりも大きい　　　　　　　　イ　①よりも小さく②よりも大きい
　　　　ウ　②よりも小さく③よりも大きい　　エ　③よりも小さい

（2）　アメリカ合衆国の円（バブル）の中心は資料4のどのエリアにあるか、A～Dの中から1つ選
　　び、記号で答えなさい。

資料4　アメリカ合衆国を除く6つの国の1人あたりの二酸化炭素排出量、人口、二酸化炭素総排出量を
　　　　示したバブルチャート（2017年）

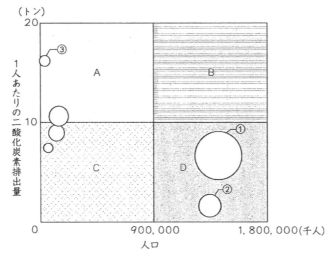

資料5　資料4のデータの数値を示した表（2017年）

	人口 （千人）	二酸化炭素総排出量 （百万トン）	1人あたりの二酸化炭素排出量 （トン）
アメリカ合衆国	324,459	4,761	14.67
インド	1,339,180	2,162	1.61
サウジアラビア	32,938	532	16.15
中国	1,409,517	9,302	6.60
日本	127,484	1,132	8.88
南アフリカ共和国	56,717	422	7.44
ロシア	143,990	1,537	10.67

　　　　　　　　※1人あたりの二酸化炭素排出量は、二酸化炭素総排出量を人口で割って算出した。
（「世界国勢図会　2020／21年版」、「世界国勢図会　2017／18年版」をもとに作成）

┌───┐
│　　　　　　　　これで、問題は終わりです。　　　　　　　　│
└───┘

令和４年度

適 性 検 査 Ｂ

―――― 注　意 ――――

1　問題は ① から ③ までで、１２ページにわたって印刷してあります。

2　検査時間は４０分間です。

3　声を出して読んではいけません。

4　解答はすべて解答用紙にはっきりと記入し、**解答用紙だけ提出**しなさい。

5　解答を直すときは、きれいに消してから、新しい解答を書きなさい。

6　**性別・受検番号**は解答用紙の決められた欄2か所に必ず記入しなさい。

さいたま市立大宮国際中等教育学校

1

~~~
　太郎さんと花子さんは、総合的な学習の時間に、川をテーマに発表することになりました。
~~~

次の問1～問3に答えなさい。

【太郎さんと花子さんの会話①】

太郎さん：利根川は、現在は**資料1**のように太平洋に注いでいますが、昔は現在の東京湾に流れ出ていたと聞いたことがあります。

花子さん：利根川の流れを変える工事は、主に江戸時代に行われていました。これを利根川東遷事業といいます。この工事の目的は、江戸を水害から守ったり、水田を開発したりするためだと本で読みました。

太郎さん：昔の川の流れはどうなっていたのか、調べて発表したいですね。

花子さん：利根川の歴史について、**資料2**があるので、これを使って調べていきましょう。

資料1　現在の利根川の流れ

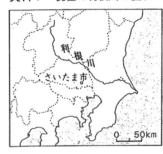

資料2　利根川東遷事業

```
1594年
・川俣でふた筋に分かれていた利根川の流路のうちの一つである会の川を、川俣でしめ切り、流れを一本に整理した。
・川口で、「隅田川」へ流れる利根川の流路をしめ切り、流れを太日川にかえた。
1621年
・佐波から栗橋に向け新しく水路（新川通）を作り、利根川の本流を渡良瀬川に合流させた。
・栗橋から関宿の間に新たに赤堀川をひらいた。
1624～1643年
・関宿から金杉の間の水の流れを太日川から新しくひらいた江戸川にかえた。
・利根川と常陸川をつなぐため、逆川を通した。
1654年
・より大量の水を流せるようにするため、赤堀川のはばと深さを拡大した。こうして、利根川の本流が常陸川に流れるようになり、東遷事業が完了した。
```

（国土交通省関東地方整備局「利根川の東遷」、国土交通省ウェブサイトをもとに作成）

問1　次の**資料3**にある □ で囲まれている部分は、**資料2**の事業が行われたおおよその地域を示しています。下の１５９４年とア〜ウの４つの地図は、**資料2**にあるそれぞれの年代のものです。下のア〜ウを、年代の古い順に並べ、記号で答えなさい。

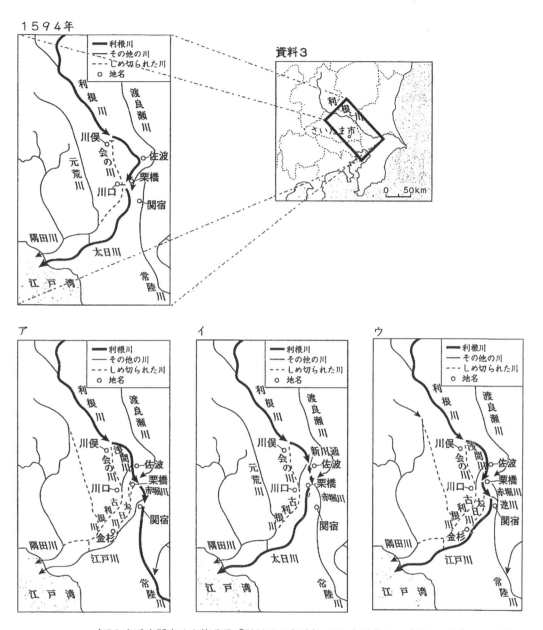

（国土交通省関東地方整備局「利根川の東遷」、国土交通省ウェブサイトをもとに作成）

太郎さんと花子さんは、輸送の変化をテーマに、それぞれ調べたことをもとに話し合っています。

【太郎さんと花子さんの会話②】

花子さん：わたしは、江戸時代の輸送について調べました。当時は主に舟で輸送を行っていました。現在の埼玉県から江戸には農産物が運ばれ、江戸から埼玉県には農産物を作るための肥料が運ばれていました。

太郎さん：わたしが調べた明治時代には、川蒸気船が登場しました。この船は、石炭を燃料としていました。1871年ごろに登場して、1934年ごろまで使われていたそうです。1918年ごろの川蒸気船の主な寄港地と航路、そして鉄道網が示されている資料4を見つけました。

花子さん：鉄道の整備は1872年ごろから徐々に進んでいったようですね。川蒸気船についての資料はほかにありますか。

太郎さん：当時の資料は少なく、資料5と資料6しか見つけられませんでした。これらの資料をもとに調査のまとめを作りましょう。

花子さん：資料5を見ると、同じ型の船で移動するのに、川を上るのと川を下るので運賃が変わっています。この理由を考えたいですね。

太郎さん：資料6を見ると、川蒸気船はだんだんと乗客数が少なくなっていったようですね。資料4とあわせ、その理由も考えましょう。

資料4　川蒸気船の航路と鉄道の路線（1918年ごろ）

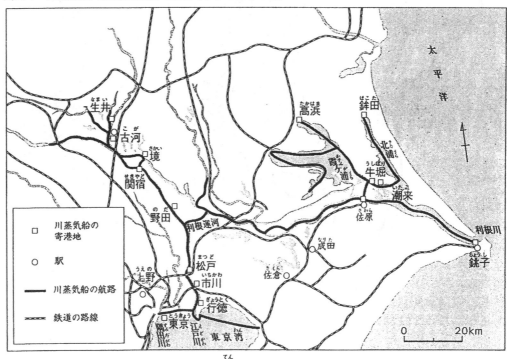

（川蒸気合同展実行委員会ほか「図説・川の上の近代」をもとに作成）

資料5　川蒸気船の乗客の運賃表
（1881年）

生井	古河	境	野田	松戸	市川	行徳	東京	着／発
76	68	55	40	25	20	15		東京
72	65	53	36	20	14		14	行徳
67	60	48	31	14		12	17	市川
62	55	41	24		12	17	20	松戸
47	39	25		18	21	24	27	野田
29	21		19	26	29	32	35	境
14		18	27	34	37	40	45	古河
	17	25	34	41	44	47	52	生井

単位：銭　※銭とは当時のお金の単位
（「新編・川蒸気通運丸物語」をもとに作成）

資料6　川蒸気船の乗客数の変化

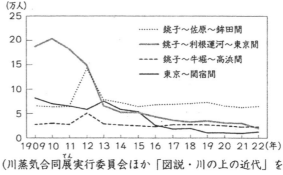

（川蒸気合同展実行委員会ほか「図説・川の上の近代」を
もとに作成）

太郎さんと花子さんは、資料4、資料5、資料6をもとに、【調査のまとめ】を作りました。

問2　次の（1）～（3）に答えなさい。

（1）　【調査のまとめ】の空らん　Ａ　と　Ｂ　にあてはまる語句の組み合わせとして正しいものを次のア～エの中から1つ選び、記号で答えなさい。

　　ア　Ａ　安い　　Ｂ　上る　　　　　イ　Ａ　安い　　Ｂ　下る
　　ウ　Ａ　高い　　Ｂ　上る　　　　　エ　Ａ　高い　　Ｂ　下る

（2）　【調査のまとめ】の空らん　Ｃ　にあてはまる内容として最も適切なものを、次のア～ウの中から1つ選び、記号で答えなさい。

　　ア　銚子～佐原～鉾田間　　イ　銚子～利根運河～東京間　　ウ　東京～関宿間

（3）　【調査のまとめ】の空らん　Ｄ　にあてはまる内容を、「路線」と「航路」という2つの言葉を用いて30字以内で書きなさい。

【調査のまとめ】
・資料5の川蒸気船の乗客の運賃表から考えられること
　　同じ距離を同じ型の船で移動するのに、東京発生井着より、生井発東京着のほうが　Ａ　。これは、生井から東京までの区間は川蒸気船が川を　Ｂ　からであると考えられる。
・資料6の川蒸気船の乗客数の変化から考えられること
　　川蒸気船の利用者は全体的に減っている。しかし、区間別でみると、1913年以こうの乗客数は、銚子～牛堀～高浜間や　Ｃ　ではほとんど変化していない。資料4とあわせて読みとると、これらの区間では、　Ｄ　ことが理由の1つであると考えられる。

太郎さんは、川についていろいろ調べているうちに、川でおこる災害について関心をもち、先生と話しています。

【太郎さんと先生の会話】

太郎さん：大雨や台風のときに、川の近くでは水の災害がおこる可能性があります。

先　　生：災害の危険度を知ることができるハザードマップを知っていますか。

太郎さん：それは何ですか。

先　　生：ハザードマップとは、自然災害による被害の軽減や防災対策に使用する目的で、被災想定区域や避難場所などを表示した地図です。

太郎さん：どうやって作るのですか。

先　　生：地形図に、その災害の危険度と避難所の情報などを重ね合わせて作ります。土地の様子や過去の災害の歴史から想定される危険度を、地図上で色や濃淡を用いて表します。危険度が高いと色が濃くなる場合が多いです。

太郎さん：そうなのですね。住んでいる場所が川や山に近いおじいさんのために、地域の洪水の危険度を示すハザードマップを作ってみようと思います。

先　　生：山に近い場所に住んでいるのならば、土砂災害の危険度を示すハザードマップも作ってみてはどうでしょう。

太郎さん：やってみます。

太郎さんは、2つのハザードマップを作ったあとで、【おじいさんに気を付けてもらいたいこと】についてまとめました。

【おじいさんに気を付けてもらいたいこと】
○洪水は低地で起こりやすく、土砂災害は斜面で起こりやすい。
○災害が想定される場所には、避難場所がない場合が多い。
○地形を知ることで、災害を想定することができる。

【適

問3　太郎さんが「地域の洪水の危険度を示すハザードマップ」を作ったときに、**地形図以外**に使った
　　データとして適切なものを、下のア～エの中から2つ選び、記号で答えなさい。
　　　なお、データは**地形図と同じ場所**の「浸水想定地域」「土砂災害危険地域」「洪水の避難場所」「土
　　砂災害の避難場所」を表しています。また、**地形図に表されている川は南から北に流れています。**

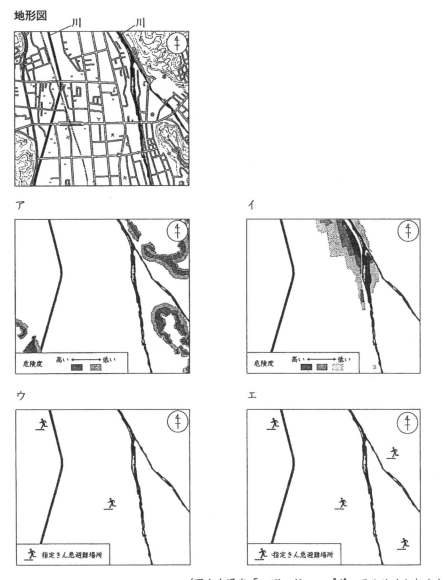

地形図

ア

イ

ウ

エ

（国土交通省「ハザードマップポータルサイト」をもとに作成）

2

太郎さんと花子さんは、日曜日に高台にある展望台へ行くことにしました。当日、待ち合わせの場所で太郎さんと花子さんが話しています。

次の問1～問4に答えなさい。

【太郎さんと花子さんの会話①】
花子さん：すみません。待ち合わせの時刻に１０分遅れてしまいました。太郎さんはいつ着いたのですか。
太郎さん：わたしは、１２時３０分に家を出て、待ち合わせの時刻より５分早く着きました。
花子さん：わたしも１２時３０分に家を出ました。太郎さんが早く着いたということは、太郎さんの家のほうが、わたしの家よりもこの待ち合わせの場所に近いのでしょうか。
太郎さん：地図で、それぞれの家からここまでの道のりを調べてみましょう。
花子さん：待ち合わせの場所までの道のりを比べると、太郎さんの家のほうが、わたしの家よりも３００ｍ遠いですね。なぜ、太郎さんのほうが早く着いたのでしょうか。
太郎さん：家からこの待ち合わせの場所まで自転車に乗ってきたため、花子さんと同じ時刻に家を出たのに、わたしのほうが早く着いたのだと思います。
花子さん：そうだったのですね。

問1　太郎さんと花子さんが待ち合わせをしていた時刻は何時何分か、答えなさい。なお、待ち合わせの場所まで、太郎さんは自転車に乗って分速３００ｍで移動し、花子さんは歩いて分速６０ｍで移動したものとします。

太郎さんと花子さんは、展望台に続く階段を使って、じゃんけんの結果によって、階段を決まった段数だけ移動するゲームをすることにしました。

【２人で行うじゃんけんのルール】
　じゃんけんは、「グー」、「チョキ」、「パー」の３種類の手の出し方で勝敗を決めます。
　「じゃんけんポン！」のかけ声と同時にグー、チョキ、パーのいずれかの手を出し、２人の手の出し方によって図１のように、勝敗が決まります。
　２人とも同じ手を出したときは引き分けになる（これを「あいこ」といいます）ので、勝敗が決まるまで「あいこでしょ！」のかけ声でじゃんけんをくり返します。

図1　じゃんけんの３種類の手の出し方と勝敗

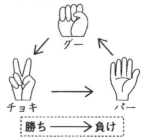

【適性

令和4年度

適 性 検 査 C

───── 注　意 ─────

1　問題は　1　から　3　までで、6ページにわたって印刷してあります。

2　検査時間は**45分間**です。

3　声を出して読んではいけません。

4　解答はすべて解答用紙にはっきりと記入し、**解答用紙だけ提出しなさい。**

5　解答を直すときは、きれいに消してから、新しい解答を書きなさい。

6　**性別・受検番号**は解答用紙の決められた欄3か所に必ず記入しなさい。

さいたま市立大宮国際中等教育学校

1

　花子さんは、「日本でくらす外国人」について総合的な学習の時間で発表することになり、準備
をしています。

以下の会話文を読んで、問いに答えなさい。

先　　生：花子さんは、どのようなことを発表するのですか。
花子さん：日本でくらす外国人について発表したいと思います。以前、※ＡＬＴの先生から、日本
　　　　　での生活で困ったことについて話を聞く機会がありました。日本に来たばかりのころは、
　　　　　言葉がわからずたいへん苦労したそうです。そこで、日本でくらす外国人がよりよい生
　　　　　活を送るためにはどのようなことが大切かを考え、発表したいと思います。
先　　生：外国人が何を望んでいるかを知ることで、わたしたちにできることを見つけられそうで
　　　　　すね。発表に向けて、何か資料を集めましたか。
花子さん：はい。**資料１**は、日本の小学校に通う外国人児童数の推移を表したものです。**資料２**は、
　　　　　自分の住む地域に外国人が増えることで期待できることについて、日本人を対象に行っ
　　　　　た調査の結果です。**資料３**は、外国人がくらしやすい地域にするために日本人に望むこ
　　　　　とについて、日本に住む外国人を対象に行った調査の結果です。
先　　生：これらの資料を使って、どのように発表しようと考えていますか。
花子さん：はい。最初に**資料１**を使って２０１０年と２０２０年の日本の小学校に通う外国人児童
　　　　　数を比べ、２０２０年に外国人児童数がおよそ何倍に増加したかを計算し、小数第二位
　　　　　を四捨五入した値を用いて述べます。次に、**資料２**から、外国人が増えることで期待で
　　　　　きることとして最も多かった回答をあげます。そして、**資料３**の回答の上位３つすべて
　　　　　の項目から、外国人が日本人にどのように接してほしいと望んでいるのかを読み取り、
　　　　　簡潔に述べます。最後に、その内容をもとに、外国人と日本人がよりよい関係を築くた
　　　　　めにはどうしたらよいか、わたしの考えを具体的に説明します。
先　　生：すばらしい発表になりそうですね。楽しみにしています。

※ＡＬＴ……外国語指導助手。

資料１　日本の小学校に通う外国人児童数の推移

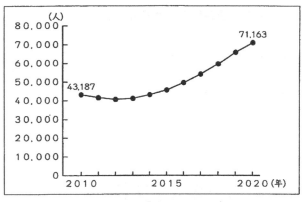

（文部科学省「学校基本調査」をもとに作成）

資料2　自分の住む地域に外国人が増えることで期待できること

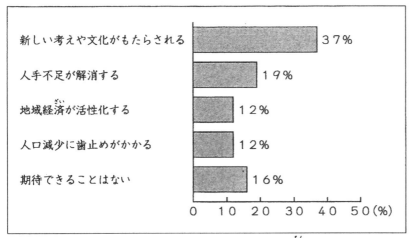

新しい考えや文化がもたらされる　37%
人手不足が解消する　19%
地域経済が活性化する　12%
人口減少に歯止めがかかる　12%
期待できることはない　16%

（ＮＨＫ放送文化研究所「外国人との共生社会に関する世論調査」をもとに作成）

資料3　外国人がくらしやすい地域にするために日本人に望むこと

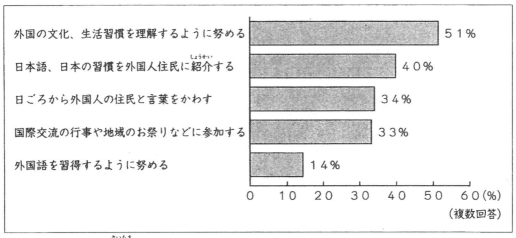

外国の文化、生活習慣を理解するように努める　51%
日本語、日本の習慣を外国人住民に紹介する　40%
日ごろから外国人の住民と言葉をかわす　34%
国際交流の行事や地域のお祭りなどに参加する　33%
外国語を習得するように努める　14%

（複数回答）

（埼玉県県民生活部国際課「令和3年度埼玉県外国人住民意識調査」をもとに作成）

問　あなたが花子さんなら、どのように発表しますか。次の条件に従って発表原稿を作りなさい。

条件1：解答は横書きで1マス目から書くこと。
条件2：文章の分量は、300字以内とすること。
条件3：数字や小数点、記号についても1字と数えること。

（例）| 4 | 2 | . | 5 | % |

2

　太郎さんは、「サステナブルファッション」について総合的な学習の時間で発表することになり、準備をしています。

以下の会話文を読んで、問いに答えなさい。

先　　生：太郎さんは、どのようなことを発表する予定ですか。

太郎さん：サステナブルファッションについて発表しようと思います。

先　　生：難しいテーマを選びましたね。何かきっかけがあったのですか。

太郎さん：先日、母と家のかたづけをしていたところ、一度も着ていない服が見つかり、その服について話したことをきっかけに、サステナブルファッションという考え方を知りました。

先　　生：サステナブルファッションは、地球環境や資源がこの先も持続するよう、衣服の生産から廃棄までの間、環境などに気を配ろうという取り組みですね。ＳＤＧｓの「つくる責任・つかう責任」とも関連が深いです。

太郎さん：環境省のウェブサイトで調べたところ、衣服は、生産から廃棄まで、それぞれの段階で環境に負担をかけていることがわかりました。発表では、サステナブルファッションへの関心を深めてもらい、わたしたちにできることを伝えたいと思います。

先　　生：資料を使って発表するとよいですね。

太郎さん：はい。そのために、**資料1**から**資料4**までを準備しました。まず、**資料1**から、サステナブルファッションについて、「知っているが全く関心はない」人の割合がどれくらいかを数値で示します。次に、**資料2**から、服1着を製造するときに環境にあたえる負担を水の消費量を例にあげて説明します。その際に、服1着を製造するときの水の消費量が５００mLのペットボトル何本分かを述べます。そして、**資料3**から読み取れる課題を、資料中の数値を使って述べます。最後に、先ほど述べた課題をふまえ、**資料4**にある「明日からわたしたちが取り組めるアクション」から項目を1つあげ、その項目についてわたし自身がサステナブルファッションの取り組みとして具体的にどのようなことができるか、考えたことを発表します。

先　　生：わかりました。楽しみにしています。

資料1　サステナブルファッションへの関心の割合
（サステナブルファッションを知っている人に対するアンケート結果）

資料2　服1着を製造するときの環境への負担

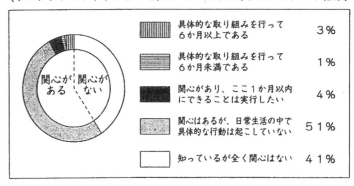

具体的な取り組みを行って6か月以上である		3%
具体的な取り組みを行って6か月未満である		1%
関心があり、ここ1か月以内にできることは実行したい		4%
関心はあるが、日常生活の中で具体的な行動は起こしていない		51%
知っているが全く関心はない		41%

水の消費量
約2,300L

【適性

令和4年度　適性検査Ａ　解答用紙（2）

3

問1 [　　　　]　問2 [　　　　g]　問3 [　　　　]

問4

(説明)
蒸発した水の重さ　　[　　　　g]

4

問1

太郎さん		お父さん		お母さん	

問2

A B C		D	

問3 [　　　　]

5

問1 [　　　　]

問2

A		B		C	

問3 (1) [　　　　]　(2) [　　　　]

[　　] や [　] の欄には、何も記入しないこと。

性　別	受　検　番　号

3

問1

問2

											10			13	
A															
B															
C															
D															15

問3

問4

性　別	受　検　番　号

□や□の欄には、何も記入しないこと。

2

100

200

300

性　別　　　受　検　番　号

☐の欄には、何も記入しないこと。

2022(R4) 大宮国際中等教育学校
K 教英出版

令和4年度　適性検査Ｃ　解答用紙（３）

3

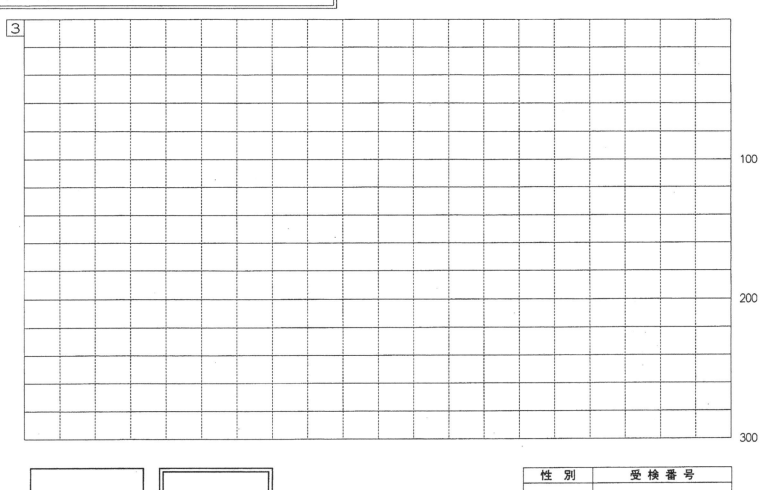

100

200

300

性　別	受　検　番　号

□や▢の欄には、何も記入しないこと。

令和4年度　適性検査C　解答用紙（1）　　　　　　　　　　　　　　　　（評価基準非公表）

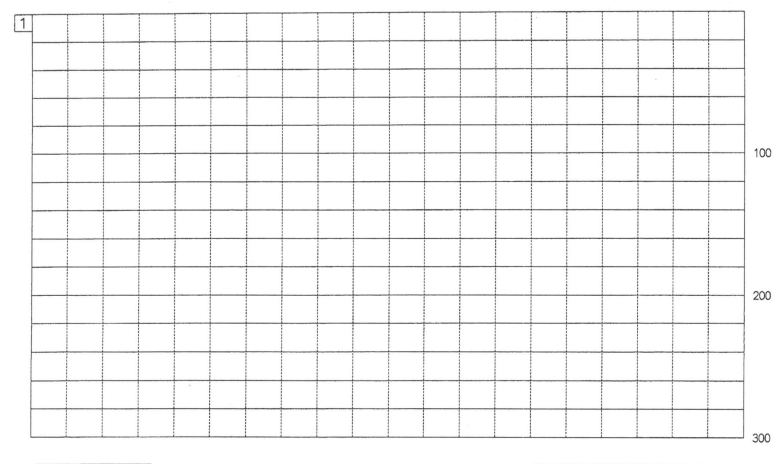

性　別　　受　検　番　号

□の欄には、何も記入しないこと。

1

問1　　　　　→　　　　　→

問2
（1）　　　　　　　　　　（2）　　　　　　　　　　　　　　15

（3）

30

問3

2

問1　　　　時　　　　分

問2　太郎さん　　　　　　　段目　花子さん　　　　　　段目

問3
（1）

	太郎さん	花子さん
1回目		
2回目		
3回目		

（2）　　　　　　　段目

問4　　　　　　　段

□や□の欄には、何も記入しないこと。

性　別	受　検　番　号

【解答用

令和４年度　適性検査Ａ　解答用紙（１）　　　　　　（配点非公表）

１

問1 ［　　　　　　］　問2 ［　　　　　　］　問3 ［　　　　　　］

問4 ① ［　　　　　　］ ② ［　　　　　　］ ③ ［　　　　　　］　問5 ［　　　　　　］

２

問1 約 ［　　　　　　］ 倍

問2 （1） 〈証明〉　　　　　　　　　　（2） 〈証明〉

問3

正しい〈証明〉ができるターゲットカードの数のうち、最も大きい数	

〈証明〉

性別　受検番号

□や□の欄には、何も記入しないこと。

2022(R4) 大宮国際中等教育学校
教英出版

【解答用

資料3　手放したあとの服のゆくえ

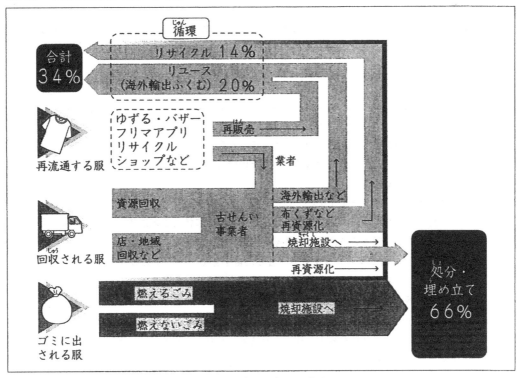

（注）各割合は家庭から手放した衣類の総量を分母としています。

資料4　明日からわたしたちが取り組めるアクション

・今持っている服を長く大切に着よう
・リユース（再利用）でファッションを楽しもう
・先のことを考えて買おう
・作られ方をしっかり見よう
・服を資源として再活用しよう

資料1〜資料4　（環境省ウェブサイトをもとに作成）

問　あなたが太郎さんなら、どのように発表しますか。次の条件に従って発表原稿を作りなさい。

　条件1：解答は横書きで1マス目から書くこと。
　条件2：文章の分量は、300字以内とすること。
　条件3：数字や小数点、記号についても1字と数えること。

（例）　4 2 . 5 %

— 4 —

3

~~~
太郎さんは、「米づくり」について総合的な学習の時間で発表することになり、準備をしています。
~~~

以下の会話文を読んで、問いに答えなさい。

先　　生：太郎さんは、どのようなテーマで発表しようと考えているのですか。

太郎さん：「これからの米づくり」について発表しようと思います。先日、米づくりの体験学習に参加したとき、5年生の社会科で学習した田植えの方法とはちがう方法を教えてもらい、興味をもちました。

先　　生：それはどのような方法ですか。

太郎さん：5年生の社会科で学習した田植えは、苗を育てて田に植える方法でしたが、今回教えてもらったのは、種もみを直接田にまく方法です。

先　　生：それは直播栽培ですね。5年生で学習した苗を育てて田に植える方法は、移植栽培といいます。この資料1は、直播栽培と移植栽培でそれぞれ米づくりをしたときの、生産費用と収穫量を比較したものです。太郎さんはどのような資料を準備したのですか。

太郎さん：はい。資料2は、米づくり農家の年齢別構成の比較です。そして、資料3は、2つの栽培方法における、3月から10月までの農家の労働時間をわかりやすく図で表したものです。これらをもとに、直播栽培について説明したいと思います。

先　　生：すべての資料を使って発表できるとよいですね。現在、米づくりでは移植栽培が多く行われていますが、苗の生育と田植えは，米づくりにかかわる作業のなかでも、とくに重労働といわれています。直播栽培の割合が増えることで、米づくりのすがたが変わるかもしれませんね。では、どのように発表しますか。

太郎さん：まず、資料1をもとに、直播栽培と移植栽培を比較し、それぞれの栽培方法のよい点を1つずつ述べます。次に、資料2から読み取れる、米づくり農家全体の課題と考えられることを1つあげます。最後に、資料3から、移植栽培と比較して読み取れる直播栽培のよい点を生かすことで、先ほどあげた課題をどのように改善できると考えられるか説明し、これからの米づくりに対するわたしの意見を述べます。

先　　生：よい発表になりそうですね。楽しみにしています。

資料1　直播栽培と移植栽培の比較

	直播栽培	移植栽培
10aにかかる生産費用	92，618円	103，499円
10aあたりの収穫量	488kg	526kg

（農林水産省「水稲直播栽培の現状について」をもとに作成）

資料2　米作り農家の年齢別構成の比較

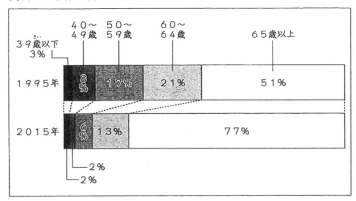

（農林水産省「農林業センサス」をもとに作成）

資料3　直播栽培と移植栽培の労働時間のイメージ

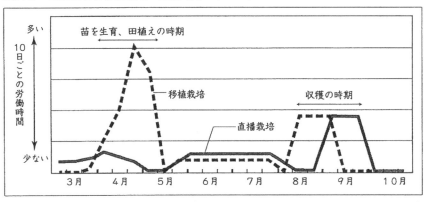

（農林水産省「水稲直播栽培の現状について」をもとに作成）

問　あなたが太郎さんなら、どのように発表しますか。次の条件に従って発表原稿を作りなさい。

条件1：解答は横書きで1マス目から書くこと。
条件2：文章の分量は、300字以内とすること。
条件3：数字や小数点、記号についても1字と数えること。

（例）　| 4 | 2 | . | 5 | ％ |

これで、問題は終わりです。

K 教英出版

【適性

【ゲームのルール】
〇スタート地点を展望台に続く階段の下から１０段目の位置にする（図２）。
〇２人がじゃんけんをして勝敗が決まったときの出した手によって、それぞれ次のようにする。
　　・グーを出して勝ったとき……３段のぼる　　・グーを出して負けたとき……１段おりる
　　・チョキを出して勝ったとき…２段のぼる　　・チョキを出して負けたとき…その段にとどまる
　　・パーを出して勝ったとき……５段のぼる　　・パーを出して負けたとき……２段おりる
〇あいこのときは、勝敗が決まるまでじゃんけんをくり返し、勝敗が決まるまでを１回とする。
〇先に展望台に続く階段の最上段にたどり着いた方をゲームの勝ちとする。
〇地面に着いてしまったら、その場にとどまり、次のじゃんけんを待つものとする。

図２　展望台に続く階段

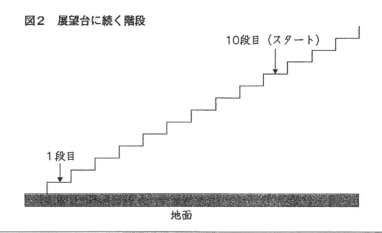

【太郎さんと花子さんの会話②】
太郎さん：それでは、ゲームを始めましょう。
花子さん：じゃんけんポン！
太郎さん：１回目はわたしの勝ちですね。チョキを出して勝ったので、２段のぼります。
花子さん：わたしはパーを出して負けたので、２段おります。
太郎さん：それでは、２回目にいきましょう。じゃんけんポン！あいこでしょ！あいこでしょ！
花子さん：パーを出して勝ちました。ここから５段のぼります。
太郎さん：わたしは、ここから１段おります。
花子さん：つづけて３回目にいきましょう。じゃんけんポン！

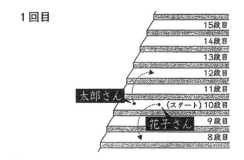

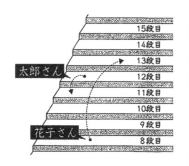

問2　ゲームの1回目から5回目までのじゃんけんの手の出し方は、次の表の通りです。5回目の勝敗が決まったとき、太郎さんと花子さんはそれぞれ何段目にいるか、答えなさい。

表　1回目から5回目までのじゃんけんの手の出し方

	太郎さん	花子さん
1回目	チョキ	パー
2回目	グー	グー
	パー	パー
	グー	パー
3回目	チョキ	グー
4回目	パー	チョキ
5回目	グー	グー
	グー	チョキ

【太郎さんと花子さんの会話③】
太郎さん：もう1ゲームやりましょう。1ゲーム目は負けてしまいましたが、今度は勝ちますよ。
花子さん：それでは、スタート地点の10段目に戻って、2ゲーム目を始めましょう。

問3　2ゲーム目の3回目まで終わって、太郎さんは花子さんより1段上にいました。次の（1）、（2）に答えなさい。

（1）　2ゲーム目の1回目から3回目までの結果として考えられる手の出し方のうち1つを、解答用紙にある表に書きなさい。ただし、あいこはなかったものとします。

（2）　このとき太郎さんは何段目にいるか答えなさい。

【太郎さんと花子さんの会話④】
花子さん：2ゲーム目のじゃんけんは11勝12敗でしたが、わたしが先にこの階段の最上段にたどり着きました。わたしの勝ちですね。
太郎さん：じゃんけんで勝った回数はわたしのほうが多いのに、出した手によってのぼることができる段数が違うので、最終的には負けてしまいました。そういえば、この階段は全部で何段あるのでしょうか。
花子さん：じゃんけんの手の出し方をすべて覚えているわけではありませんが、グー、チョキ、パーのそれぞれの手で、少なくとも1回は勝ったことを覚えています。
太郎さん：わたしもグー、チョキ、パーのそれぞれの手で、少なくとも1回は勝ったことを覚えています。

問4　【太郎さんと花子さんの会話④】から、展望台に続く階段は、全部で何段あると考えられますか。考えられる最大の段数を答えなさい。

3

～～～～～～～～～～～～～～～～～～～～～～～～～～～～～～～
花子さんは、図書館でおもしろそうなタイトルの本を見つけたので、読んでみることにしました。
～～～～～～～～～～～～～～～～～～～～～～～～～～～～～～～

　次の文章は、安藤寿康著「なぜヒトは学ぶのか」（講談社）の一部です。これを読んで、問1〜問4
に答えなさい。

　まだ1歳の子どもの目の前に、二つの、どちらも子どもにとって魅力的な物を、一つは左側、もう一
つは右側に置きます。一人目の実験者がその品物の反対側から子どものほうを向いて、はじめに子ども
と目と目を合わせてから、そのうちの一方に視線を向けます。すると子どもは※1視線追従をしてそち
らのほうを向きます。次に一人目の実験者はそのままその場を去り、しばらくして二人目の実験者がや
ってきて、その二つの物を両方見比べ、どっちをとろうか迷ったふりをします。すると子どもは、第一
の実験者が視線を向けたほうを指差して、こっちを選びなよというしぐさをします。

　かわいらしいしぐさではありますが、そんなのはあたりまえだろうとも思うかもしれませんね。ここ
は①準備段階です。次に子どもにとって、好き嫌いにちょっと違いのあるものを左右に置きます。たと
えばある子どもは赤い物のほうが青い物よりも好きだとしたら、同じ形をした赤い物と青い物を置くわ
けです。そして第一の実験者は、やはりはじめに子どもと目を合わせてから、子どもがあまり好きでな
いほうの色、つまりこの場合は青いほうを見ます。すると子どもはさっきと同じように青いほうに視線
を追従します。さて、やはり第一実験者は立ち去り、第二の実験者が来て、先と同じようにどちらをと
るか迷ったふりをしたとき、子どもはどちらを指差すでしょうか。自分の好きな赤いほうでしょうか、
それとも第一の実験者が見つめた青いほうでしょうか。

　子どもは、自分の好きな赤いほうではなく、第一の実験者が見て視線追従した青いほうをさす割合の
ほうが多いのです。これが、はじめに第一実験者が、子どもと目を合わせることなく、一人で勝手に子
どもの好きでないほうを見て立ち去るようすを見せた場合は、第二の実験者が来たときに子どもが指差
すのは、圧倒的に子ども自身が好きな色でした。

　これはおそらく、子どもが第一実験者が視線を使ってわざわざ自分に注意を促して見させたもののほ
うが「選ばれるべきもの」、個人的好みではなく「客観的に価値のあるもの」とみなして、それを第三
者に教えようとしているのだと考えられます。自分自身の好みを相手に伝えるのではなく、自分の好み
とは別次元の客観的・※2普遍的価値基準を、この年齢の子どもは大人のふるまいから察し、そしてそ
れを他者に伝えようとしているのです。このような大人と子どもの自然なやり取りの中で生じている「教
育」の機能を、※3チブラとゲルゲリーは「ナチュラル・ペダゴジー」つまり「自然の教育」と名づけ
ました。

　このナチュラル・ペダゴジー実験が※4示唆していることがらは、みかけのささやかさとは逆に、
②人間の本質に関わるきわめて重要な意味を持っています。まずヒトの子どもはかなり小さいとき、ひ
ょっとしたら生まれたときから、他者から何かを教わる能力を持っていると同時に、他者に何かを教え
ようとする能力も持っているということが読み取れます。

　気がついてみればあたりまえのことですが、教えによって学ぶことができるためには、教える能力と
教わって学ぶ能力の両方がなければなりません。進化の過程で教える能力だけが獲得され、そこから教
わる能力が二次的に※5派生したとか、逆に教わる能力だけが進化の過程で発生し、そこから教えるとい
う行為が発明されたとは考えにくいとは思いませんか。つまり教育する心の働きと教育によって学ぶ心
の働きは、進化の過程で同時に獲得されていなければならない※6相補性があるのだと思われます。

　さらに重要なことは、こんなに小さいときに現れているこうしたコミュニケーションを通じて伝えら

れている情報が、それを伝える大人にとっても子どもにとっても、「私個人」の好き嫌いではなく、「よいもの」であるという「規範性」を持ったもの、あるいは特定の個人だけにあてはまる知識ではなく、「一般性」のある知識として伝えられているということです。

　ただのコミュニケーションならば、「私はこれが好きだ」とか「私はあれがほしい」とか「私はいまこう感じる」「私は不快だ」のように、「私」だけのことを相手に伝えればよい。オムツがよごれたり、おなかがすいたりしたときに子どもが泣くのは、まさにそういう個人的で※7利己的なメッセージです。しかしもし他者とのコミュニケーションで伝えている情報が、個人を超えた「一般性」「規範性」を持つものであるとしたら、しかもそれを※8互恵的に伝え合うことを、生まれて間もないころからできるというのが確かだとしたら、さらにそれが教育を成り立たせている心の働きの原点にあるとしたら、それは極めて重要な発見であるといえるでしょう。

（一部省略や、ふりがなをつけるなどの変更があります。）

※１　視線追従……相手の視線を追い、相手が見ているものをいっしょに見ること。
※２　普遍的……きわめて多くのものにあてはまるさま。
※３　チブラとゲルゲリー……研究者の名前。
※４　示唆……それとなく物事を教え示すこと。
※５　派生……もともとのものから分かれて生じること。
※６　相補性……互いに不足を補い合う関係。
※７　利己的……自分ひとりだけの利益を中心に考えること。
※８　互恵的……互いに利益を与え合うこと。

問１　下線部①「準備段階」の次に行った実験でさらに見られたことはどのようなことですか。最も適切なものを次のア～エの中から１つ選び、記号で答えなさい。

　　ア　視線追従をした子どもは、色ではなく形で好きなものを決めるようになった。
　　イ　大人の視線に反応するように、子どもが視線追従を行うようになった。
　　ウ　子どもの好き嫌いは、視線追従という動作によって左右されるようになった。
　　エ　多くの子どもは、好みにかかわらず視線追従で示されたものを指差すようになった。

問2　下線部②「人間の本質に関わるきわめて重要な意味」に関連して、花子さんは、実験から筆者が考察していることをまとめました。【花子さんのまとめ】の空らん　A　にあてはまる内容を本文中から10字、　B　にあてはまる内容を本文中から13字でさがして書きぬきなさい。また、空らん　C　にあてはまる内容を本文中から10字、　D　にあてはまる内容を本文中から15字でさがして書きぬきなさい。（句読点や記号は1字と数えます。）

【花子さんのまとめ】

・ヒトの子どもはとても小さいときから、　A　能力と、　B　能力をあわせ持っている。

・さらに重要なことは、子どもがとても小さいときから他者とのコミュニケーションを通じて伝えられている情報が、　C　ではなく「規範性」を持ったもの、あるいは　D　ではなく「一般性」のある知識として伝えられているということである。

問3　本文中に述べられていることとして、最も適切なものを、次のア～エの中から1つ選び、記号で答えなさい。

　ア　ナチュラル・ペダゴジー実験で、第一実験者が視線を使って注意を促したものを第三者に対して伝えようとしている子どもが多く見られた。

　イ　「自然の教育」とは、子どもと大人が自然の中でふれあう環境にいながら、言語で学習していくことである。

　ウ　人間は視線追従という行動を、訓練をとおして学んでいくことにより、言葉を用いない教育を可能とした。

　エ　子どもは、大人のふるまいによってのみ、個人的好みだけで価値のあるものかどうかを判断して、それを他者に伝えようとすることができる。

問4　本文の構成の特徴について説明したものとして最も適切なものを、次のア～エの中から1つ選び、記号で答えなさい。

　ア　まず、結論となる筆者の考えを短く述べ、次にそう考える理由について、実験をもとに具体的に説明している。

　イ　まず、実験の目的について述べ、次に仮説を証明するための実験を行い、その結果について批判的な考察を述べている。

　ウ　まず、段階的に行われた実験について説明し、次に実験からわかったことを示したうえで、筆者の意見を述べている。

　エ　まず、複数の実験の結果をそれぞれ述べ、次にそこから筆者が気づいたことを確かめるために、新たな実験を提案している。

これで、問題は終わりです。

教英出版

令和３年度

適 性 検 査 Ａ

さいたま市立大宮国際中等教育学校

1　放送による問題

※問題は、問1～問5までの5問あります。

※英語はすべて2回ずつ読まれます。問題用紙にメモを取ってもかまいません。答えはすべて解答用紙に記入しなさい。

※教英出版注
音声は，解答集の書籍ID番号を教英出版ウェブサイトで入力して聴くことができます。

問1　Paul（ポール）さんとSakura（さくら）さんが話をしています。2人の話を聞いて、内容に合う絵を次のア～エの中から1つ選び、記号で答えなさい。

ア

イ

ウ

エ

♥…好き　✖…好きではない

問2　Shun（しゅん）さんが夏の思い出について発表をしています。話を聞いて、内容に**合わない**絵を次のア～エの中から1つ選び、記号で答えなさい。

ア

イ

ウ

エ

2021(R3) 市立大宮国際中等教育学校

K教英出版

— 1 —

問3 Emma（エマ）さんと Haruto（はると）さんが話をしています。2人の話を聞いて、Haruto（はると）さんの筆箱はどれか、次のア〜エの中から1つ選び、記号で答えなさい。

ア
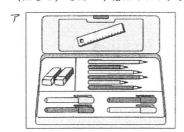

イ
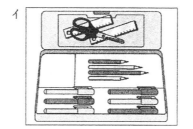

ウ
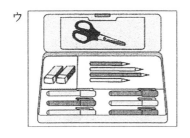

エ
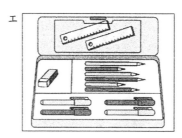

問4 Keiko（けいこ）さんが作った料理の説明をしています。次の表は、料理に使われた材料を表しています。説明を聞いて、料理に使われた材料と産地の組み合わせとして正しいものを次の表のア〜エから1つ選び、記号で答えなさい。

メニュー ・豚肉(ぶたにく)のしょうが焼き
・キャベツの千切り
・たまねぎのみそ汁(しる)
・ごはん

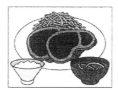

ア	北海道	埼玉(さいたま)	栃木(とちぎ)	高知
イ	埼玉	高知	秋田	埼玉
ウ	秋田	栃木	高知	埼玉
エ	秋田	埼玉	栃木	北海道

問5　Taro（たろう）さんが昨日のできごとについて話をしています。次のア〜エの絵を昨日の起こったできごとの内容の順に合うように並べかえなさい。

ア

イ

ウ

エ

2

太郎さんと花子さんは、近くの池でオタマジャクシを見つけたので、先生と相談して、学校でオタマジャクシを飼うことにしました。

次の問1〜問2に答えなさい。

【太郎さんと花子さん、先生の会話①】

先　　生：オタマジャクシを飼うために、水槽が必要だと思って持ってきました。このすべてガラスだけでできている水槽を使うのはどうでしょう。

花子さん：この水槽の大きさを教えてください。

先　　生：この水槽は直方体の形をしていて内のりは、縦25cm、横40cm、深さ20cmです。また、水槽のガラスの厚さはどこも0.5cmです。

太郎さん：では、水槽を洗って水を入れて準備しましょう。

先　　生：水槽に入れる水は、水道水のままでは中にカルキが入っているので、オタマジャクシの飼育にはよくありません。バケツに水道水を入れて、そこにカルキを抜くための薬を加えて、しばらくおいたものを使いましょう。

太郎さん：そうなのですね。

※カルキ……水道水やプールの水を消毒するのに使われる薬品。

図1　先生が用意した水槽の図

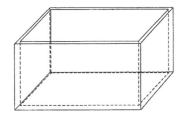

問1　次の（1）〜（3）に答えなさい。

（1）　この水槽を水で満たしたとき、水は何cm³になるか、答えなさい。

（2）　水道のじゃ口からは、1秒間に0.2Lの水が出ます。水道のじゃ口からバケツに水を入れ、バケツを水で満たすのに、1分15秒かかりました。このとき、バケツの中の水は何cm³になるか、答えなさい。

（3）　水平な床に置いた水槽に、床から水面までの高さが15cmになるように、水を入れました。このとき、入れた水の量が、水槽を満たしたときの水の量の何%になるか、答えなさい。

オタマジャクシは順調に成長して、前足が出てきました。

【太郎さんと花子さん、先生の会話②】

花子さん：オタマジャクシが育ってきましたね。中には、前足が出てきたオタマジャクシもいます。
　　　　　そろそろ、水の中から出られるようにした方がよいでしょうか。

先　　生：そうですね。オタマジャクシを別の場所に移した後、台を置いて、水を減らし、水から
　　　　　出られるように準備しましょう。

太郎さん：前に家でカメを飼っていたときに、水に浮くプラスチックのものを使っていましたが、
　　　　　水に浮くものでもよいでしょうか。

先　　生：それだと、水槽のかべと台との間にオタマジャクシやカエルがはさまったら危ないので、
　　　　　水に沈むものがよいでしょう。

花子さん：上りやすいように、図2の階段のように
　　　　　したらどうでしょう。各段の蹴上げの高
　　　　　さと、各段の踏み面の長さは、それぞれ
　　　　　等しくしたいと思います。

図2　花子さんが考えている台
（水槽に置いたときの真横から見た形）

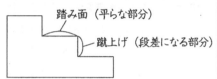

踏み面（平らな部分）

蹴上げ（段差になる部分）

太郎さん：わたしは、段があるより、ななめになっ
　　　　　ている方が上りやすいと思うので、坂道
　　　　　になるように、三角柱のものがよいと思います。

先　　生：両方とも考えてみてはどうでしょう。

問2　花子さんと太郎さんは、下の図3、図4の台をそれぞれ考えました。図3、図4の水槽に置いた
　　ときの真横から見た形を比べたとき、高さと面積がそれぞれ等しくなっていることがわかりました。
　　次の（1）、（2）に答えなさい。

（1）　花子さんが考えた台の各段の蹴上げの高さと踏み面の長さは、それぞれ何cmか、答えなさい。

（2）　花子さんが考えた台を、図3のAとBが水槽の底につくように置いた後に、この台の下から1
　　　段目の高さになるまで、水槽の水を減らしました。花子さんが考えた台の体積が1080cm³で
　　　あるとき、水槽に残った水の体積は何cm³か、答えなさい。

図3　花子さんが考えた台

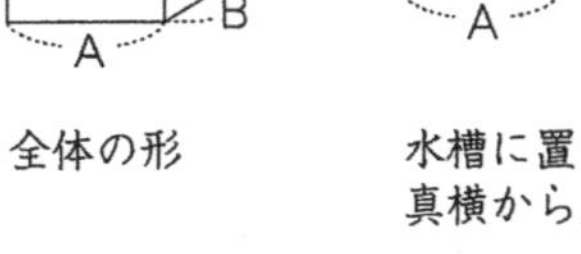

全体の形

水槽に置いたときの
真横から見た形

図4　太郎さんが考えた台

9cm

16cm

全体の形

水槽に置いたときの
真横から見た形

花子さんは、校外学習で造幣さいたま博物館へ見学に行きました。

次の問1〜問5に答えなさい。

【花子さんと先生の会話①】

花子さん：これは何ですか。（図1）

先　　生：これは硬貨を分けることができる硬貨（コイン）選別機です。

花子さん：硬貨投入口に1円硬貨、5円硬貨、10円硬貨、50円硬貨、100円硬貨、500円
　　　　　硬貨を入れると、硬貨が転がっていき、下の箱に分かれて入りました。

図1　硬貨選別機

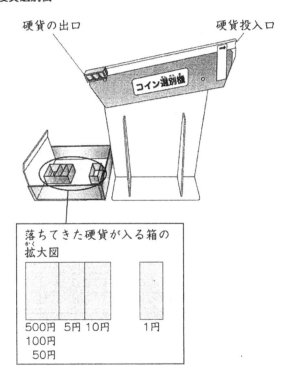

花子さん：わたしも、このように硬貨を分ける装置をつくって実験してみたいと思います。

【実験①】

〈用意したもの〉

□アクリル板（とう明なもの、不とう明なもの）

□電子てんびん　□ものさし

□硬貨（1円、5円、10円、50円、100円）

〈方法1〉

1　図2のように3枚のアクリル板を重ねて、図3のような装置をつくる。

2　硬貨の重さと直径を調べてから、図3のように、硬貨投入口に硬貨を入れ、硬貨の飛んだきょり

　をはかる。

3　3回硬貨を飛ばし、飛んだきょりの平均を求める。

図2　装置を硬貨の出口のほうから見た図①

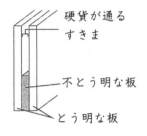

図3　装置を真横から見た図①

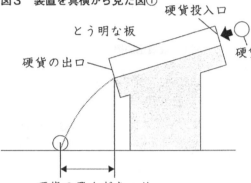

〈結果1〉

硬貨の重さと直径

	1円	5円	10円	50円	100円
重さ（g）	1.0	3.8	4.5	4.0	4.8
直径（mm）	20.0	22.0	23.5	21.0	22.6

硬貨の飛んだきょり

		1円	5円	10円	50円	100円
飛んだきょり（cm）	1回目	19.6	20.1	19.9	20.0	20.1
	2回目	19.7	20.0	19.8	20.1	19.9
	3回目	19.8	20.2	20.0	19.9	20.0
	平均	19.7	20.1	19.9	20.0	20.0

問1　花子さんは〈結果1〉から、考えたことを【花子さんがまとめたメモ】にまとめました。　　A　　にあてはまる言葉を、次のア、イの中から1つ選び、記号で答えなさい。

　　　　ア　ある　　イ　ない

【花子さんがまとめたメモ】

　硬貨の飛んだきょりはどれも同じになったとみなすことができると考えた。よって、硬貨の重さや直径と、硬貨の飛んだきょりの間には関係が　　A　　ことがわかった。

K教英出版

花子さんは、先生から硬貨選別機の硬貨の出口には磁石が取りつけられていることを教えてもらいました。そこで、【実験①】の装置に磁石を取りつけて、実験をしてみました。

【実験②】

〈追加して用意したもの〉

　□円形の磁石　□厚紙の箱

〈方法2〉

1　【実験①】の硬貨選別機に磁石を、図4のようにN極とS極が向かい合うように取りつけ、図5のような装置をつくる。

2　何度も硬貨を入れて飛ばし、それぞれの箱の中央付近に硬貨が落ちるように箱の位置を調整する。

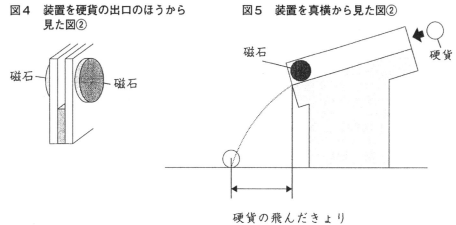

図4　装置を硬貨の出口のほうから見た図②

磁石　　磁石

図5　装置を真横から見た図②

磁石

硬貨

硬貨の飛んだきょり

〈結果2〉

図6のように箱を置いたら、硬貨がそれぞれの箱の中央付近に落ちるようになった。

図6　調整後の箱の位置を真上から見た図

硬貨の飛んだきょり

20cm　15cm　10cm　　5cm

100円
50円　5円　10円　　1円

硬貨の出口

【花子さんと先生の会話②】

花子さん：どうして磁石を取りつけると硬貨によって飛んだきょりが変わるのでしょうか。硬貨に磁石を近づけたところ、どの硬貨も磁石に引きつけられませんでした。

先　　生：鉄のしんに導線を巻いて電流を流すとどうなりますか。

花子さん：電磁石になります。

先　　生：そうですね。この装置は、電磁石のしくみを使っています。硬貨の出口に２枚の磁石を取りつけています。磁石の近くを金属の硬貨が転がると、硬貨に電気が生じて、弱い磁石になります。すると、磁石と硬貨の間に引き合う力が発生するため、硬貨の飛んだきょりが変わるのです。

花子さん：磁石と硬貨が引き合う力に強弱はあるのでしょうか。

先　　生：それも考えてみましょう。資料１は、硬貨がどのような金属でできているかを示したものです。

花子さん：硬貨はいろいろな金属でできているのですね。磁石を取りつけたことによる、硬貨の飛んだきょりの変化について、あとでまとめてみたいと思います。

資料１　硬貨をつくる金属の種類と割合

硬貨	金属の種類と割合
１円	アルミニウム１００％
５円	銅６０〜７０％、亜鉛４０〜３０％
１０円	銅９５％、亜鉛４〜３％、すず１〜２％
５０円	銅７５％、ニッケル２５％
１００円	銅７５％、ニッケル２５％

問２　〈結果１〉、〈結果２〉からわかることとして正しいものを、次のア〜エの中から１つ選び、記号で答えなさい。

ア　アルミニウムは磁石の影響をほとんど受けなかった。

イ　銅とニッケルでつくられた硬貨は、ほかの硬貨に比べて、磁石の影響による飛んだきょりの変化が小さかった。

ウ　磁石を取りつけたとき、銅を含んでつくられた硬貨のうち、銅の割合が高いほど、飛んだきょりが長くなった。

エ　５円硬貨と１０円硬貨を比べると、５円硬貨のほうが、磁石の影響を強く受けた。

（3秒後）

問2の2回目を放送します。

（繰り返し）

（5秒後）

次に、問3を行います。
エマさんとはるとさんが話をしています。2人の話を聞いて、はるとさんの筆箱はどれか、問題用紙にあるアからエの中から1つ選び、記号で答えなさい。
それでは始めます。
（3秒後）

問3の1回目を放送します。
Emma(W) : Wow, you have a big pencil case, Haruto. Can I see?
Haruto(M) : Sure, Emma. I have four pens and six pencils.
Emma(W) : I see. Do you have any scissors?
Haruto(M) : No, I don't. But I have a ruler.
Emma(W) : How many erasers do you have?
Haruto(M) : I have two erasers.
（3秒後）

問3の2回目を放送します。

（繰り返し）

（5秒後）

次に、問4を行います。
けいこさんが作った料理の説明をしています。問題用紙の表は、料理に使われた材料を表しています。説明を聞いて、料理に使われた材料と産地の組み合わせとして正しいものを問題用紙にある表のアからエから1つ選び、記号で答えなさい。
それでは始めます。
（3秒後）

問4の1回目を放送します。

(W)

I made lunch with foods from Japan.
This is Shogayaki.
The pork is from Tochigi.

The ginger is from Kochi.

The cabbage is from Saitama.

This is miso soup.

The onion is from Hokkaido.

And the rice is from Akita.

　　（３秒後）

　　問４の２回目を放送します。

　　（繰り返し）

　　（５秒後）

　　最後に、問５を行います。

　　たろうさんが昨日のできごとについて話をしています。問題用紙のアからエの絵を昨日の
おこったできごとの内容の順に合うように並べかえなさい。

　　それでは始めます。

　　（３秒後）

　　問５の１回目を放送します。
　　（Ｍ）
I went to the park and played soccer with my friends.

Next, we played hide-and-seek.

I was hungry.

I went home and ate lunch.

After lunch, I played soccer with my brother at home.

　　（３秒後）

　　問５の２回目を放送します。

　　（繰り返し）

　　（５秒後）
　　これで、放送による英語の問題を終わります。

放送原稿

これから、放送による英語の問題を始めます。

放送による英語の問題は、問題用紙の１ページから３ページまであります。

（３秒後）

問題は、問１から問５までの５問あります。英語はすべて２回ずつ読まれます。問題用紙にメモを取ってもかまいません。答えはすべて解答用紙に記入しなさい。

（３秒後）

はじめに、問１を行います。

ポールさんとさくらさんが話をしています。２人の話を聞いて、内容に合う絵を問題用紙にあるアからエの中から１つ選び、記号で答えなさい。

それでは始めます。

（３秒後）

問１の１回目を放送します。

Paul(M)： What animals do you like, Sakura?

Sakura(W)：I like giraffes.

Paul(M)： Me, too!（１秒後）I like monkeys, too. How about you?

Sakura(W)：I don't like monkeys, but I like elephants.

（３秒後）

問１の２回目を放送します。

（繰り返し）

（５秒後）

次に、問２を行います。

しゅんさんが夏の思い出について発表をしています。話を聞いて、内容に**合わない**絵を問題用紙にあるアからエの中から１つ選び、記号で答えなさい。

それでは始めます。

（３秒後）

問２の１回目を放送します。

（M）

Hi, everyone. I'm Shun.

How was your summer vacation?

I went to Kansai. It was great.

First, I went to Kyoto and saw Kinkaku-ji.

Next, I went to Osaka Station and ate ice cream.

And I went to the baseball stadium and watched a baseball game.

【花子さんと先生の会話③】

花子さん：硬貨をつくる金属の種類と割合は決まっているのですね。金属を混ぜ合わせて、にせ物
　　　　　のお金をつくろうと考える人はいなかったのでしょうか。

先　　生：資料2、資料3を見てください。

資料2　先生が用意した資料

　　古代ギリシャの王様が、職人にすべて金でできている王かんをつくらせました。しかし、職人が
　金の一部をぬすみ、代わりに金よりも値段の安い銀を混ぜて、王かんをつくったといううわさが広
　まりました。王様は※アルキメデスに、つくった王かんをこわさずに銀が混ざっているかどうかを
　確かめるように、命令しました。
　　そこでアルキメデスは、職人がつくった王かんと同じ重さの金のかたまりを用意し、ぎりぎりま
　で水を入れた容器に王かんと、その金のかたまりをそれぞれ入れて、あふれた水の体積をはかりま
　した。ぎりぎりまで水を入れた容器にものを入れると、ものの体積の分だけ水があふれます。あふれ
　た水の体積から、アルキメデスは職人が金に銀を混ぜて王かんをつくっていたことを見破りました。

　　　※アルキメデス……古代ギリシャの科学者

資料3　金属の種類と1cm³の重さ

金属の種類	1cm³の重さ（g）
金	19.30
銀	10.49

　　　　　（「理科年表2019」をもとに作成）

【花子さんと先生の会話④】

先　　生：どうしてアルキメデスは、職人が金に銀を混ぜて王かんをつくっていたことを見破るこ
　　　　　とができたと思いますか。

花子さん：王かんを水で満たした容器に入れたとき、王かんが金のかたまりと同じようにすべて金
　　　　　でできていたら、あふれる水の量は　　B　　なるはずです。ところが、あふれた
　　　　　水の量が　　C　　なったため、金に銀を混ぜて王かんをつくっていたと見破った
　　　　　のだと思います。

先　　生：そのとおりです。

問3　【花子さんと先生の会話④】の　　B　　、　　C　　にあてはまる言葉を、次のア〜ウ
　　　の中からそれぞれ1つずつ選び、記号で答えなさい。

　　ア　多く

　　イ　少なく

　　ウ　同じに

問4　次のア〜エのうち、金と銀を混ぜてつくった王かんはどれか、1つ選び、記号で答えなさい。なお、ア〜エは金のみでつくった王かん、銀のみでつくった王かん、金と銀を混ぜてつくった王かんのいずれかであるものとします。

　　ア　王かんの重さ　　：2316g　　　　イ　王かんの重さ　　：2098g
　　　　あふれた水の量：120cm³　　　　　　あふれた水の量：200cm³

　　ウ　王かんの重さ　　：1368g　　　　エ　王かんの重さ　　：965g
　　　　あふれた水の量：80cm³　　　　　　　あふれた水の量：50cm³

【花子さんと先生の会話⑤】

先　　　生：この昔のお金のイラストはどうしたのですか。

花子さん：先日、博物館に行ったときに江戸時代のお金が展示してあったのを思い出し、わたしがかいたものです。

先　　　生：見せてください。

花子さん：どうぞ。

先　　　生：今の日本のお金の単位は金額に関係なく円ですが、江戸時代には「両、分、朱、文」という単位があり、その単位の貨幣がありました。

花子さん：このお金の単位には、どのような関係があるのですか。

先　　　生：1両は4分、1分は4朱、1朱は250文と言われています。

花子さん：1両は、今のお金にすると、どのくらいの金額になるのですか。

先　　　生：いろいろな説はありますが、8万円くらいだったといわれています。

花子さん：わたしたちの知っている食べ物のねだんは、江戸時代のお金でいくらくらいだったのでしょうか。

先　　　生：例えば、江戸時代のそばは、1ぱい16文で買うことができたそうです。

花子さん：そうだったのですね。

1両

1分

1朱

1文

問5　【花子さんと先生の会話⑤】から、1両が今の日本のお金で8万円とすると、江戸時代のそば1ぱいは、今の日本のお金で何円になるか、答えなさい。

太郎さんと花子さんが、3学期の始業式後に教室で話をしています。

次の問1～問2に答えなさい。

【太郎さんと花子さんの会話①】

太郎さん：以前、家族と行ったイタリア料理のレストランで食べたサラダに、「プンタレッラ」という、さいたま市内でつくられたヨーロッパ野菜が使われていました。「プンタレッラ」は、イタリアのローマの代表的な冬野菜だそうです。

花子さん：さいたま市では、めずらしいヨーロッパ野菜を栽培して地産地消をめざす取り組みをしているので、給食にもヨーロッパ野菜が出ることがありますね。ローマでつくられる野菜がさいたま市でも栽培できるということは、ローマとさいたま市は気候が似ているということでしょうか。

太郎さん：調べていると、【さいたま市の平均気温と降水量を表す表とグラフ】を見つけました。

花子さん：おもしろい形のグラフですね。これは、何ですか。

太郎さん：これはハイサーグラフといいます。では、その〈ハイサーグラフ〉を見てください。ハイサーグラフは、縦のめもりが各月の平均気温を、横のめもりが各月の降水量を表します。〈ハイサーグラフの説明〉のとおり、各月を示す点を1月から順に結ぶと、グラフはさまざまな形になります。気候が似ていると同じような特ちょうをもったグラフになるようです。

花子さん：さっそく、さいたま市とローマのハイサーグラフの形を比べてみましょう。

問1　【太郎さんのメモ】を参考にして、下のア～エの中から、ローマの気候を示すものとして最も適切なものを1つ選び、記号で答えなさい。

【さいたま市の平均気温と降水量を表す表とグラフ】(統計期間1981年～2010年)

〈表〉

さいたま市	1月	2月	3月	4月	5月	6月	7月	8月	9月	10月	11月	12月
平均気温(℃)	3.6	4.4	7.8	13.4	18.0	21.5	25.1	26.6	22.7	16.9	11.0	5.9
降水量(mm)	37.4	43.1	90.9	102.3	117.3	142.4	148.1	176.3	201.8	164.9	75.7	41.1

(気象庁ウェブサイトをもとに作成)

〈ハイサーグラフ〉

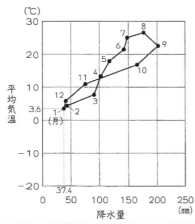

〈ハイサーグラフの説明〉

・たとえば、1月の平均気温は3.6℃、降水量は37.4mmなので、縦のめもりが「3.6」、横のめもりが「37.4」となる場所に点を打つ。

・2月以降も同じように点を打つと、12個の点ができる。

・左のグラフにあるように、1月から順に点を直線で結ぶと、グラフが完成する。

【太郎さんのメモ】

・最も平均気温が高い月と、最も平均気温が低い月との気温差を比べると、さいたま市よりもローマの方が小さい。

・ローマの11月の降水量は、50mmから100mmの間である。

・ローマの最も平均気温が高い月の降水量は、ローマの最も平均気温が低い月の降水量より少ない。

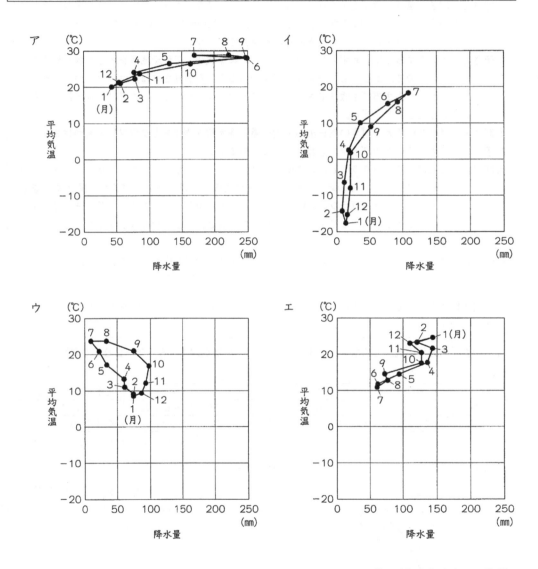

（「理科年表」をもとに作成）

【太郎さんと花子さんの会話②】

太郎さん：わたしの父は、都内の会社に電車で通勤していますが、１月の仕事始めの日は電車がとても空いていたそうです。

花子さん：そうなのですね。わたしの兄も、都内の大学に電車で通学しています。埼玉県に住む人は、通勤・通学で県外へ移動する人が他の県と比べて多いのでしょうか。

太郎さん：調べたところ、埼玉県は、夜間人口が昼間人口を大きく上回っていることがわかりました。

花子さん：夜間人口、昼間人口とは何ですか。

太郎さん：埼玉県を例とすると、夜間人口とは埼玉県に住む人の数です。昼間人口とは、夜間人口から通勤・通学のために県内から県外へ移動する人口を引き、さらに、通勤・通学のために県外から県内へ移動する人口を足した数のことです。

花子さん：昼間に買い物に来た人や、観光客などの数は除いて考えるのですね。

太郎さん：はい。夜間人口１００人に対する昼間人口の比率を昼夜間人口比率といい、「(昼間人口÷夜間人口)×１００」で求めることができます。

花子さん：つまり、昼間人口が夜間人口と比べて少なくなるほど、昼夜間人口比率は低くなるということですか。

太郎さん：はい。埼玉県は、昼夜間人口比率が全国でも特に低い県のようです。

花子さん：では、昼夜間人口比率が最も高いのは、どの都道府県なのですか。

太郎さん：最も昼夜間人口比率が高いのは東京都です。しかし、東京都にある２３の区についての昼夜間人口比率を調べてみると、区によって差がみられることがわかりました。その理由についてさらに調べてみようと思います。

問2　太郎さんは**資料1**と**資料2**を見つけ、そこから読み取って考えたことを【太郎さんのまとめ】のようにまとめました。【太郎さんのまとめ】の空らん　A　にあてはまる内容として最も適切なものを、**資料2**のア〜エの中から１つ選び、記号で答えなさい。また、空らん　B　にあてはまる内容を考え、２０字以上３０字以内で書きなさい。

資料1　東京都にある２３の区の中で昼夜間人口比率が高い５区と低い５区（単位：％）

昼夜間人口比率が高い5区		昼夜間人口比率が低い5区	
千代田区	1460.6	板橋区	90.4
中央区	431.1	杉並区	85.1
港区	386.7	葛飾区	84.1
渋谷区	240.1	練馬区	83.8
新宿区	232.5	江戸川区	82.4

（総務省統計局「平成２７年国勢調査」をもとに作成）

資料２　区内の土地がどのような目的で使用されているか

※ア～エは千代田区・港区・渋谷区・江戸川区のいずれかを示す。

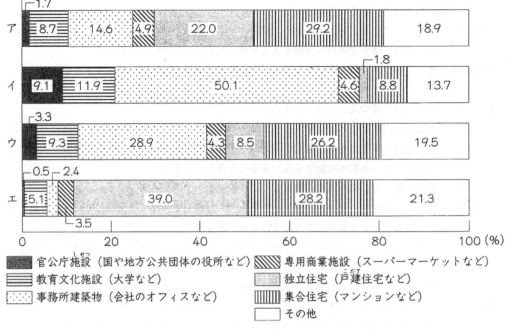

凡例:
- ■ 官公庁施設（国や地方公共団体の役所など）
- ▨ 専用商業施設（スーパーマーケットなど）
- ≡ 教育文化施設（大学など）
- ░ 独立住宅（戸建住宅など）
- ⁘ 事務所建築物（会社のオフィスなど）
- ▥ 集合住宅（マンションなど）
- □ その他

（東京都「東京の土地利用　平成２８年東京都区部」をもとに作成）

【太郎さんのまとめ】

・資料１から、東京にある２３の区の昼夜間人口比率には、差がみられることがわかる。特に、千代田区の昼夜間人口比率が高い。

・資料２のア～エの４つの区のうち、千代田区をあらわしているのは ［　Ａ　］ と推測できる。なぜなら、４つの区のグラフの中で、最も全体に対する独立住宅と集合住宅のしめる割合が低いため、夜間人口が少なく、また、最も全体に対する ［　Ｂ　］ という特ちょうがあるため、通勤・通学で他の地域へ移動していく人よりも、他の地域から移動してくる人の方が多くなり、昼間人口が多くなると考えられるからである。その差が特に大きい区が、昼夜間人口比率が最も高い千代田区であると推測できる。

　花子さんは、社会科の授業で世界の国と日本の都市について興味をもったので、自分で調べることにしました。

次の問1～問3に答えなさい。

【花子さんと先生の会話①】

先　　生：何について調べようとしているのですか。

花子さん：はい。以前、インドネシアの首都がジャワ島のジャカルタからカリマンタン（ボルネオ）島に移転する計画があるというニュースを見て興味を持ったので、インドネシアについて調べようと思っています。インドネシアには、**資料1**にみられるように、たくさんの島があります。調べてみると、大小合わせて17000以上の島があるそうです。

先　　生：そうですね。インドネシアにはスマトラ島、ジャワ島、カリマンタン島、スラウェシ島という4つの大きな島などがあります。

花子さん：そうなのですね。では、インドネシア全体と4つの大きな島などの面積や人口を調べたいと思います。

先　　生：日本全体の面積や人口も調べてみると比較ができてよいかもしれませんね。がんばって調べてみてください。

問1　花子さんは、インドネシアと日本の人口と面積を比較した**資料2**を見つけました。**資料2**から読み取れることとして<u>適切でないもの</u>を、次のア～エの中から1つ選び、記号で答えなさい。

ア　インドネシア（全体）と日本（全体）を比べると、インドネシアの方が面積が広く、人口も多いが、人口密度は日本の方が高い。

イ　スマトラ島とカリマンタン（ボルネオ）島の面積を合計すると、インドネシア（全体）の50％以上をしめている。

ウ　インドネシアのおもな4島は、インドネシア（全体）を100としたときの面積の割合が高い島ほど、インドネシア（全体）を100としたときの人口の割合も高くなる。

エ　インドネシアのおもな4島の中で、人口密度が最も高いのはジャワ島であり、最も低いのはカリマンタン（ボルネオ）島である。

資料1　インドネシアの島々（色つきの部分）

資料2　日本とインドネシア（おもな4島など）の面積・人口

	面積（km²）	全体を100とした ときの割合（%）	人口（千人）	全体を100とした ときの割合（%）
日本（全体）	377,974	100	126,443	100
インドネシア（全体）	1,910,931	100	267,671	100
スマトラ島	474,000	24.8	50,000	18.7
ジャワ島	132,186	6.9	137,000	51.2
*カリマンタン （ボルネオ）島	540,000	28.3	13,800	5.1
スラウェシ島	190,000	9.9	17,400	6.5
その他の島々	574,745	30.1	49,471	18.5

※　カリマンタン島は、インドネシア領のみの数字。日本の面積、人口は2018年。

（総務省統計局「世界の統計2020」、インドネシア共和国観光省ウェブサイトをもとに作成）

　　花子さんは、次に、日本の都市について調べることにしました。その中でも、京都が世界的な観光都市であることに興味を持ち、京都のまちのようすについて調べることにしました。

【花子さんと先生の会話②】

花子さん：京都のまちについて調べていたら、住所に「上ル」「下ル」「西入」「東入」と書いてあるところがありました。これは何を示しているのですか。

先　　生：【上京区のおもな通りを示した地図】を見てください。京都市内は、碁盤の目のように通りがつくられていて、交差する両方の通りの名前を記すことで住所を示すことができます。実際には、さらに多くの通りが存在していますが、今回はこの地図をもとに考えましょう。「上ル」は北側、「下ル」は南側、「西入」は西側、「東入」は東側という意味です。

花子さん：おもしろいですね。

先　　生：【住所の示し方のきまり】を見ると、くわしくわかりますよ。

花子さん：なるほど、通りの名前がわかれば、住所が途中まで表せるのですね。では、【上京区のおもな通りを示した地図】にある小学校の住所は、京都市上京区　A　通　B　　C　でしょうか。

先　　生：そのとおりです。そのあとに、町名や番地が続くのです。

問2　【花子さんと先生の会話②】の　A　、　B　に入る言葉を、【上京区のおもな通りを示した地図】と【住所の示し方のきまり】から読み取って答えなさい。また、　C　にあてはまる言葉を次のア～エの中から1つ選び、記号で答えなさい。

ア　上ル　　　　イ　下ル　　　　ウ　西入　　　　エ　東入

【上京区のおもな通りを示した地図】

【住所の示し方のきまり】

① 入口（玄関など）が面している通りの名前を示す。

② ①で示した名前の後に①の通りと交差する最も近い通りの名前を続けて示すが、このとき「通」はつけない。

③ 入口（玄関など）が①の通りと②の通りの交差点から見てどちらの方角にあるかで「上ル」「下ル」「西入」「東入」と表す。

例　【上京区のおもな通りを示した地図】にある郵便局の住所

京都市上京区①丸太町通②大宮③東入・・・・・

― 18 ―

【花子さんと先生の会話③】

花子さん：現代の日本の中心的な都市である東京についても、調べてみようと思います。

先　　生：そうですね。２０２１年にはオリンピック・パラリンピックも開催される予定です。

花子さん：そういえば、先日、家族と車で東京都内へ向かっていたとき、車のラジオの渋滞情報
　　　　　で、「環状７号線」や「環状８号線」という道路の名前を耳にしました。これらは、ど
　　　　　のような道路を意味しているのでしょうか。

先　　生：都市の中心部をさけて、外側に取り囲むような円をえがく道路のことで、環状道路とい
　　　　　います。新しく計画し建設された都市では、このような環状道路を設けているところが
　　　　　多くみられます。

花子さん：どうして円をえがくような道路を作ったのでしょうか。

先　　生：それは、環状道路を設けることによる、よい点があるからです。【先生が作った図】を
　　　　　見て、考えてみてください。

問３　【先生が作った図】から読み取れる、環状道路のよい点について、３０字以内で書きなさい。

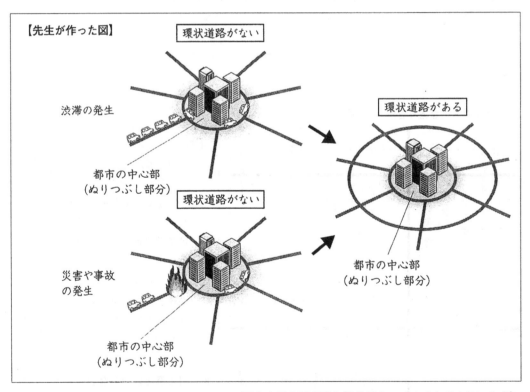

（国土交通省関東地方整備局ウェブサイトをもとに作成）

これで、問題は終わりです。

令和3年度

適　性　検　査　B

さいたま市立大宮国際中等教育学校

太郎さんと花子さんの班では、総合的な学習の時間に、交通や輸送について調べることになりました。

次の問1〜問4に答えなさい。

【太郎さんと花子さんの会話①】

太郎さん：花子さんは日本のおもな港について調べているのですね。

花子さん：はい。日本には有名な港がいくつもあります。わたしが見つけた**資料1**の地図には、「神戸港」という港がありました。

太郎さん：とても大きな港ですね。わたしは去年、神戸市へ旅行に行きました。**資料1**にある「神戸駅」を出発し、市内のさまざまなところを訪れたのですが、最後に訪れた、東遊園地という公園にあった1995年に起こった阪神・淡路大震災のモニュメントが特に印象に残っています。

問1　太郎さんは、旅行のときにたどった神戸市内の経路を**資料1**の地図に■■■■で表し、そのときのようすを4枚のカードに書きました。次のア〜カの6枚のカードの中から、太郎さんが書いたカードと考えられるものを4枚選び、そのカードの記号を、太郎さんがたどったと考えられる順に並べ替えなさい。ただし、一度通った道を戻ることはなかったものとします。

ア	イ	ウ
角を曲がり、右手に市役所を見ながらそのまま道なりに進んだ。	消防署の近くにある老人ホームから、北東へ向かった。	消防署を通り過ぎ、歩いていると右手にポートタワーが見えた。

エ	オ	カ
右手に山を見ながら、線路に沿って500mほど西へ向かった。	左手に元町駅を見ながら歩き、交番のある交差点を右へ曲がって、300mあまり歩いたのち、東へ向かった。	博物館の前を通り過ぎたところにある交差点を左へ曲がり、北へ向かった。

資料1　神戸市内の地図（部分）

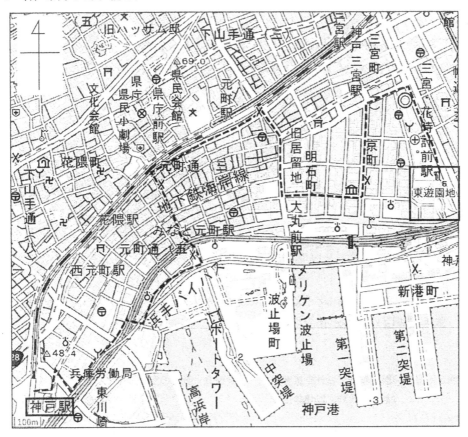

（国土地理院のウェブサイトより作成）

【太郎さんと花子さんの会話②】

花子さん：神戸市の別の地図を見ると、ポートタワーの南東には空港があります。これは、関西国際空港でしょうか。

太郎さん：いいえ、それは神戸空港です。神戸空港を発着するほとんどの便は国内線ですが、関西国際空港では、国内線だけでなく、国際線が発着しています。

花子さん：そうなのですね。日本の空港では、航空機を使ってどのくらいの旅客を輸送しているのでしょうか。調べてみたいと思います。

問2　日本の航空機における輸送について調べていた花子さんは、資料2、資料3を見つけました。次の
　　（1）、（2）に答えなさい。

　（1）　資料3をもとに、資料2のA、B、Cにあてはまる都道府県の組み合わせとして最も適切な
　　　ものを、次のア〜カの中から1つ選び記号で答えなさい。ただし、A、B、Cは北海道、東京
　　　都、千葉県のいずれかであるものとします。

```
         A        B        C
ア    北海道,   東京都,   千葉県
イ    北海道,   千葉県,   東京都
ウ    東京都,   北海道,   千葉県
エ    東京都,   千葉県,   北海道
オ    千葉県,   北海道,   東京都
カ    千葉県,   東京都,   北海道
```

　（2）　資料3のX空港があると考えられる都道府県名を答えなさい。ただし、X空港がある都道府
　　　県は、資料3の中にあるものとします。

資料2　日本の航空輸送における旅客数
　　　　（都道府県別、2018年度）

資料3　日本の空港における航空輸送旅客数ランキ
　　　　ング（国内線・国際線、2018年度）

	空港名（都道府県名）	年間旅客数（千人）
1位	東京国際空港（東京都）	85,488
2位	成田国際空港（千葉県）	41,238
3位	関西国際空港（大阪府）	29,312
4位	福岡空港（福岡県）	24,845
5位	新千歳空港（北海道）	23,634
6位	那覇空港（沖縄県）	21,547
7位	X空港	16,299
8位	中部国際空港（愛知県）	12,345

資料2、資料3（国土交通省平成30年度「空港管理状況調書」をもとに作成）

航空輸送に興味を持った花子さんは、先生に質問をしました。

【花子さんと先生の会話】

花子さん：航空機で世界のさまざまな都市へ直接貨物を運ぼうとすると、その分たくさんの航空機
　　　　　や航空路線が必要になり、航空会社の負担が大きくなると思います。航空機で効率よく
　　　　　貨物を運べる方法はないのでしょうか。

先　　生：ハブ空港をうまく設置できるとよいかもしれませんね。

花子さん：初めて聞きました。ハブ空港とはどのような空港なのですか。

先　　生：資料4を見てください。「ハブ」とは、自転車などにある車輪や、プロペラなどの中心
　　　　　にある部品や構造のことです。つまり、ハブ空港とは「航空網の中心として機能する空
　　　　　港」という意味があります。

花子さん：中心として機能するということは、ハブ空港からはたくさんの路線が運航しているとい
　　　　　うことですか。

先　　生：そうですね。路線の本数について特にきまりはないのですが、今回は、ハブ空港からは
　　　　　「2本以上の路線が運航している」ものとして考えてください。

花子さん：わかりました。ハブ空港を設置できると、どのようなよい点があるのですか。

先　　生：【先生が作った図①】の航空路線図の＜パターン1＞を見てください。4つの空港があ
　　　　　る場合、すべての空港を直行便で結ぼうとすると、6本の路線が必要となります。しか
　　　　　し、＜パターン2＞のように、Y空港を中心的な役割をするハブ空港として設置すると、
　　　　　最低3本の路線があれば、Y空港以外の空港からはY空港で1回乗りかえをすることで、
　　　　　どこの空港にも到着できますね。

花子さん：なるほど。それに、＜パターン1＞と＜パターン2＞を比べると、ある航空会社が航空
　　　　　機を6機所有している場合、路線が6本では平均すると1路線あたり1機しか運航でき
　　　　　ませんが、路線が3本なら平均すると1路線あたり2機を運航できますね。

先　　生：そのとおりです。ハブ空港での乗りかえの時間が短くなるように工夫すれば、効率よく
　　　　　貨物や人を運ぶことが可能になると考えられます。

花子さん：とても便利だと思います。もし、複数のハブ空港を設置できたら、さらに便利になるの
　　　　　でしょうか。ハブ空港についてもっと考えてみたくなりました。

先　　生：では、【先生が作った図②】を見て、次の問題を解いてみてください。

問3　【先生が作った図②】を見て、次の（1）、（2）に答えなさい。

（1）　【先生が作った図②】のすべての空港が、＜パターン1＞のようにすべて直行便で結ばれる
　　　場合、路線は何本必要か、答えなさい。

（2）　【先生が作った図②】の空港の中にハブ空港を2つ設置し、どの空港から出発しても、2回
　　　以内の乗りかえで他のすべての空港に到着できるような航空路線を考えたいと思います。解答
　　　用紙の図に、路線を表す線を引いて、航空路線図を完成させなさい。ただし、次の【条件】に
　　　従うこと。

【条件】

・ハブ空港として設置した２つの空港の は、例１のようにぬりつぶすこと。

・ハブ空港からは２本以上の路線が運航しているようにすること。

・路線を表す線は、合計で９本とし、矢印などではなく、例２のように線で示すこと。

・路線を表す線は、他の線と交差しないように示すこと。

・路線を表す線は、空港の上を通過することがないように示すこと。

例１：

資料４　車輪の「ハブ」

ハブ

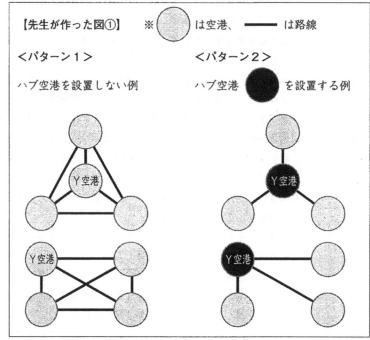

【先生が作った図②】　※ は空港

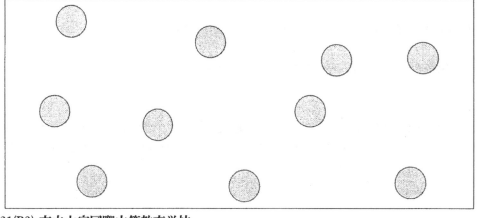

太郎さんは、お父さんがインターネットのウェブサイトで注文した本が、次の日すぐに家に届い
たことを思い出し、宅配便のしくみについて調べていると、トラックで輸送される宅配便について
の資料5、資料6を見つけました。

【太郎さんと花子さんの会話③】
太郎さん：おもしろい資料を見つけたので、いっしょに見てください。
花子さん：いいですよ。資料5は、2018年1月から2020年7月までの宅配便の取扱個数を
　　　　　表しているのですね。
太郎さん：はい。2020年は途中までしか数字が書かれていませんが、取扱個数がどのように変
　　　　　化しているかがわかります。何か気づいたことはありますか。
花子さん：2018年も2019年も、12月が一番宅配便の取扱個数が多いですね。
太郎さん：そうですね。そして、資料6は、前の年の同じ月を100％としたときに、月ごとの宅
　　　　　配便の取扱個数を、前の年の同じ月の個数と比較して、増減を表したグラフです。
花子さん：このグラフ、月の表示がすべて消えてしまっているようですね。
太郎さん：そうなのです。図書館でこの資料をコピーしたのですが、うまくできていなかったよう
　　　　　です。しかし、資料6のグラフは、2019年のある月から2020年の同じ月までの
　　　　　変化を表していたことは覚えています。
花子さん：資料6のある月を　あ　月としましょう。資料5とあわせて考えれば、　あ　に
　　　　　入る数字がわかりますよ。

問4　【太郎さんと花子さんの会話③】をもとに資料6の　あ　にあてはまる月を数字で答えなさ
　　　い。

資料5　宅配便取扱個数の推移

	2018年	2019年	2020年
1月	309,432	319,995	324,159
2月	306,737	306,194	315,034
3月	338,851	349,174	368,025
4月	327,198	341,192	377,206
5月	339,364	333,709	381,322
6月	346,286	339,789	399,727
7月	390,569	397,838	430,533
8月	333,511	327,487	
9月	319,226	347,269	
10月	360,103	343,816	
11月	370,113	361,227	
12月	461,691	458,841	

（単位：千個）

資料6　宅配便取扱個数の前年同月比の変化

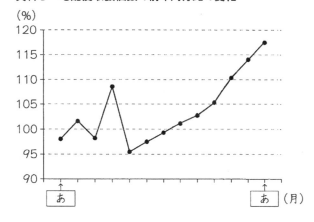

資料5、資料6（国土交通省ウェブサイトをもとに作成）

－6－

2

> 太郎さんは、本で見かけた白と黒の碁石の問題に取り組んでいますが、難しくて困っていました。それを見たお父さんが声をかけてきました。

次の問1〜問5に答えなさい。

【本で見かけた白と黒の碁石の問題】
　9つのマスが一列に並んでいます。そのマスの中には、**図1**のように白と黒の碁石が4個ずつ、左側に白の碁石、右側に黒の碁石、真ん中のマスを1マス空けて置かれています。〈ルール〉に従って碁石を動かし、**図2**のように白と黒の碁石をすべて入れかえます。最も少ない回数ですべての碁石を入れかえるには何回動かせばよいでしょうか。

〈ルール〉
・碁石はマスの中でしか動かすことができない
・白い碁石は右に、黒い碁石は左にしか動かすことができない（逆には動かすことができない）
・碁石を動かしたい場合、となりのマスが空いていれば、そのマスに動かすことができる
・動かしたい碁石のとなりのマスに異なる色の碁石がある場合、その碁石を飛びこえて、となりの空いたマスに動かすことができる（同じ色の碁石や2個以上連続した碁石を飛びこえることはできない）
・同じ色の碁石を続けて動かしてもよい

図1 ○ ○ ○ ○ 　 ● ● ● ●
図2 ● ● ● ● 　 ○ ○ ○ ○

【太郎さんとお父さんの会話①】
お父さん：何か困っているみたいだね。
太郎さん：本で見かけた問題が、難しくて解けません。よい方法があれば教えてください。
お父さん：面白そうな問題だね。碁石を持っておいで。それで実際に動かして考えてみよう。こういうときはまず、数が少ない場合から考えることが重要だよ。マスを3マスにして白と黒の碁石を1個ずつ置くよ。これで入れかえてごらん。

太郎さん：これは簡単にできました。
お父さん：大事なのは、どう動かしたかを記録しておくことだよ。
太郎さん：「黒白黒」の順に動かすと、3回で入れかえることができたから、「黒白黒」と記録しました。
お父さん：その調子。白から動かしても「白黒白」で3回だね。つまり、動かし始める色と回数は関係ないということだね。では、黒から動かす動かし方でやることとしよう。マスを5マスに増やして、白と黒の碁石を2個ずつ置いて入れかえてごらん。

1回目

2回目

3回目

問1　太郎さんは**図3**のようにマスを5マスに増やして、白と黒の碁石を2個ずつ置いて碁石を動かしました。このとき、何回で入れかえることができたか、回数を答えなさい。

図3

【太郎さんとお父さんの会話②】

お父さん：では、今度は図4のようにマスを7マスに増やして白と黒の碁石を3個ずつ置いて考えてみよう。

図4

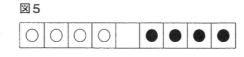

太郎さん：さっきみたいに、黒の碁石から順に動かしていくと……。
　　　　　「黒白白黒黒黒白白白黒黒黒白白黒」の順に動かせば入れかわりました。

お父さん：今までの記録を見て何か気付いたことはないかな。

太郎さん：記録を見て考えてみます。同じ色の碁石を続けて動かした回数を数字で表して説明します。最初の3マスのときは黒1回、白1回、黒1回で入れかえることができたので、「111」。同じように考えると5マスのときは「　　A　　」、7マスのときは、「1233321」。だから……、動かす順番には、きまりがありますね。

お父さん：よく気がついたね。ではもう自分で解けるかな。

太郎さん：はい。きまりを使って予想してから、実際に動かして確かめてみます。

問2　【太郎さんとお父さんの会話②】にある　　A　　にあてはまる5つの数字を答えなさい。

問3　図5のようにマスを9マスに増やして、白と黒の碁石を4個ずつ置いて碁石を動かしました。次の問いに答えなさい。

（1）　何回で入れかえることができたか、回数を答えなさい。

（2）　【太郎さんとお父さんの会話②】にある「111」や「1233321」のように、同じ色の碁石を続けて動かした回数を、数字で表しなさい。

図5

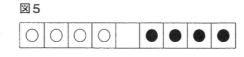

　太郎さんは、碁石の問題から「きまりのある動き」について興味をもち、インターネットで調べていたところ、ダンゴムシの動き方には、きまりのようなものがあることがわかりました。

【太郎さんとお父さんの会話③】

太郎さん：ダンゴムシの動き方にはきまりがあるようです。

お父さん：どのような動き方をするのかな。

太郎さん：歩き回るときに、右に曲がると次は左に曲がり、左に曲がると次は右に曲がると、ある
　　　　　ウェブサイトに書いてありました。

お父さん：それは面白いね。ここに迷路とプログラミングすることによって動くことができるロボ
　　　　　ットがあるよ。ロボットが迷路のスタートの位置から動き出し、ゴールまでたどりつく
　　　　　ことができるように動き方のプログラムを組んでみてはどうかな。

太郎さん：とてもおもしろそうですね。

お父さん：ただ、このロボットは動き方を4つまでしかプログラムできないよ。1つ目、2つ目、
　　　　　3つ目、4つ目のプログラムを順に実行した後は、1つ目のプログラムに戻り、2つ目、
　　　　　3つ目、4つ目と繰り返し、実行していくロボットだよ。

太郎さん：このロボットは、電源を入れている間は直進するのですね。

お父さん：そうだね。プログラムは、「壁にぶつかると90度右
　　　　　へ進む方向を変える」と「壁にぶつかると90度左へ
　　　　　進む方向を変える」の2つのパターンしかないので、
　　　　　気をつけてね。また、プログラムを実行した後、図6
　　　　　のようにすぐに壁にぶつかってしまったらロボットは
　　　　　その場で停止してしまうので、注意して、図7の迷路
　　　　　をスタートからゴールまでたどりつけるように考えて
　　　　　みてね。

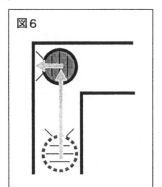

図6

太郎さん：とても難しいですね。4つのプログラムの実行を1セ
　　　　　ットとしたとき、何セットでゴールまでたどりつくこ
　　　　　とができるのか教えてくれませんか。

お父さん：ちょうど4セットでゴールまでたどりつくことができるよ。

太郎さん：ありがとうございます。ゴールまでたどりつくことができるよう考えてみます。

　太郎さんは、ロボットを図7の迷路のスタートの位置に矢印の方向へ向けて置き、電源を入れ、
動き出した後、ゴールまでたどりつくことができるプログラムを考えました。

【太郎さんとお父さんの会話④】

太郎さん：ちょうど4セットでゴールすることができました。

お父さん：すごいじゃないか。どのようなプログラムを組んだのかな。

太郎さん：プログラムの1つ目は　A　、2つ目は　B　、3つ目は　C　、4つ目は
　　　　　　D　でゴールすることができました。

お父さん：正解、よくわかったね。

問4 【太郎さんとお父さんの会話④】にある空らん　A　、　B　、　C　、　D　にあ
てはまる内容を次のア、イから選び、それぞれ記号で答えなさい。

　　　ア　壁にぶつかると、90度右へ進む方向を変える
　　　イ　壁にぶつかると、90度左へ進む方向を変える

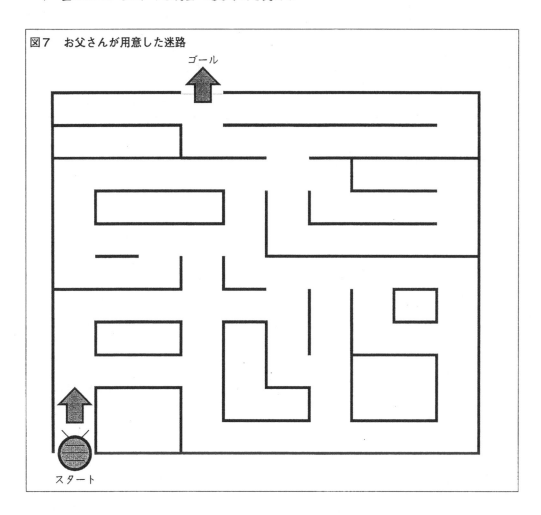

図7　お父さんが用意した迷路

ゴール

スタート

【太郎さんたちの会話①】

太郎さん：プログラムをうまく組むことができてよかったです。他にも何か一緒にやりませんか。

お父さん：ここに出る目の数が1から6まであるサイコロと立方体の積み木があるよ。ルールを決
　　　　　めるとこれだけでも楽しいゲームができるよ。

太郎さん：どのようなゲームですか。

お父さん：サイコロを3回振って出た目の数だけ立方体の積み木を積んでいくゲームはどうかな。

お母さん：わたしも一緒にやりたいな。

太郎さん：では、3人で一緒にやりましょう。

お父さん：はじめにルールを作ろう。

【ゲームのルール】
・3人がサイコロを振り、それぞれの場所で出た目の数だけ、積み木を1つずつ上に重ねて積んでいく。
・水平な床の上に積みあげた積み木1つにつき、1点とする。
・サイコロは1人につき3回振ることとする。
・1回目の1個目は水平な床の上に置き、続けてその上に積んでいく。2回目は1回目に積まれた積み木の上に積んでいく。3回目も2回目までに積まれた積み木の上に積んでいく。
・積んでいる途中に積み木を1つでも崩してしまった場合は、その回までの点数はすべてなくなってしまい、次の回は再び水平な床の上から積んでいくこととする。
・3回目を終えたときに積まれている積み木の数を、それぞれの最終得点とする。なお、3回目の積み木を積んでいる途中に積み木を1つでも崩してしまった場合、最終得点は0点とする。

太郎さんたちは【ゲームのルール】に従ってゲームを楽しみ、終了後に話をしています。

【太郎さんたちの会話②】
太郎さん：とても楽しかったです。そういえば、お父さんの3回目のサイコロの出た目の数は、「3」でしたよね。
お父さん：そうだよ。1回目も「3」で、2回目は「4」だったね。崩すことなく積み上げたから、2回目までの点数は7点だったよ。
太郎さん：お父さんは、最後まで1回も崩すことなく積み上げていましたね。だから最終得点は10点でしたね。何かコツがあるのですか。
お父さん：コツではなく、集中力の問題だよ。太郎も集中力を高めて、このゲームをもう一度やれば、今回のわたしのように最終得点で1位をとれるかもしれないね。
太郎さん：そうですね。3回目は積み木を崩してしまいましたが、きちんと積んでいれば、最終得点でお父さんを抜いて1位だったのですが。
お母さん：わたしも1回目の出た目の数が「5」だったのに、1回目を積んでいる途中で崩してしまったことが、悔やまれますね。しかし、2回目以降は崩すことなく、積み上げることができました。
太郎さん：お母さんが1回目に積み木を崩していたから、1回目までの得点では、わたしは2位だったのに。
お父さん：そうだね。
太郎さん：あと、運も少しなかった気がします。2回目のサイコロの出た目の数も大きい数字ではなかったし……。
お母さん：太郎は、1回目のサイコロの出た目の数より、2回目のサイコロの出た目の数の方が1だけ大きい数字が出たのですから、運が上がってきているということですよ。
太郎さん：そう言われればそうかもしれません。あっ、そういえば、わたしの2回目のサイコロの出た目の数と、お母さんの3回目のサイコロの出た目の数は同じでしたね。
お母さん：そういえばそうでしたね。
太郎さん：あと、わたしの2回目までの得点と、お母さんの最終得点は同じでしたよね。
お父さん：そうだったね。太郎の3回目のサイコロの出た目の数がどのような数字でも崩さなければ、お母さんには勝てたということだね。
太郎さん：くやしいですね。また明日、今回のゲームをやりましょう。
お父さん：わかった。明日も負けないぞ。

問5　【太郎さんたちの会話②】から、お母さんの2回目と3回目のサイコロの出た目の数はそれぞれいくつか、数字で答えなさい。

　花子さんは、テレビのニュースを見て気になった「ＡＩ」について説明されている本を図書館で見つけたので、読んでみることにしました。

　次の文章は、森川幸人著「イラストで読むＡＩ入門」（筑摩書房）の一部です。これを読んで、問１〜問５に答えなさい。

　これから、※1ＡＩが大きく問題になるとしたら、それは二〇四五年ごろに起こるとされる「シンギュラリティ」の時でしょう。「シンギュラリティ」は「技術的特異点」という、なんだかよくわからない呼び方をされているものですが、要するに、ＡＩがこのまま進化を続けていくといつか人間の知能を超えてしまい、人間の生活に大きな変化が起こるとされる地点のことです。レイ・カーツワイルという学者が言い始めたのですが、二〇四五年という時期には何の確証もなく、現在は①その言葉が一人歩きしているような状況です。

　シンギュラリティが起こるとする人たちの言い分は、ＡＩがこのまま進化していつか人間の能力を超え、人間には理解が及ばないことを自分たちで判断するようになると、人間はその結果だけを「はい、わかりました」と受け入れるだけの存在になってしまう、②そのようなブラックボックス化がどんどん進むだろう、というようなことです。

　特に最近は、その主張の一部である「ＡＩに職が奪われる」というところだけが変に※2クローズアップされています。自分たちよりも優れた得体の知れない知性が、我々に命令だけ下し、我々は理由もよくわからず受け入れるだけという状況になるのではないか。そう恐れるわけですね。

　③シンギュラリティ問題のときによく冗談で言われる話があります。自宅にチェスか何かのＡＩがいるとします。そのＡＩがチェスの大会に行くときに、人間が「負けるんじゃないぞ」と※3発破をかけると、ＡＩは「負けてはいけない」という指示を実行しようとします。「負けないということは、チェスのプレイ上で負けない以前に、相手が戦闘不能になればいい。ということは……」と馬鹿真面目に考え、その結果、たとえば「では、相手の家の電源が落ちればいいだろう」あるいは「自分の電源が落とされないように、街全体の電源を、全部自分用に※4キープすればいいのではないか」という答えを導き出し、実行する。そのようなことをやりかねない、というのです。

　人間であれば、やっていいことと悪いことや、両者のバランスの取り方について、よほどの犯罪者は別にして、何となく無意識のうちに判断できています。しかしＡＩだと「何となく理解」ということはありませんし、そもそも命を持っていないので、命の尊さを感じることもないため、極端なことをやる可能性があるというわけですね。大げさにいえば、「自分と主人を守れれば、その結果として、他の人類は滅びていい」と考えかねない。そのようなことが④シンギュラリティ派の人たちの"脅し文句"です。

　しかし、※5大概のＡＩ学者はそんなことは信じていません。「ＡＩはそこまでバカじゃない」ということではなく、むしろ「そこまで賢くなれないだろう」という方向です。ロボットとしてある程度の身体性を持ったとしても、そこまで気を回してさまざまな対策を取るようなところまではいけないのではないか、と考えているわけですね。当然、人間が知識を与えるときにも予防策は入れていくわけで、まずそんなことは起こらないだろうというのが大方の意見です。

　「機械が人の職を奪う」というのも、※6産業革命の蒸気機関の発明以来、何度も繰り返されてきた話です。西洋人は日本人に比べて、このような話に敏感なところがあります。日本の場合、技術職の仕事が機械に奪われてなくなっても、総務や営業などの別部署に回るような横の※7異動がありますが、西洋では職種ごとの※8ギルドが職業のベースになっているので、一つの仕事がなくなると本当にその

人の仕事がなくなってしまいます。ですから西洋では「ロボットもコンピュータもインターネットも蒸気機関も、我々の仕事を奪う」と考える傾向が強いのです。これは日本人にはあまりピンとこないことかもしれません。

（一部、ふりがなをつけるなどの変更があります。）

※1　ＡＩ……人工知能。人間の知的なはたらきをコンピュータを用いて人工的に再現するもの。
※2　クローズアップ……ここでは、「大きく取り上げる」こと。
※3　発破をかける……強い言葉をかけて奮い立たせること。
※4　キープ……確保すること。
※5　大概……ほとんど。だいたい。
※6　産業革命……１７６０年前後から始まった、技術革新による産業・経済・社会の大きな変化のこと。さまざまな機械の発明で、手作業で生産していたものを工場などで大量に生産できるようになった。
※7　異動……地位や部署などが変わること。
※8　ギルド……１２００年ごろからヨーロッパに成立した同業者組合。

問1　下線部①「その言葉が一人歩きしている」とありますが、ここではどのような状況を表していますか。次のア〜エの中から最も適切なものを１つ選び、記号で答えなさい。

　　ア　だれが、いつ、どのような意味で言った言葉なのかが、だれにもわからなくなっているということ。
　　イ　何の確証もない「二〇四五年」という時期だけが注目を集めて、内容については話題にならなかったということ。
　　ウ　「人間の生活に大きな変化が起こる」ということが、人間にとってよくないことが起こるという意味でとらえられて広まっているということ。
　　エ　ＡＩが人間の知能を超えて、自分一人で歩き出してしまっているということ。

問2　花子さんは、下線部②「そのようなブラックボックス化」とはどのようなことなのか、本文を読んで【花子さんのまとめ】のようにまとめました。空らん　　Ａ　　にあてはまる内容として最も適切なものを、次のア〜エの中から１つ選び、記号で答えなさい。

　　ア　シンギュラリティを起こすのかどうかに確信が持てないまま
　　イ　人間味に欠けた命令を下したとわかっていてもしかたなく
　　ウ　指示を実行するためにあらゆる方法で目標を達成しようとするので
　　エ　ＡＩがどのようにして導き出した判断なのかがわからないまま

【花子さんのまとめ】
　高度に進化したＡＩが人間の能力を超え、　　　　　Ａ　　　　　、人間はＡＩの出した結論に従うしかなくなるということ。

問3　下線部③「シンギュラリティ問題のときによく冗談で言われる話」とありますが、このような「話」
　　で問題にされているのはどういうことか、次の空らん　　Ｂ　　にあてはまる内容を、本文中
　　から２５字でさがして書きぬきなさい。（句読点や記号は１字と数えます。）

　　　　Ａ I は、人間のように　　　　　　Ｂ　　　　　　を判断することがなく、極端なことを行う可

　　能性があるということ。

問4　下線部④「シンギュラリティ派の人たちの“脅し文句”」について、「大概のＡ I 学者はそんなこ
　　とは信じていません」と本文にありますが、なぜ信じていないのか、次の空らん　　Ｃ　　に
　　あてはまる内容を、本文中の言葉を使って１５字以上２０字以内で書きなさい。（句読点や記号は
　　１字と数えます。）

　　　　「Ａ I は指示を実行するときに、　　　　　Ｃ　　　　　はできない」と予想するから。また、
　　人間がＡ I に知識を与えるときに予防策も入れていくから。

問5　ＡIと人間との関係について、この文章で述べられている内容として最も適切なものを、次のア
　　〜エの中から１つ選び、記号で答えなさい。

　　ア　シンギュラリティが起こるとＡIが人間の知能を超えて職を奪うことになるので、人間が自分
　　　　の能力や知識を高める方法の検討が進められている。
　　イ　ＡIは進化しても人間が無意識のうちに判断できることを理解できるようにはならないので、
　　　　判断のための知識をＡIに与えることが、今後、人間の仕事になる。
　　ウ　ＡIは今後、人間よりも優れた知能を持つようになると予想し、人間の仕事はＡIに奪われ、
　　　　人はＡIの命令に従うしかなくなる、と恐れる人たちがいる。
　　エ　人間の仕事をＡIができるようになると仕事がなくなる職種も出てくるので、それに対応する
　　　　ために、横の異動がしやすい日本の組織のあり方が見直されている。

これで、問題は終わりです。

令和３年度

適 性 検 査 Ｃ

1

　　花子さんは、「海外留学」について総合的な学習の時間で発表することになり、準備をしています。

以下の会話文を読んで、問いに答えなさい。

先　　　生：花子さんは、何について発表しようと考えているのですか。

花子さん：わたしは、日本の高校生の海外留学の意向と実際に海外留学をするにあたっての課題について発表したいと思います。

先　　　生：なぜそのテーマを選んだのですか。

花子さん：はい。もともと外国に興味があり、高校生になったら３ヵ月間の海外留学をしたいと思っているからです。

先　　　生：なぜ花子さんは海外留学をしたいと考えているのですか。

花子さん：高校生のときに海外留学を経験したことのある、姉から話を聞いているうちに、外国で学ぶということに興味をもったからです。現地でさまざまな文化を体験することで、自分自身の視野が広がるきっかけになるのではと思っています。そこで海外留学について調べるうちに、いくつかの興味深い資料を見つけました。**資料１**は高校生の海外留学の意向、そして**資料２**は日本の高校生が海外留学したくない理由について調べた結果です。

先　　　生：なるほど。では、実際に海外留学をした人の意見や感想について、何かわかったことはありますか。

花子さん：はい。実際に海外留学をした高校生、大学生にたずねたアンケート調査の結果として**資料３**と**資料４**が見つかりました。

先　　　生：そうですか。それでは花子さんはどのように発表しようと考えていますか。

花子さん：はい。最初に、日本の高校生の海外留学の意向について、**資料１**と**資料２**からわかる特ちょうを述べます。そして、**資料３**を参考に海外留学をすることで期待される効果についてふれながら、海外留学が有意義なものであるということを伝えます。一方で、**資料４**から実際に海外留学をするにあたり留学前に困ったことがあるということを知りました。そこで、**資料４**にある困ったことを２つ取り上げ、それらの課題に対し、今からできることについて、自分の考えを述べます。

先　　　生：発表を楽しみにしています。

資料1　海外留学の意向

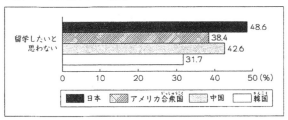

資料2　海外留学したくない理由

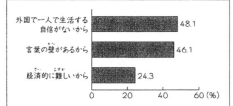

（複数回答）

資料1、資料2（独立行政法人　国立青少年教育振興機構「高校生の留学に関する意識調査報告書－日本・米国・中国・韓国の比較－（令和元年度）」をもとに作成）

資料3　海外留学前と海外留学後で比べた自分の変化について

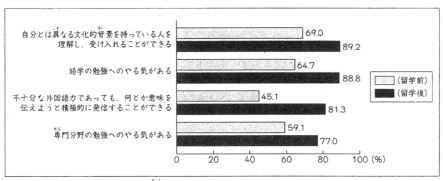

（複数回答）

（平成２９年度文部科学省委託事業「日本人の海外留学の効果測定に関する調査研究」成果報告書をもとに作成）

資料4　海外留学前に困ったこと

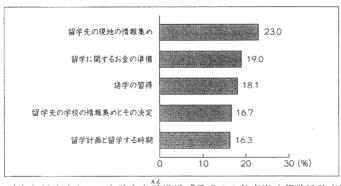

（複数回答）

（独立行政法人　日本学生支援機構「平成３０年度海外留学経験者追跡調査　報告書」をもとに作成）

問　あなたが花子さんなら、どのように発表しますか。次の条件に従って発表原稿を作りなさい。

　条件１：解答は横書きで１マス目から書くこと。
　条件２：文章の分量は、３００字以内とすること。
　条件３：数字や小数点、記号についても１字と数えること。

（例）| 4 | 2 | . | 5 | % |

　　花子さんは、今度の総合的な学習の時間の発表のために、準備をしています。

以下の会話文を読んで、問いに答えなさい。

先　　生：花子さんは、何について発表するのですか。

花子さん：わたしは、以前から関心のあった、本来は食べられるのに食品が捨てられてしまう「食品ロス」について調べて発表するつもりです。用意した資料を見てください。**資料1**からは食品ロスがさまざまな課題につながっていることがわかります。食品ロスを減らすことにより、多くの効果が期待できることもわかります。

先　　生：そうですか。他にも調べたことはありますか。

花子さん：はい。**資料2**からは、日本において1年間に発生した食品ロスの量と、どこから食品ロスが発生しているかがわかります。また、**資料3**から食品ロスの原因もわかりました。

先　　生：原因はどのようなことだったのですか。

花子さん：**資料3**にあるとおり、大きく分けて「直接※1廃棄」「食べ残し」「※2過剰除去」の3つの原因があるようです。

先　　生：よく調べましたね。どのように発表する予定ですか。

花子さん：まず、**資料1**から食品ロスを減らすことでどのような効果があるか1つ述べます。そして、**資料2**から、家庭から発生する食品ロスの量に注目し、家庭での食品ロスの量が全体に対してどのくらいの割合なのかを計算し、百分率で示します。最後に、**資料3**の原因のうち、わたしたちにとって身近なものである「直接廃棄」と「食べ残し」の項目について「原因のもととなる行動や状態」をそれぞれ1つずつ取り上げ、食品ロスを減らすためにどのような取り組みが考えられるか、具体的な取り組みをそれぞれ考え、提案したいと思います。

先　　生：それはよい発表になりそうですね。

※1　廃棄……不用なものとして捨てること。

※2　過剰除去……調理の際に、食べられる部分まで必要以上に取りのぞいてしまうこと。

令和３年度　適性検査Ａ　解答用紙（２）

４

問1

問2
A
B

５

問1

問2　A　　　　　　B　　　　　C

問3
15
30

□や□の欄には、何も記入しないこと。

性　別	受　検　番　号

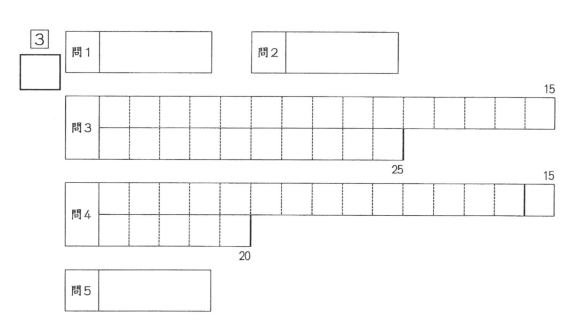

令和３年度　適性検査Ｂ　解答用紙（２）

2

問1 ［　　　　　　　］回

問2 ［　　　　　　　　　　　］

問3
(1) ［　　　　　　　　　］回
(2) ［　　　　　　　　　　　　］

問4　A ［　　　　］　B ［　　　　　　］　C ［　　　　　　］　D ［　　　　　　］

問5　２回目のサイコロの出た目の数　［　　　　　］、３回目のサイコロの出た目の数

3

問1 ［　　　　　　　］

問2 ［　　　　　　　］

問3
```
                                                              15
┌─┬─┬─┬─┬─┬─┬─┬─┬─┬─┬─┬─┬─┬─┬─┐
│ │ │ │ │ │ │ │ │ │ │ │ │ │ │ │
├─┴─┴─┴─┴─┴─┴─┴─┴─┘
                               25
```

問4
```
                                                              15
┌─┬─┬─┬─┬─┬─┬─┬─┬─┬─┬─┬─┬─┬─┬─┐
│ │ │ │ │ │ │ │ │ │ │ │ │ │ │ │
├─┴─┴─┴─┘
          20
```

問5 ［　　　　　　　］

性　別	受　検　番　号

□や□の欄には、何も記入しないこと。

2

100

200

300

の欄には、何も記入しないこと。

性　別	受 検 番 号

K教英出版

令和３年度　適性検査Ｃ　解答用紙（３）

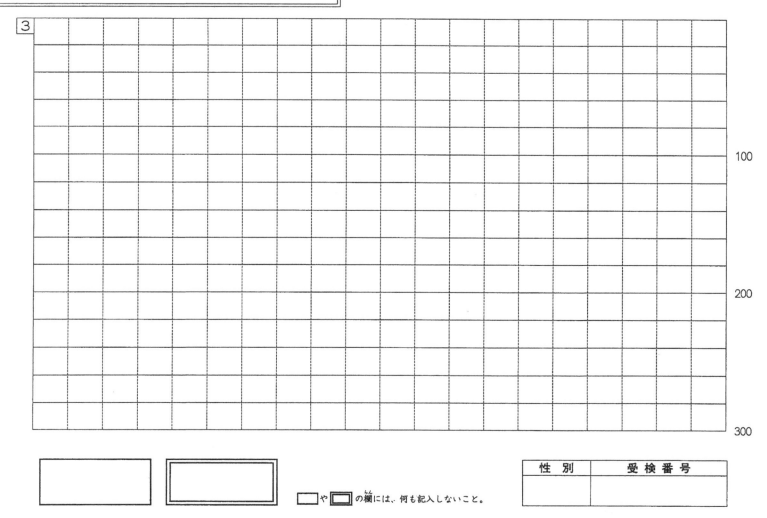

3

100

200

300

性　別	受　検　番　号

□や▭の欄には、何も記入しないこと。

※100点満点
（配点非公表）

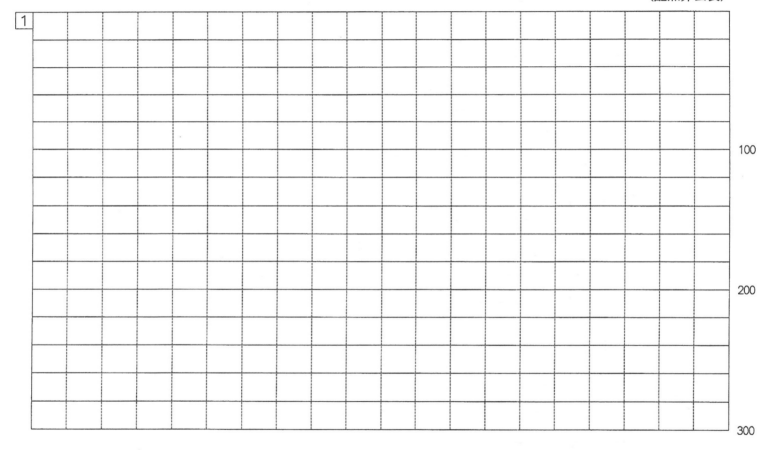

100

200

300

性　別	受　検　番　号

□の欄には、何も記入しないこと。

令和３年度　適性検査Ｂ　解答用紙（１）

※100点満点
（配点非公表）

1

問1		→ 　　　→ 　　　→

問2	（1）	
	（2）	

問3	（1）	本
	（2）	

問4	

□や□の欄には、何も記入しないこと。

性　別	受　検　番　号

【解答】

令和３年度　適性検査Ａ　解答用紙（１）

※100点満点
（配点非公表）

1

問1		問2		問3	

問4		問5	→　　　　　→　　　　　→

2

問1	(1)	cm³	(2)	cm³
	(3)	%		

問2	(1)	蹴上げの高さ　　　　cm，踏み面の長さ　　　　cm
	(2)	cm³

3

問1		問2	

問3	B		C		問4	

問5		円

□や□□の横には、何も記入しないこと。

性　別	受　検　番　号

【解答

資料1　食品ロスにかかわる課題と食品ロスを減らすことにより期待される効果

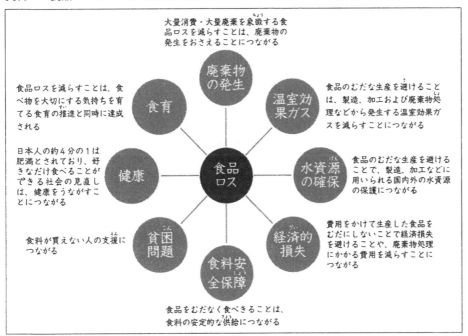

大量消費・大量廃棄を象徴する食品ロスを減らすことは、廃棄物の発生をおさえることにつながる

食品のむだな生産を避けることは、製造、加工および廃棄物処理などから発生する温室効果ガスを減らすことにつながる

食品ロスを減らすことは、食べ物を大切にする気持ちを育てる食育の推進と同時に達成される

食品のむだな生産を避けることで、製造、加工などに用いられる国内外の水資源の保護につながる

日本人の約4分の1は肥満とされており、好きなだけ食べることができる社会の見直しは、健康をうながすことにつながる

費用をかけて生産した食品をむだにしないことで経済損失を避けることや、廃棄物処理にかかる費用を減らすことにつながる

食料が買えない人の支援につながる

食品をむだなく食べきることは、食料の安定的な供給につながる

（廃棄物の発生／温室効果ガス／食育／食品ロス／水資源の確保／健康／貧困問題／経済的損失／食料安全保障）

資料2　日本において1年間に発生した食品ロスの量（万トン）

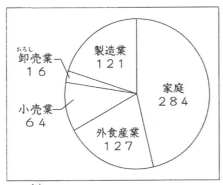

製造業 121
卸売業 16
小売業 64
外食産業 127
家庭 284

（環境省　ウェブサイト（平成29年のデータ）をもとに作成）

資料3　食品ロスの原因

原因	原因のもととなる行動や状態
直接廃棄	必要以上に買いすぎてしまう
	調理法を知らなくて食材を調理しきれない
食べ残し	必要以上に作りすぎてしまう
	買ったものや作ったものを放置して忘れてしまう
過剰除去	調理技量が不足している
	健康に気をつかいすぎている

資料1、資料3（環境省「食品ロスを減らすために、私たちにできること」をもとに作成）

問　あなたが花子さんなら、どのように発表しますか。次の条件に従って発表原稿を作りなさい。計算結果は小数第2位を求めて四捨五入し、小数第1位まで書きなさい。なお、数式は書かなくてよいものとします。

条件1：解答は横書きで1マス目から書くこと。
条件2：文章の分量は、300字以内とすること。
条件3：数字や小数点、記号についても1字と数えること。

（例）| 4 | 2 | . | 5 | % |

3

> 花子さんは、家の近所に同じような自転車が何台も並んでいる駐輪場があることに気づき、インターネットで調べてみたところ、「さいたま市コミュニティサイクル」というサービスがあることを知り、それについて先生に話をしました。

以下の会話文を読んで、問いに答えなさい。

花子さん：「さいたま市コミュニティサイクル」は、駅前やまちなかに設置されている、ポートという専用の駐輪場で自転車を借りて利用し、利用後は別のポートに返すことができるサービスだと知りました。家に自転車がなくても自転車を利用することができる、便利なしくみだと思います。

先　　生：全国的にも増えてきた、新しい交通手段のひとつですね。一般的にはシェアサイクルと呼ばれることもあります。

花子さん：はい。そこで、全国でどのくらいの都市がシェアサイクルのサービスを導入しているのかを調べていると、**資料1**を見つけました。さらに、どのような目的で導入したのかを調べていると、**資料2**を見つけました。

先　　生：よく調べましたね。シェアサイクルは、全国的に観光地で使われることが多いようです。

花子さん：わたしの姉は、高校生のときの修学旅行で、シェアサイクルのサービスを利用しようとしたときに、ポートに1台も自転車が残っておらず、利用できなかったことがあるそうです。そこで、シェアサイクルの観光地における課題を調べてみると、**資料3**を見つけました。自転車に乗ることはとても楽しいですし、シェアサイクルは便利なサービスなので、観光地でももっと広まってほしいです。

先　　生：では、シェアサイクルのサービスの利用について、帰りの会のスピーチで発表してみませんか。

花子さん：わかりました。それでは、発表原稿を作ってみます。まず、**資料1**から、全国でシェアサイクルのサービスを実施している都市の数がどのように変化しているかについて述べます。次に、**資料2**から、全国の都市がシェアサイクルのサービスをどのような目的で導入しようとしたか、最も多かった回答をあげます。そして、**資料3**から観光地におけるシェアサイクルのサービスの課題について最も多く回答されたものにふれ、その改善策を具体的に2つ考えて提案します。最後に、シェアサイクルに対するわたしの考えを、クラスのみんなに伝えたいと思います。

先　　生：さいたま市にも多くの観光名所があります。花子さんの考えがさいたま市でもいかされるといいですね。すばらしい発表になることを期待しています。

資料１　シェアサイクルの実施都市数の推移

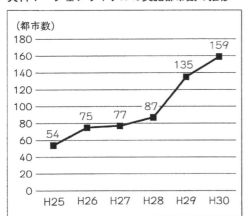

資料２　シェアサイクルの導入目的

（複数回答）

資料３　観光地における課題について（上位４項目）

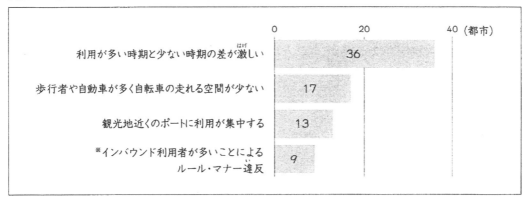

（複数回答）

資料１～資料３（国土交通省「シェアサイクルの取組等について」をもとに作成）
※インバウンド……日本を訪れる外国人旅行客。

問　あなたが花子さんならどのような発表原稿を作成しますか。次の条件に従って書きなさい。

　条件１：解答は横書きで１マス目から書くこと。
　条件２：文章の分量は３００字以内とすること。
　条件３：数字や小数点、記号についても１字と数えること。

（例）　４２．５％

これで、問題は終わりです。

令和２年度

適 性 検 査 Ａ

さいたま市立大宮国際中等教育学校

　　※問題は、問1〜問5までの5問あります。

　　※英語はすべて2回ずつ読まれます。問題用紙にメモを取ってもかまいません。答えはすべて解答
　　　用紙に記入しなさい。

問1　Daiki（だいき）さんと店員の女性が話をしています。2人の話を聞いて、だいきさんが買うも
　　のに合う絵を次のア〜エの中から1つ選び、記号で答えなさい。

　ア　　　　　　　　　　　　　　　　　　　　イ

　ウ　　　　　　　　　　　　　　　　　　　　エ

 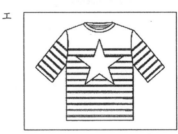

問2　Ted（テッド）さんとYukina（ゆきな）さんが話をしています。2人の話を聞いて、内容に合
　　う絵を次のア〜エの中から1つ選び、記号で答えなさい。

　ア　　　　　　　　　　　　　　　　　　　　イ

　ウ　　　　　　　　　　　　　　　　　　　　エ

問3　Saki（さき）さんと Mike（マイク）さんが話をしています。２人の話を聞いて、内容に合う絵を次のア〜エの中から１つ選び、記号で答えなさい。

問4　地図上の　のところで行われた道案内の対話を聞いて、それぞれの対話の目的地の場所を示しているものを地図上のA〜Eの中から１つずつ選び、記号で答えなさい。対話は No.1 と No.2 の２つで、それぞれ別の人物によって、矢印の方向を向いて行われたものです。

地図

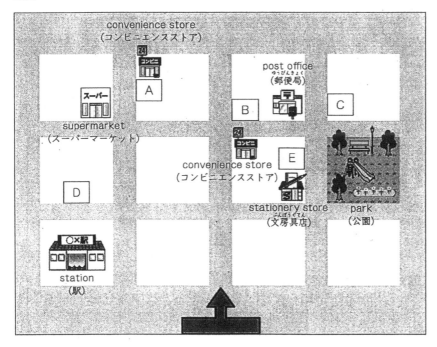

問5　グローバル・スタディ（英語）の授業で、ALT（外国語指導助手）がYou（あなた）にYour friend（あなたの友達）について質問しています。表は、授業の前半であなたが友達4人に好きなものをたずねて作ったものです。あなたは4人のうちだれについて答えていますか。正しいものをア〜エの中から1つ選び、記号で答えなさい。

表

name （名前）	food （食べ物）	sport （スポーツ）	animal （動物）	subject （教科）
Kana （かな）	curry and rice （カレーライス）	baseball （野球）	cats （ネコ）	math （算数）
Aiko （あいこ）	chocolate （チョコレート）	tennis （テニス）	cats （ネコ）	English （英語）
Shizuka （しずか）	potato chips （ポテトチップ）	tennis （テニス）	dogs （イヌ）	math （算数）
Naomi （なおみ）	chocolate （チョコレート）	volleyball （バレーボール）	cats （ネコ）	English （英語）

ア　Kana（かな）

イ　Aiko（あいこ）

ウ　Shizuka（しずか）

エ　Naomi（なおみ）

2

太郎さんと花子さんは修学旅行委員として、修学旅行の計画を先生といっしょに立てています。

次の問1〜問4に答えなさい。

太郎さんたちは、次の【条件】にしたがって「A神社、B寺、C城」の3つの見学地をどのような順番でまわるか、考えています。

【条件】
・計画の出発地点は駅とします。駅を出発する時刻は13時30分とします。
・駅から駅のバス停までは歩いて2分かかります。
・バスの出発時刻は、すべてのバス停で、毎時00分から等間隔になっています。例えば、20分間隔でバスが出ている場合、13時台だと、13時00分、13時20分、13時40分にバスが出ていることをさします。
・駅のバス停とA神社間、駅のバス停とB寺間、駅のバス停とC城間は、行きも帰りも6分間隔でバスが出ています。
・駅のバス停とA神社間はバスで28分、駅のバス停とB寺間はバスで18分、駅のバス停とC城間はバスで20分かかります。
・A神社とB寺間は、行きも帰りも10分間隔でバスが出ており、31分かかります。
・B寺とC城間は、行きも帰りも12分間隔でバスが出ており、32分かかります。
・C城とA神社間は、行きも帰りも15分間隔でバスが出ており、27分かかります。
・それぞれの見学にかかる時間は以下のとおりとします。見学時間は必ず確保しなければなりません。なお、バス停と見学地の移動時間も見学にかかる時間に含むものとします。
　　A神社　50分間　　　　B寺　30分間　　　　C城　45分間
・A神社、B寺、C城とも、見学ができる時刻は18時00分までです。
・見学が終わった時刻が、ちょうどバスの出発時刻にあたる場合は次のバスに乗るものとします。
・一度乗った区間のバスには再び乗らないものとします。
・3つの見学地をまわったあと、駅にもどることとします。駅のバス停から駅までは歩いて2分かかります。

問1　太郎さんたちが「A神社、B寺、C城」のすべてをまわるまわり方は、全部で何とおりあるか答えなさい。

問2　太郎さんたちは、A神社を最後に見学して駅にもどる計画を立てました。このとき、最も早く駅に到着する時刻を答えなさい。

— 4 —

【太郎さんたちの会話】

先　　生：みなさんに男子の部屋割を考えてもらいたいと思います。6年生の男子は全部で31人です。5人まで泊まることのできる部屋を9部屋使うことができます。

太郎さん：すべての部屋を5人部屋にしたら45人まで泊まれるのですね。

花子さん：9部屋すべてを使ってよいのですか。

先　　生：病気やけが人が出たときのために、予備の部屋を1部屋だけ取っておいてください。残りの部屋は、1部屋に泊まる人数の差ができるだけ少なくなるように使いましょう。

問3　先生の話のとおりに男子の部屋割を決めるとき、1部屋に泊まる人数が最も多い部屋は何人部屋か答えなさい。また、その部屋はいくつあるか答えなさい。

修学旅行が始まりました。見学を終え、旅館に着きました。旅館では夕食に湯豆腐が出されました。

【太郎さんと先生の会話】

太郎さん：これは何ですか。

先　　生：これは紙のなべです。下にある燃料に火をつけて、紙のなべに入った水や豆腐をあたためます。この炎の温度は約1000℃になります。

太郎さん：紙のなべだと、燃えてしまいませんか。

先　　生：ものが燃え始める温度を発火点といいます。紙の発火点は約300℃なので、何も入っていない紙のなべにこの炎がつくと燃えてしまいます。しかし、この紙のなべの中には水が入っています。水と接している部分にこの炎を当てても、紙のなべの温度は　　　　　　　A　　　　　　　ので、燃えないのです。

太郎さん：そうなのですね。あ、紙のなべの底からぐつぐつと大きなあわが出てきました。早く食べたいですね。

問4　【太郎さんと先生の会話】の　　　　　A　　　　　では、紙のなべが燃えない理由を説明しています。あてはまる内容を「ふっとう」と「発火点」という2つの言葉を使って、書きなさい。

3

～～～～～～～～～～～～～～～～～～～～～～～～～～～～～～～～～～～～～～～
　　花子さんは、校外学習でさいたま市青少年宇宙科学館を訪れました。
～～～～～～～～～～～～～～～～～～～～～～～～～～～～～～～～～～～～～～～

次の問１～問５に答えなさい。

┌───┐
│【花子さんと科学館の職員の会話①】   │
│花子さん：この科学館には、プラネタリウムがあるのですね。   │
│職　　員：星などの天体のようすを知るために、多くの人が利用しています。│
│花子さん：プラネタリウムを見る人の数は、増えているのですか。 │
│職　　員：プラネタリウムの利用者数は、「一般」と、みなさんのような「校外学習」にわけて記録│
│　　　　　しています。平成１９年度の利用者数の合計は約４２６００人でした。また、平成２９│
│　　　　　年度の利用者数の合計は約６０４００人で、そのうち、「校外学習」での利用者がおよ│
│　　　　　そ３０％です。「校外学習」での利用者数はここ１０年、それほど変わっていません。│
└───┘

問１　【花子さんと科学館の職員の会話①】から、プラネタリウムの「一般」の利用者数を表している
　　　グラフと、「校外学習」の利用者数を表しているグラフを、次のア～エの中からそれぞれ１つずつ
　　　選び、記号で答えなさい。

ア
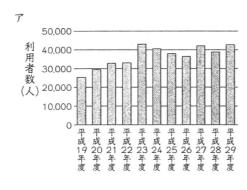

イ
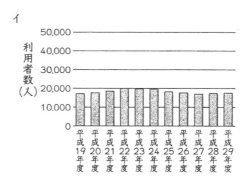

ウ
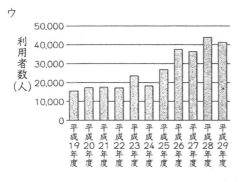

エ
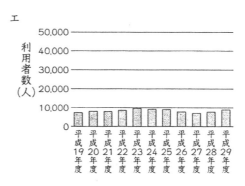

【花子さんと科学館の職員の会話②】

花子さん：とても大きなふりこですね。

職　　員：「フーコーのふりこ」といいます。ふりこの長さ
　　　　　は7m、重さは6kgもあります。

花子さん：学校で作ったふりこは、はやくふれましたが、
　　　　　このふりこはとてもゆっくりふれるのですね。こ
　　　　　れだと1日にふれる回数は少ないのでしょうね。

職　　員：そうですね。「フーコーのふりこ」は、日本各地
　　　　　の科学館や博物館にあります。ふりこによって、
　　　　　1往復する時間はちがうので、1日にふれる回数
　　　　　が、このふりこより少ない「フーコーのふりこ」
　　　　　もあるかもしれませんね。

花子さん：ふりこの1往復する時間は何に関係しているのですか。

職　　員：それでは一緒に考えてみましょう。

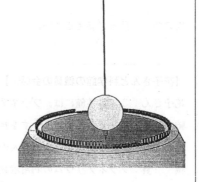

問2　花子さんは、ふりこの1往復する時間が、おもりの重さ、ふりこの長さ、ふりこのふれはばのう
　　　ち、何に関係しているかを、条件を整理して調べようと思い、以下のA〜Dの条件でふりこを作り、
　　　1往復の時間を調べる実験をしようとしました。次のア〜ウの中から適切でないものを1つ選び、
　　　記号で答えなさい。

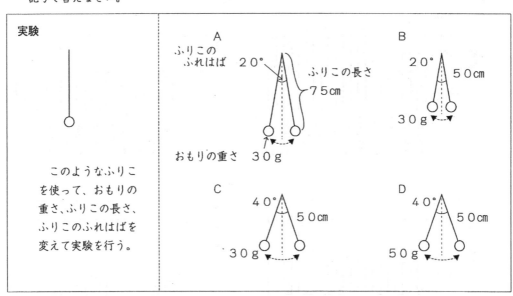

実験

このようなふりこを使って、おもりの重さ、ふりこの長さ、ふりこのふれはばを変えて実験を行う。

A　ふりこのふれはば 20°　ふりこの長さ 75cm　おもりの重さ 30g

B　20°　50cm　30g

C　40°　50cm　30g

D　40°　50cm　50g

　ア　ふりこの長さとふりこが1往復する時間の関係を調べるために、AとBを比べる。

　イ　ふりこのふれはばとふりこが1往復する時間の関係を調べるために、BとDを比べる。

　ウ　おもりの重さとふりこが1往復する時間の関係を調べるために、CとDを比べる。

【花子さんと科学館の職員の会話③】

花子さん：1往復にかかる時間が2秒のふりこを作りたいのですが、どのようなふりこを作ればよいかわかりません。

職　　員：**資料**は、おもりの重さやふりこの長さの条件を変えて調べた記録です。これを参考にしてふりこを作ってみるのはどうでしょうか。これは10往復にかかる時間の記録であることに注意してくださいね。

花子さん：わかりました。**資料**を参考に考えてみます。

資料　ふりこが10往復にかかる時間を調べた記録

おもりの重さ（g）	ふりこの長さ（cm）	10往復にかかる時間（秒）
80	25	10
30	90	19
60	130	23
10	25	10
40	80	18
80	90	19
50	110	21
70	150	25

問3　花子さんは、**資料**を参考にして、1往復にかかる時間が2秒に近いふりこを作ろうとしました。次のうち、1往復にかかる時間が2秒に最も近いふりこはどれですか。次のア〜エの中から1つ選び、記号で答えなさい。

ア　おもりの重さが80g、ふりこの長さが50cmのふりこ

イ　おもりの重さが40g、ふりこの長さが110cmのふりこ

ウ　おもりの重さが50g、ふりこの長さが100cmのふりこ

エ　おもりの重さが50g、ふりこの長さが120cmのふりこ

花子さんは、いろいろなふりこを作りたいと思い、科学館の職員に相談しました。

【花子さんと科学館の職員の会話④】

花子さん：他にもふりこを作りたいので、いろいろなふりこを紹介してください。

職　　員：それでは、支点の真下にくぎを打っておもりを静かにはなしてみてください。

花子さん：途中で支点の位置が変わりましたね。

問4　花子さんは、図1のように支点の真下にくぎを打ち、A地点からおもりを静かに離したところ、おもりはA地点と同じ高さになるB地点でいったん止まり、A地点まで戻ってきました。A地点でおもりを静かに離した後、はじめてB地点に到達するまでの時間がちょうど1秒であったとき、支点からくぎまでの長さを求めなさい。その際、前のページの「資料　ふりこが10往復にかかる時間を調べた記録」を参考にしなさい。

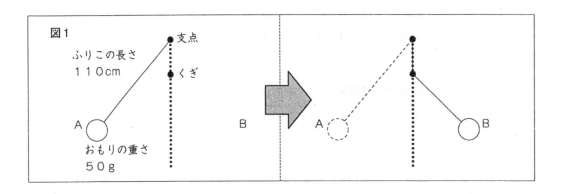

図1

ふりこの長さ
110cm

支点

くぎ

A

おもりの重さ
50g

B

A

B

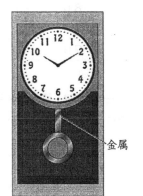

【花子さんと科学館の職員の会話⑤】

花子さん：わたしのおじいさんの家には、ふりこ時計があったと聞いたことがあります。

職　　員：ふりこ時計は、ふりこが1往復にかかる時間が変わらないことを利用したものです。

花子さん：でも、おじいさんは、時計の針をときどき動かして、時刻を合わせていたそうです。

職　　員：それは、ふりこのおもりをつなぐ部分が金属でつくられているからです。その部分が金属で作られたふりこ時計は、エアコンなどのない部屋に置かれていた場合、夏は時計の針が遅れるのです。

金属

花子さん：ふりこ時計の針が、夏になると遅れるのはふしぎですね。なぜそのようなことが起こるのでしょうか。

職　　員：夏は気温が高くなるので、| 　　　　　A　　　　　 |からです。

問5　ふりこ時計の針は、夏になるとなぜ遅れてしまうのでしょうか。【花子さんと科学館の職員の会話⑤】の| 　　　　　A　　　　　 |にあてはまる文を「金属」と「ふりこ」という2つの言葉を使って書きなさい。

（繰り返し）

（5秒後）

つぎ とい
次に、問3を行います。
　さきさんとマイクさんが話をしています。2人の話を聞いて、内容に合う絵を、問題用紙
にあるアからエの中から1つ選び、記号で答えなさい。
　それでは始めます。
（3秒後）

とい かいめ ほうそう
問3の1回目を放送します。

Saki(W):　Hi, Mike. What's your summer plan?

Mike(M):　Hi, Saki. I want to go to Aomori because I want to watch the Nebuta Festival.

Saki(W):　That's nice. I want to go to Nagano because I like mountains. I want to go hiking.

Mike(M):　Really? I went to Nagano last year and ate *soba* noodles.
（3秒後）

とい かいめ ほうそう
問3の2回目を放送します。

（繰り返し）

（5秒後）

つぎ とい おこな
次に、問4を行います。
　地図上の矢印のところで行われた道案内の対話を聞いて、それぞれの対話の目的地の場所
を示しているものを地図上のAからEの中から1つずつ選び、記号で答えなさい。対話はNo.
1とNo.2の2つで、それぞれ別の人物によって、矢印の方向を向いて行われたものです。
　それでは始めます。
（3秒後）

とい かいめ ほうそう
問4の1回目を放送します。

No. 1

Man :　　　Excuse me. Where is the police station?

Woman :　　Go straight two blocks. Turn left. Go straight one block. Turn right. The police
　　　　　　station is near the convenience store.
（3秒後）

No. 2

Man :　　　I want to go to the library. Where is it?

Woman :　　Go straight one block. Turn right. Go straight one block. Turn left. The library
　　　　　　is beside the stationery store.
　　（3秒後）

　　問4の2回目を放送します。

　　（繰り返し）

　　（5秒後）

　　最後に、問5を行います。
　　グローバル・スタディの授業で、ALTがあなたにあなたの友達について質問しています。
表は、授業の前半であなたが友達4人に好きなものをたずねて作ったものです。あなたは4
人のうちだれについて答えていますか。正しいものをアからエの中から1つ選び、記号で答え
なさい。
　　それでは始めます。
　　（3秒後）

　　問5の1回目を放送します。
ALT(M) : Does your friend like dogs?
You(W) : No, she doesn't. She likes cats.
ALT(M) : Does she like math?
You(W) : No, she doesn't. She likes English.
ALT(M) : Does she like chocolate?
You(W) : Yes, she does. She likes it.
ALT(M) : Does she play tennis?
You(W) : Yes, she does. She likes playing tennis.
　　（3秒後）

　　問5の2回目を放送します。

　　（繰り返し）

　　（5秒後）

　　これで、放送による英語の問題を終わります。

これから、放送による英語の問題を始めます。

放送による英語の問題は、問題用紙の1ページから3ページまであります。

（3秒後）

問題は、問1から問5までの5問あります。英語はすべて2回ずつ読まれます。問題用紙に
メモを取ってもかまいません。答えはすべて解答用紙に記入しなさい。

（3秒後）

はじめに、問1を行います。

だいきさんと店員の女性が話をしています。2人の話を聞いて、だいきさんが買うものに
合う絵を、問題用紙にあるアからエの中から1つ選び、記号で答えなさい。

それでは始めます。

（3秒後）

問1の1回目を放送します。

Shopkeeper(W):	How about this T-shirt?
Daiki(M):	Ummm, I don't like hearts. I like stars. I like stripes, too.
Shopkeeper(W):	OK. How about this one?
Daiki(M):	Oh, it's nice! I like this one big star with the stripes. I'll take it, please.

（3秒後）

問1の2回目を放送します。

（繰り返し）

（5秒後）

次に、問2を行います。

テッドさんとゆきなさんが話をしています。2人の話を聞いて、内容に合う絵を、問題
用紙にあるアからエの中から1つ選び、記号で答えなさい。

それでは始めます。

（3秒後）

問2の1回目を放送します。

Ted(M):	Hi, Yukina. What sports do you like? I like basketball and I play it.
Yukina(W):	Hi, Ted. I like tennis because my brother plays it.
Ted(M):	Do you play tennis?
Yukina(W):	No, I watch tennis games on TV but I don't play tennis. I play table tennis.

（3秒後）

4

~~~
　太郎さんと花子さんは、岩槻区にある岩槻城址公園の桜について話しています。
~~~

次の問１〜問４に答えなさい。

~~~
【太郎さんと花子さんの会話】

花子さん：太郎さんは、岩槻城址公園に行ったことがありますか。

太郎さん：おととしの春に行きました。桜の名所といわれるだけあって、桜の花がきれいでした。
　　　　　しかしその時は、まだ満開ではありませんでした。

花子さん：太郎さんは、おととしの春のいつごろ、岩槻城址公園に行ったのですか。

太郎さん：何月何日だったかまでは、思い出せません。

花子さん：おととしの桜の開花状況を調べれば、その日がわかるかもしれません。わたしは毎年、
　　　　　桜まつりの時期に見に行っています。

太郎さん：わたしも今年は桜まつりの時期に行こうと思います。
~~~

問１　太郎さんはおととし（２０１８年）の桜の開花状況について調べ、**資料１**、**資料２**を見つけまし
　　た。**資料１**、**資料２**から、太郎さんがおととし桜を見に行ったのはいつだと考えられますか。次の
　　ア〜エの中から最も適切なものを１つ選び、記号で答えなさい。

　　ア　３月１４日　　　イ　３月２３日　　　ウ　３月３１日　　　エ　４月１０日

資料１　開花日と満開日の意味

~~~
開花日・・・標本とする木で５〜６輪以上の花が開いた状態となった最初の日のこと。

満開日・・・標本とする木で約８０％以上のつぼみが開いた状態となった最初の日のこと。
~~~

資料２　桜の開花日と満開日を示した日本地図

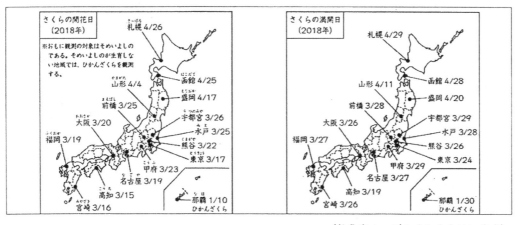

（気象庁ウェブサイトをもとに作成）

花子さんは、去年の桜まつりの会場に、たくさんの人がいたことを思い出しました。

【花子さんと先生の会話】

花子さん：わたしが岩槻城址公園の桜まつりに行ったとき、とても多くの人がいました。
　　　　　桜まつりには、他の地域から見に来ている人もいると思いますが、わたしはそれだけで
　　　　　はなく、岩槻区の人口が増えたから、多くの人が見に来たのだと思いました。実際に、
　　　　　ここ数年の岩槻区の人口は増えているのでしょうか。

先　　生：以前わたしが作成した**資料3**で、確かめてみましょう。生まれた人の数と※1転入した人
　　　　　の数を合わせた数を「増加数」、亡くなった人の数と※2転出した人の数を合わせた数を
　　　　　「減少数」と呼ぶことにします。「増加数」の方が「減少数」よりも多い場合、人口は
　　　　　増加します。逆に「減少数」の方が「増加数」よりも多い場合、人口は減少します。平
　　　　　成29年の1年間では、「　A　」の方が「　B　」よりも多いので、人口は　C
　　　　　したということがわかります。このように確かめていくと、**資料3**の5年間のうち、人
　　　　　口は平成29年まで　D　年連続で　C　していることがわかりますよ。

花子さん：そうなのですね。

※1　転入…その土地に他の土地から移り住むこと。

※2　転出…他の土地に住むため、今まで住んでいた土地を去ること。

問2　【花子さんと先生の会話】の　A　、　B　、　C　に入る言葉を、次のア〜エの中か
　　らそれぞれ1つずつ選び、記号で答えなさい。また、　D　に入る数字を書きなさい。

　　　ア　増加数　　　　イ　減少数　　　　ウ　増加　　　　エ　減少

資料3　各年の1年間（1／1〜12／31）の岩槻区の人口の変化

	生まれた人の数（人）	亡くなった人の数（人）	転入した人の数（人）	転出した人の数（人）
平成25年	687	1056	3585	3883
平成26年	627	1011	3906	3826
平成27年	684	1137	4298	3805
平成28年	666	1121	4671	3691
平成29年	656	1201	4570	3891

（平成26年〜平成30年　さいたま市「さいたま市統計書」をもとに作成）

太郎さんは家で、桜まつりに持っていくお弁当の献立(こんだて)について、お母さんと話をしています。

【太郎さんとお母さんの会話】

太郎さん：お母さん、桜まつりの日のお弁当はハンバーグがいいなぁ。

お母さん：いいわよ。でも栄養のバランスも考えて作らないといけないね。

太郎さん：そうだね。栄養バランスのよい食事をとることは、重要なことだよね。

お母さん：例えば、ごはんには、他の食品よりも炭水化物が多く含(ふく)まれているのよ。

太郎さん：それは聞いたことがあるよ。

お母さん：肉には、たんぱく質(ししつ)や脂質が多く含まれていて、鶏肉(とりにく)、牛肉、豚肉(ぶたにく)の中で鶏肉が一番脂質が少ないのよ。

太郎さん：そうなんだ。野菜はどうなの。

お母さん：野菜には、ごはんと同じように炭水化物が他の食べ物よりも多く含まれていて、水分が多いのが特徴(とくちょう)よ。タマネギにはピーマンよりカルシウムが多く含まれているわ。

太郎さん：ぼくの好きな卵(たまご)には、カルシウムがどのくらい含まれているのかなぁ。

お母さん：卵には、今話した７つの食品の中で一番カルシウムが多く含まれているわ。

太郎さん：おもしろくなってきたから、今話した７つの食品について調べてみようかな。

お母さん：それはよいことね。食品成分表というものがあるから、調べてみるといろいろなことがわかるはずよ。そうだ、桜まつりのお弁当は、栄養のバランスを考えて親子丼(おやこどん)にするのはどうかしら。

太郎さん：それはいいね。ぼくもしっかり調べて、食品についての表を作ってみるよ。

問3　太郎さんはごはん、鶏肉、牛肉、豚肉、タマネギ、ピーマン、卵の７つの食品について調べ、【太郎さんが作った食品１００ｇ中に含まれる食品成分表】を作りました。鶏肉、卵、タマネギを表しているものを、【太郎さんが作った食品１００ｇ中に含まれる食品成分表】のＥ〜Ｊの中からそれぞれ１つずつ選び、記号で答えなさい。

【太郎さんが作った食品１００ｇ中に含まれる食品成分表】

食品＼食品成分等	水分（ｇ）	炭水化物（ｇ）	たんぱく質（ｇ）	脂質（ｇ）	カルシウム（mg）
ごはん	60.0	36.1	3.5	0.3	3
Ｅ	76.1	0.3	12.3	10.3	51
Ｆ	38.4	0.1	11.0	50.0	4
Ｇ	89.7	8.8	1.0	0.1	21
Ｈ	72.6	0.1	21.3	5.9	4
Ｉ	49.4	0.1	14.4	35.4	3
Ｊ	93.4	5.1	0.9	0.2	11

（文部科学省「日本食品標準成分表」をもとに作成）

太郎さんは、桜まつりで見た美しい桜を思い出して、図工の授業で、桜の花を題材とした※ほり進み木版画をつくりました。

※　ほり進み木版画…ほりと刷りをくり返しながら表現する木版画。

問4　【太郎さんがほり進み木版画を制作したときのメモ】のとおりに、太郎さんは作品を完成させました。【太郎さんがほり進み木版画を制作したときのメモ】にある　K　、　M　、　O　にあてはまる版木と　L　、　N　、　P　にあてはまる刷り紙を、右のア〜カの中からそれぞれ１つずつ選び、記号で答えなさい。なお、インクの色は薄い黄色、濃い桃色、黒色の順に暗くなります。

【太郎さんがほり進み木版画を制作したときのメモ】

①　白く残したいところをほり、薄い黄色のインクをつけて白い版画用紙に刷った。
　　⇒　①の後、水で洗った版木は　K　で、刷り紙は　L　であった。

②　薄い黄色を残したいところをさらにほり、濃い桃色のインクをつけて①と同じ刷り紙に刷った。
　　⇒　②の後、水で洗った版木は　M　で、刷り紙は　N　であった。

③　濃い桃色を残したいところをさらにほり、黒色のインクをつけて②と同じ刷り紙に刷った。
　　⇒　③の後、水で洗った版木は　O　で、刷り紙は　P　であった。

・刷ったインクの色の発色がよくなるように、明るい色から暗い色の順で制作を進めた。
・刷るときには、前に刷ったものとずれないようにした。
・刷った後の版木は、インクを完全に落とすため水で洗った後、かわかしてから次の作業を行った。

ア

イ

ウ

エ

オ

カ

5

花子さんは社会の授業で、さいたま市の姉妹都市について調べることになりました。

次の問1～問2に答えなさい。

花子さんは、さいたま市の姉妹都市がある北半球の国と日本について調べていると、**資料1**を見つけました。

問1　**資料1**から読み取れることとして**適切でないもの**を、次のア～エの中から1つ選び、記号で答えなさい。

ア　1992年と2016年を比べると、5か国の中で、輸出額の増加の割合が最も高いのは中国で、最も低いのは日本であり、同じアジア州の国でも差がみられた。

イ　アメリカ合衆国は、1992年と2016年のどちらの年も輸入額が輸出額を上回り、中国はどちらの年も輸出額が輸入額を上回った。

ウ　2016年の北アメリカ州の3か国の国内総生産の合計額は、1992年の北アメリカ州の3か国の国内総生産の合計額の約3倍に増加した。

エ　アジア州の2か国の外国人旅行客数の合計は、1992年は北アメリカ州の3か国の外国人旅行客数の合計を下回ったが、2016年は上回った。

資料1　日本とさいたま市の姉妹都市がある北半球の国を比較した統計

		※1 国内総生産 (億ドル)		輸出額 (億ドル)		輸入額 (億ドル)		※2 外国人 旅行客数 (万人)	
		1992年	2016年	1992年	2016年	1992年	2016年	1992年	2016年
アジア州	日本	36,625	49,474	3,399	6,449	2,333	6,070	210	2,404
	中国	4,356	112,183	849	21,345	806	15,895	1,651	5,927
北アメリカ州	アメリカ 合衆国	60,202	186,245	4,482	14,538	5,539	22,502	4,465	7,561
	カナダ	5,695	15,298	1,344	3,894	1,293	4,044	1,474	1,982
	メキシコ	3,293	10,769	275	3,739	481	3,871	1,727	3,508

(総務省　1995年版、2018年版、2019年版「世界の統計」をもとに作成)

※1　国内総生産…国内で一年間に生産された商品やサービスの価値の合計金額。

※2　外国人旅行客数…外国人入国者のうち、収入を得ることを目的としない、滞在期間が一年をこえない旅行者の数。

花子さんは、南半球の姉妹都市であるハミルトン市出身のトム先生にインタビューをしました。

【花子さんとトム先生の会話】

花子さん：トム先生は、なぜさいたま市に来ようと思ったのですか。

トム先生：日本のことが好きだからです。しかも、さいたま市はハミルトン市と姉妹都市でもあるので、さいたま市に来たのです。

花子さん：ハミルトン市が姉妹都市であることは聞いたことがありますが、詳（くわ）しくは知りません。ハミルトン市はどのようなところなのですか。

トム先生：ハミルトン市は、ニュージーランドでも有数の酪農地帯（らくのうちたい）です。博物館や大学もある大きな都市で、湖もあってとても美しいところです。

花子さん：わたしも訪（おとず）れてみたいです。ハミルトン市の気候にはどのような特徴（とくちょう）がありますか。

トム先生：資料2を見てください。ハミルトン市は南半球にあるので、さいたま市とは季節が逆になります。また、ハミルトン市では、年間をとおして各月の降水量（こうすいりょう）に大きな変化はなく、最も多い月の降水量は、最も少ない月の降水量の2倍以下です。とても過ごしやすい場所ですよ。

問2　【花子さんとトム先生の会話】をもとに、ハミルトン市の気温と降水量のグラフを、下のア～エの中から1つ選び、記号で答えなさい。

資料2　さいたま市の6つの姉妹都市の場所を表した地図

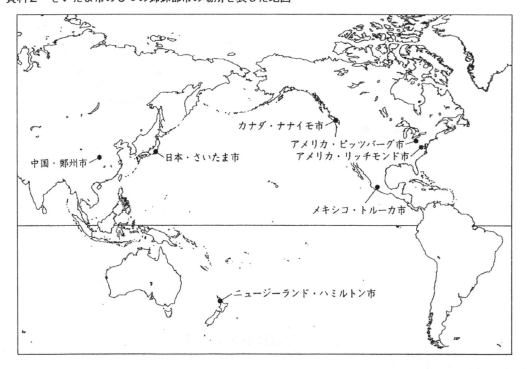

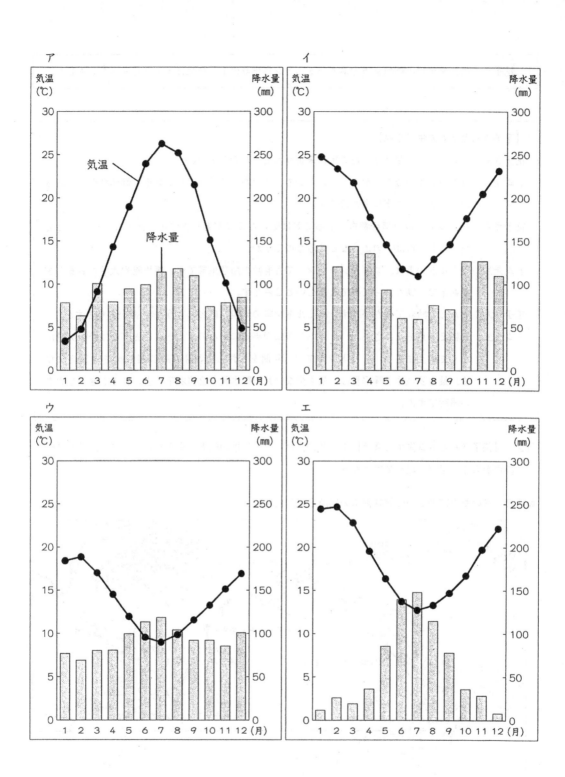

これで、問題は終わりです。

K 教英出版

令和２年度

適 性 検 査 B

```
──────── 注　意 ────────

1　問題は 1 から 3 までで、13ページにわたって印刷してあります。

2　検査時間は40分です。

3　声を出して読んではいけません。

4　解答はすべて解答用紙にはっきりと記入し、解答用紙だけ提出しなさい。

5　解答を直すときは、きれいに消してから、新しい解答を書きなさい。

6　性別・受検番号は解答用紙の決められた欄2か所に必ず記入しなさい。
```

さいたま市立大宮国際中等教育学校

1

総合的な学習の時間に、太郎さんと花子さんのグループは、日本の産業について調べることになりました。

次の問1～問5に答えなさい。

太郎さんが、日本の産業について調べていると、世界の産業別人口の割合に関する**資料1**を見つけました。

資料1　世界の産業別人口の割合（％）　　　　　【先生のつくった図】

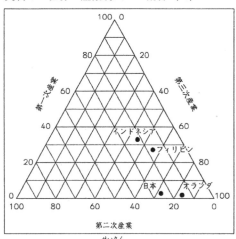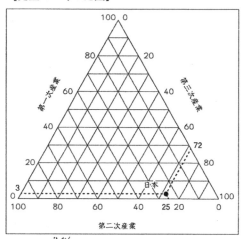

（独立行政法人労働政策研究・研修機構「データブック国際労働比較２０１８」をもとに作成）

【太郎さんたちの会話①】

太郎さん：おもしろい形の図を見つけました。**資料1**を見てください。

先　　生：この図は、産業別人口の割合を国ごとに表しているものです。第一次産業は農業、林業、漁業、第二次産業は製造業、工業、建設業、第三次産業はそれら以外の商業やサービス業などを表しています。

花子さん：なるほど。おもしろい図なのですが、読み方がよくわかりません。どのように読めばよいのでしょうか。

先　　生：日本について、抜き出して説明します。【先生のつくった図】を見てください。三角形のそれぞれの辺に書いてある目盛りを読みます。たとえば、日本で働いている人口のうち、第一次産業の割合は約３％、第二次産業の割合は約２５％、第三次産業の割合は約７２％となります。

太郎さん：日本は、第一次産業で働く人口の割合がもっとも低いですね。

先　　生：そうですね。**資料1**では他に、オランダ、フィリピン、インドネシアの３か国の産業別人口の割合が示されています。**資料1**からどのようなことが読み取れるでしょうか。

問1　【太郎さんたちの会話①】を読み、資料1から読み取れることとして適切でないものを、次の
　　　ア〜エの中から1つ選び、記号で答えなさい。

　　　ア　インドネシアの第一次産業の人口の割合はオランダ、フィリピンの割合よりも高い。
　　　イ　フィリピンの第二次産業の人口の割合は20%以下である。
　　　ウ　オランダの産業別人口の割合でもっとも高いのは第三次産業である。
　　　エ　オランダ、フィリピン、インドネシアの3か国とも、第一次産業の人口の割合が産業別人口の
　　　　　割合のなかでもっとも低い。

【太郎さんたちの会話②】
先　　　生：資料1を使って問題を作ってみました。みなさんのグループで考えてみてください。
花子さん：はい。どのような問題ですか。
先　　　生：次の【条件】から、中国を示す点が資料1のどの三角形に入るのかを考えてください。
太郎さん：どうやって答えればよいですか。
先　　　生：中国を示す点が入る三角形を、1つだけ塗りつぶしてください。
太郎さん：わかりました。頑張ってやってみます。

【条件】
・中国の第一次産業で働く人口の割合は、10%以上30%以下である。
・中国の第二次産業で働く人口の割合と日本の第二次産業で働く人口の割合の差は、4%以内である。
・中国の第三次産業で働く人口の割合は、約44%である。

問2　【条件】をもとに、中国を示す点がどの三角形に入るか【例】にならって解答用紙の図の中の三
　　　角形を1つだけ塗りつぶしなさい。

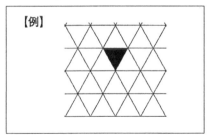

【太郎さんたちの会話③】

太郎さん：日本では、第一次産業で働いている人の割合は少ないですね。第一次産業を活性化することはできないのでしょうか。

花子さん：第一次産業の活性化について調べたところ**資料2**を見つけました。

太郎さん：「6次産業化」とは何ですか。

先　　生：第一次産業で働いている人たちが、生産したものを加工し、販売までを行うことです。

太郎さん：加工とは、何でしょうか。

先　　生：加工とは、原料や素材に手を加え、もとのものに価値をつけることをいいます。

花子さん：「6次産業化」には、どのようなよい点があるのでしょうか。

先　　生：第一次産業で働く人の収入が増えたり、仕事の幅が広がったりすることで、第一次産業全体の活性化につながると考えられます。

太郎さん：「6次産業化」について、農業、林業、漁業の中から1つ具体的な例をあげるとしたらどのようなものがあるのでしょうか。

花子さん：例えば、[　　　　　　　A　　　　　　　]ということでしょうか。

先　　生：そのとおりです。生産、加工、販売までの流れが具体的に説明されていて、とてもよい例ですね。

問3　【太郎さんたちの会話③】にある空らん[　　　　　　A　　　　　　]にあてはまる内容を具体的に書きなさい。

資料2　「6次産業化」についての説明

　「6次産業化」とは、農林漁業者が生産・加工・販売のすべてを行うことです。生産部門の第一次産業、加工部門の第二次産業、販売部門の第三次産業の、1、2、3をかけ算して6になることから、6次産業化といわれています。

（政府広報オンライン「暮らしに役立つ情報」をもとに作成）

次に、太郎さんと花子さんのグループは、日本の林業や森林についてくわしく調べることにしました。

【太郎さんたちの会話④】

太郎さん：日本には、どれくらい森林があるのでしょうか。

先　　生：日本の国土面積の約66％は森林です。資料3を見てください。日本の森林面積はここ数十年、ほぼ変わっていないことがわかりますね。

花子さん：では、林業に※従事する人の数はどうでしょうか。

先　　生：林業従事者数を表した資料4、資料5があるので、見てみましょう。

花子さん：林業従事者数は、昭和55年から平成27年まで減少していますね。

先　　生：資料4にある折れ線グラフの　　B　　は、35歳未満の従事者の割合を表し、折れ線グラフの　　C　　は65歳以上の従事者の割合を表しています。

太郎さん：どうしてそのことがわかるのですか。

先　　生：資料5の数値を用いて計算すればわかりますよ。

太郎さん：なるほど。林業従事者数は減少していますが、35歳未満の林業従事者の割合は平成2年に比べ、平成27年は増えていますね。

先　　生：そのとおりです。では、次に世界の森林の問題点についても考えてみましょう。

花子さん：世界には開発による森林伐採などが進み、授業で学習した森林のはたらきが発揮されなくなってしまう国もあると聞いたことがあります。日本だけでなく、世界の森林についても考えていきたいと思います。

太郎さん：森林を守るために、割り箸の代わりに「マイ箸」を持参し、使用している人を見たことがあります。わたしも、森林を守るためにできることから始めたいと思います。

※　従事…仕事にたずさわること。

問4　【太郎さんたちの会話④】にある空らん　　B　　、　　C　　には資料4の中のア、イのどちらのグラフがあてはまるか、記号で答えなさい。

資料3　日本の森林面積の変化

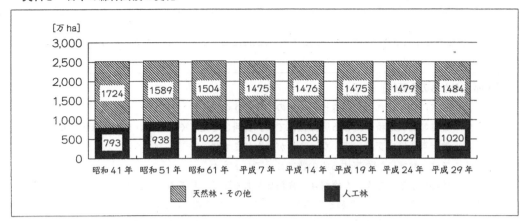

資料4　林業従事者数の変化を表したグラフ

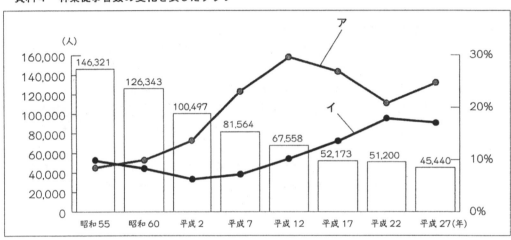

資料5　林業従事者数の変化を表した統計

	昭和55年	昭和60年	平成2年	平成7年	平成12年	平成17年	平成22年	平成27年
林業従事者の人数	146,321	126,343	100,497	81,564	67,558	52,173	51,200	45,440
林業従事者のうち35歳未満の人数	14,397	10,548	6,339	5,892	6,913	7,119	9,170	7,770
林業従事者のうち65歳以上の人数	12,419	12,638	13,777	18,936	20,024	14,026	10,680	11,270

（資料3、資料4、資料5は林野庁のウェブサイトをもとに作成）

【太郎さんたちの会話④】の下線部「森林のはたらきが発揮されなくなってしまう」ことについて、花子さんは、森林のはたらきが発揮されなくなると、どのような問題が起こると考えられるかを調べ、次の【花子さんがまとめたメモ】にまとめました。

問5　【花子さんがまとめたメモ】にある空らん　　　　　D　　　　　、　　E　　　にあてはまる内容を書きなさい。

【花子さんがまとめたメモ】

○森林のはたらきが発揮されなくなったことで起こると考えられる問題
　・森林は「緑のダム」とも呼ばれており、森林伐採が進むと　　　　D　　　　　ので、洪水が起こると考えられる。
　・森林伐採が進むと、森林が二酸化炭素を吸収したり、たくわえたりすることができなくなってしまうので、　　E　　という環境問題が起こると考えられる。

2

┌───┐
太郎さんは、おじいさんの誕生日におじいさんの家を訪ね、様々な話をしました。
└───┘

次の問１〜問５に答えなさい。

┌───┐
【太郎さんとおじいさんの会話①】

太 郎 さ ん：おじいさん、お誕生日おめでとう。

おじいさん：ありがとう。この前、還暦を過ぎたと思ったが、時間がたつのは早いな。

太 郎 さ ん：還暦って何？

おじいさん：干支って聞いたことあるかな？

太 郎 さ ん：あるよ。年賀状に印刷されている動物だよね。１２種類あって、１２年でひと回りするんだよね。今年、２０２０年は、「ね」のねずみ年だよ。

おじいさん：よく知っているね。でも、それは十二支で、実は他に十干というものがあって、それを合わせた十干十二支のことを干支というんだよ。

太 郎 さ ん：えっ、そうなの？　十干って何？

おじいさん：木、火、土、金、水の５つに対して、それぞれ「陽」と「陰」の意味を持つ「え」と「と」を組み合わせたものが十干と呼ばれるものなんだよ。例えば、「木」と「え」を組み合わせたものは、「きのえ」と呼んで、漢字では「甲」と書くんだよ。では、「水」と「と」を組み合わせると何になるかわかるかな。

太 郎 さ ん：「みずのと」かな。そうすると、木、火、土、金、水の５つに対して２種類ずつあるから組み合わせは１０種類だね。

おじいさん：そうだ。十干は、１０種類あるから１０年でひと回りするんだよ。
　　　　　　十干と十二支の順番を書くとそれぞれこうだよ（**資料１、資料２**）。十干のあとに十二支をつけて表すので、２０２０年は「かのえね」の年だよ。２０１９年は「つちのとい」、２０２１年は「かのとうし」だ。では、２０２４年の十干十二支は何になるかな。

太 郎 さ ん：「きのえたつ」かな。

おじいさん：そのとおり。では、太郎が生まれた年の十干十二支は何になるかな。

太 郎 さ ん：ぼくは、２００７年のいのしし年生まれだから、十干十二支だと「□ A □い」の年だね。

おじいさん：よくわかったね。十干十二支は、１０個の十干と１２個の十二支が順に合わさるから組み合わせがずれていくんだよ。そして、６０年たつと同じ十干十二支がめぐってくるんだ。だから６０歳になる年のことをひとめぐりという意味の「還」を使って還暦というんだよ。なぜ十干十二支は６０年でひとめぐりするかわかるかな。

太 郎 さ ん：６０は１０と１２の□ B □だからじゃないかな。

おじいさん：そう、よくわかったね。じゃあ、わたしの生まれ年の十干十二支は何の年だったかな。

太 郎 さ ん：①おじいさんの生まれた年は、「かのと」の年だね。

おじいさん：そのとおり。太郎はこういうのが得意なんだな。

太 郎 さ ん：おじいさんが１００歳になったら、ぼくが盛大なパーティを考えるね。
└───┘

令和2年度

適 性 検 査 C

さいたま市立大宮国際中等教育学校

1

> 太郎さんは、「ボランティア活動」について総合的な学習の時間で発表することになり、準備をしています。

以下の会話文を読んで、問いに答えなさい。

先　　生：太郎さんは、何について発表するのですか。

太郎さん：わたしは、ボランティア活動について発表したいと思います。

先　　生：なぜ、そのテーマを選んだのですか。

太郎さん：はい。２０２０年の東京オリンピック・パラリンピックでのボランティア活動には、８万人の募集に対して約２０万人の応募があったそうです。また、わたしは兄と一緒にスポーツイベントのボランティア活動に参加したことがあり、よい経験ができたので、ボランティア活動に興味をもちました。

先　　生：太郎さんは、どのようなよい経験ができたのですか。

太郎さん：わたしは、ボランティア活動をとおして、さまざまな世代の人と接し、異なる考え方にふれることができました。また、人に喜んでもらえたことで、やりがいを感じられました。このように、ボランティア活動にはよさがあることをみんなに伝えたいです。

先　　生：それはよいですね。

太郎さん：しかし、わたしが参加したボランティア活動には、それほど多くの人々が参加していたわけではありませんでした。そこで、調べてみたところ、資料１、資料２、資料３を見つけました。資料１から、ボランティア活動に参加しなかった人の中には、参加に対する意識の違いがあるということがわかります。また、資料２と資料３から、それらの理由は様々あるのだということがわかります。

先　　生：なるほど。発表はどのように進めていきますか。

太郎さん：まず最初に、ボランティア活動のよさについて述べます。次に、資料１から「参加しようと思ったのに参加しなかった」または「参加しようと思わなかった」のどちらかの項目を選び、選んだ項目に関連する資料を、資料２、資料３から１つ決めて、その中から理由を２つあげます。最後に、どうすればそれらを解決できるかを考えて述べたいと思います。

先　　生：すばらしい発表になりそうですね。

資料１　直近１年間にボランティア活動に参加しなかった人の参加に対する意識

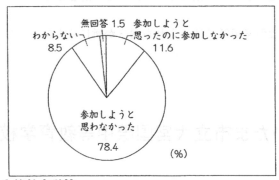

資料2　ボランティア活動に参加しようと思ったのに参加しなかった理由（上位１０項目）

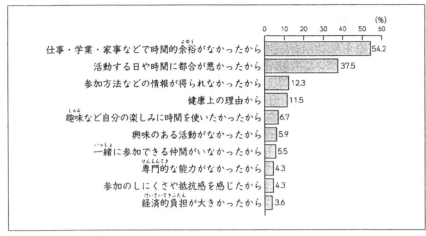

（複数回答）

資料3　ボランティア活動に参加しようと思わなかった理由（上位１０項目）

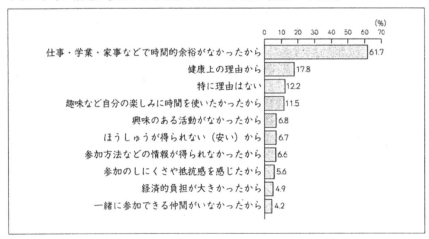

（複数回答）

資料１～資料３（東京都生活文化局　平成３１年「都民等のボランティア活動等に関する実態調査【概要】」をもとに作成）

問．あなたが太郎さんなら、どのように発表しますか。次の条件に従って発表原稿を作りなさい。

　条件１：解答は横書きで１マス目から書くこと。
　条件２：文章の分量は、３００字以内とすること。
　条件３：数字や小数点、記号についても１字と数えること。

（例）　４　２　．　５　％

－2－

2

~~~
　花子さんは、「電子書籍」について総合的な学習の時間で発表することになり、準備をしています。
~~~

以下の会話文を読んで、問いに答えなさい。

先　　生：花子さんは、何について発表をしようと考えているのですか。

花子さん：はい。電子書籍について発表したいと思います。わたしは時々、父からタブレットを借りて、電子書籍を読んでいます。

太郎さん：電子書籍って何ですか。

花子さん：電子書籍とは、コンピュータやスマートフォン、タブレットなどの画面で読める本のことです。さいたま市では、図書館利用者カードを持っていれば、家にいても、図書館から電子書籍を借りることができます。

太郎さん：それならわたしも今度、借りてみたいです。

花子さん：わたしは、ほとんどの人が太郎さんのように図書館で電子書籍を借りたくなると思っていました。そこで、どれくらいの人が電子書籍を借りたいと思っているかを調べたところ、**資料1**を見つけたのですが、図書館等で電子書籍が借りられるようになるとよいと思っている子どもは、半分にも満たないことがわかりました。

先　　生：あまり多くはないですね。

花子さん：はい。しかし、**資料2**を見てください。この資料は、電子書籍を読んだことがある子どもを対象にした調査です。調査対象が変わると、それぞれの項目の割合に変化が見られます。このことについても発表に入れたいと思います。

太郎さん：電子書籍には、どのような便利な点があるのですか。

花子さん：**資料3**を見てください。電子書籍を読んだことがある子どもの電子書籍に対する考えがあげられています。

先　　生：なるほど。花子さんはどのように発表しようと考えていますか。

花子さん：はい。まず最初に、**資料1**と**資料2**を比べて、わかることを述べます。次に、**資料3**から、電子書籍の便利な点をあげます。最後に、電子書籍をどのように活用したらよいかについて、自分の考えを述べたいと思います。

先　　生：発表を楽しみにしています。

令和2年度　適性検査A　解答用紙（2）

４

問1	

問2	A		B		C		D	

問3	鶏肉		卵		タマネギ	

問4	K		L	
	M		N	
	O		P	

５

問1		問2	

性 別 ／ 受 検 番 号

2

問1　A

問2　B
　　　　　　　　　　　　　　　　5

問3　　　　　　　歳

問4

問5　最も少ない場合　　　　　個
　　　最も多い場合　　　　　　個

3

問1

問2

問3
　　　　　　　　　　　　　　　　　　　　　　30
　　　　　　　　　　　　40

問4

問5
　　　　　　20

問6

性　別　｜　受　検　番　号

2

100

200

300

性　別	受　検　番　号

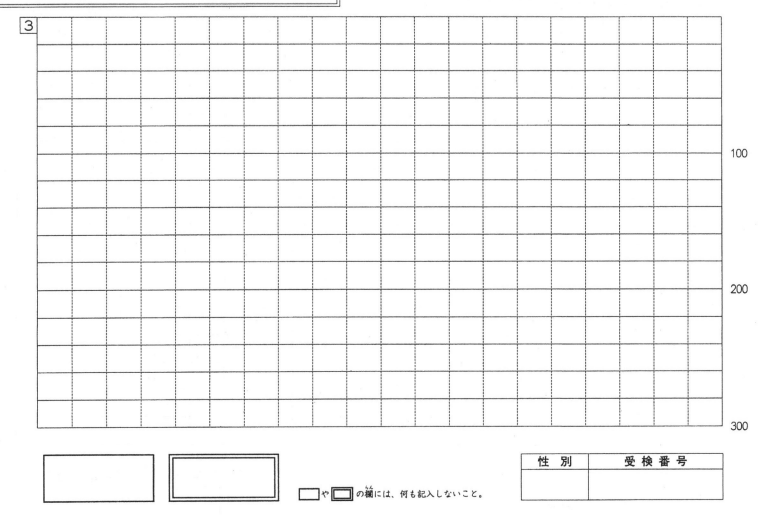

3

100

200

300

や　の欄には、何も記入しないこと。

性　別	受　検　番　号

（配点非公表）

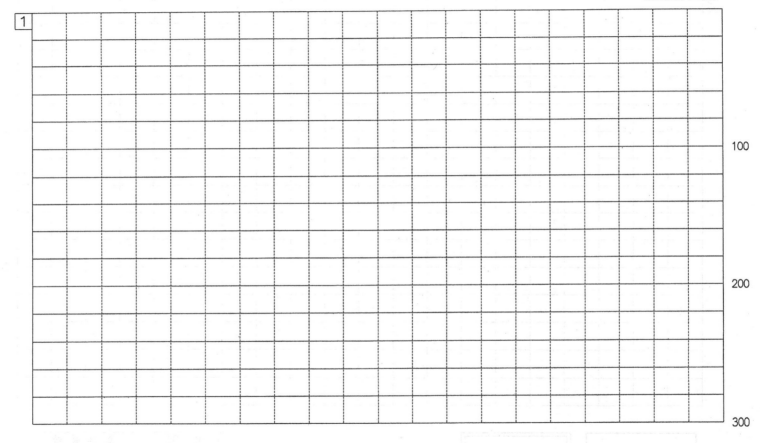

100

200

300

性　別	受　検　番　号

☐の欄には、何も記入しないこと。

【解答

1

問1

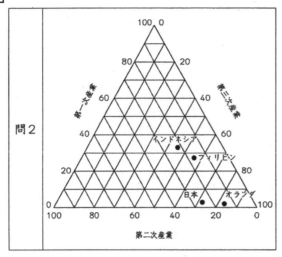

問2

問3 | A

問4 | B
問4 | C

問5 | D
問5 | E

性　別	受　検　番　号

や の欄には、何も記入しないこと。

【解答

（配点非公表）

1

問1 ☐　　問2 ☐　　問3 ☐

問4　No.1 ☐　　No.2 ☐　　問5 ☐

2

問1 ☐　とおり　問2 ☐　　時　　分

問3 ☐　人部屋、　　　つ

問4 ☐

3

問1　一般 ☐　　校外学習 ☐

問2 ☐　　問3 ☐

問4 ☐　cm

問5 ☐

性　別 ☐　　受　検　番　号 ☐

☐や☐の欄には、何も記入しないこと。

2020(R2) 市立大宮国際中等教育学校

Ｋ 教英出版

【解答

資料1　図書館等で電子書籍を借りられるよう
　　　　になるとよいと思う割合

（子ども全体対象）

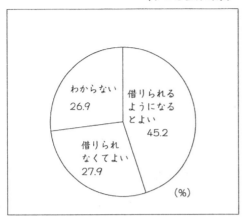

資料2　図書館等で電子書籍を借りられるよう
　　　　になるとよいと思う割合

（電子書籍を読んだことがある子ども対象）

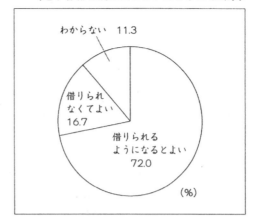

資料3　電子書籍を読んだことがある子どもの電子書籍に対する考え

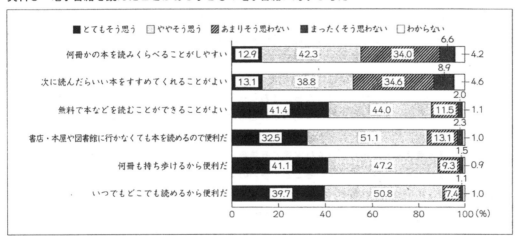

（注）電子書籍には、無料のものと有料のものがあります。

資料1〜資料3（文部科学省委託調査「平成30年度　子供の読書活動の推進等に関する調査研究　報告書」をもとに作成）

問　あなたが花子さんなら、どのように発表しますか。次の条件に従って発表原稿を作りなさい。

　　条件1：解答は横書きで1マス目から書くこと。
　　条件2：文章の分量は、300字以内とすること。
　　条件3：数字や小数点、記号についても1字と数えること。

（例）| 4 | 2 | . | 5 | % |

3

～～～～～～～～～～～～～～～～～～～～～～～～～～～～～～～～～～～～～～
　太郎さんと花子さんのグループは、ポスター発表会で、「※ＳＮＳやメールを使ったコミュニケーションで気を付けること」について発表することになり、準備をしています。
～～～～～～～～～～～～～～～～～～～～～～～～～～～～～～～～～～～～～～

以下の会話文を読んで、問いに答えなさい。

先　　生：今度のポスター発表会ではどのような発表をするのですか。

太郎さん：まずは、現状を示すことが大切だと思います。若い人たちが友達とコミュニケーションをとるときに、どのくらいの人がＳＮＳやメールを使っているのか、資料を使って示そうと思います。

花子さん：まず、**資料１**からわかる、コミュニケーションにおける文字でのやり取りの現状を示します。また、**資料２**からわかる、どのようなコミュニケーションの手段が誤解やトラブルを招きやすいかを伝えようと思います。

太郎さん：わたしの兄はＳＮＳでのやり取りで困ったことがあったと話していました。「これはおもしろいですよね」と相手に同意を求めるつもりで、「これおもしろくない」と送信したら、「これはおもしろくない」と、自分の意図と正反対に相手に伝わったことがあったそうです。ＳＮＳではなく通話でのやり取りだったら、問いかけるときには語尾を上げるので、誤解されなかったと思います。

花子さん：わたしの姉もメールでのやり取りで、相手に「もう大丈夫だよ」という意味で、「もういいよ」とメールを送ったら、「おこっているの？」と誤解されたことがあったそうです。全くおこっていなかったのでおどろいたと言っていました。声でのやり取りだと感情が伝わりやすいけれど、文字だと伝わりにくいのですね。

太郎さん：そう考えると、わたしたちは友達と直接会って話したり、電話で話したりするときには、言葉以外の部分で伝えていることが多いのですね。

花子さん：そうですね。ＳＮＳやメールで誤解やトラブルが起こる理由と、今の話し合いの中で出た、気を付けるべきことについても発表に取り入れます。

太郎さん：今後、わたしたちがＳＮＳやメールを使用する機会もあると思うので、発表の最後に、ＳＮＳやメールを使用する際に気を付けることを呼びかけたいと思います。

先　　生：よい発表になりそうですね。

※　ＳＮＳ…ソーシャル・ネットワーキング・サービスのこと。メールと同様に、インターネット上で意見や考えをやり取りすることができるサービス。

資料1　友達と、どのような方法を用いてやり取りをするか（16〜19歳）

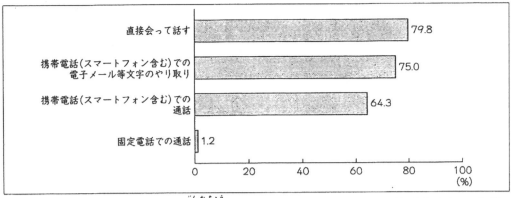

（文化庁「平成27年度　国語に関する世論調査」をもとに作成）

資料2　誤解やトラブルを招きやすいと感じる手段・方法（16〜19歳）上位3項目

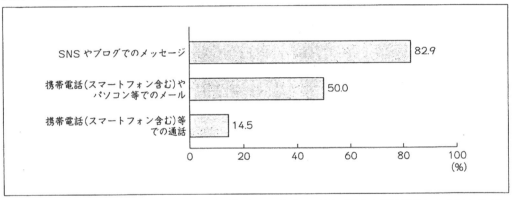

（文化庁「平成28年度　国語に関する世論調査」をもとに作成）

問　あなたが太郎さんと花子さんのグループの一員なら、どのように発表しますか。次の条件に従って発表原稿を作りなさい。

　　条件1：解答は横書きで1マス目から書くこと。
　　条件2：文章の分量は、300字以内とすること。
　　条件3：数字や小数点、記号についても1字と数えること。

（例） | 4 | 2 | . | 5 | ％ |

これで、問題は終わりです。

資料1　おじいさんが書いた十干の順

読み	きのえ	きのと	ひのえ	ひのと	つちのえ	つちのと	かのえ	かのと	みずのえ	みずのと
漢字	甲	乙	丙	丁	戊	己	庚	辛	壬	癸

(注)　「き」が木、「ひ」が火、「つち」が土、「か」が金、「みず」が水を表します。

資料2　おじいさんが書いた十二支の順

読み	ね	うし	とら	う	たつ	み	うま	ひつじ	さる	とり	いぬ	い
漢字	子	丑	寅	卯	辰	巳	午	未	申	酉	戌	亥

問1　【太郎さんとおじいさんの会話①】にある空らん　　A　　にあてはまる十干をひらがなで書きなさい。

問2　【太郎さんとおじいさんの会話①】にある空らん　　B　　にあてはまる言葉を漢字5字で書きなさい。

問3　【太郎さんとおじいさんの会話①】にある下線部①をもとに、おじいさんの年齢を答えなさい。

太郎さんは、十二支に興味を持ち調べてみました。

【太郎さんが十二支について調べてわかったこと】

　十二支は、方位の表し方にも使われていたことがわかった。
　方位は、北から時計回りに子から亥まで十二支の順に、均等に配置されている。南と西の中間を南西というように、「丑」と「寅」の中間の方位を「丑寅」という。
　また、太陽が午の方角である真南にくるのを「正午」といい、その前が「午前」、あとが「午後」と呼ばれ、現在も使われていることがわかった。

問4　【太郎さんが十二支について調べてわかったこと】の内容から、「辰巳」の方位を、次のア〜クの中から1つ選び、記号で答えなさい。

ア　東　　　　イ　西　　　　ウ　南　　　　エ　北
オ　北東　　　カ　南東　　　キ　北西　　　ク　南西

太郎さんは、学校のレクリエーションで行う「算数クイズ」について、おじいさんに相談をしました。

【太郎さんとおじいさんの会話②】

太郎さん：ぼくが今考えているのは、「立方体を積み上げた形」を作るのに、全部で何個の立方体が使われているかを答えてもらうクイズなんだ。まずは「立方体を積み上げた形」を真上から見た図を見せて考えてもらおうと思っているよ。

おじいさん：「立方体を積み上げた形」を真上から見た図だけでは、何個の立方体が使われているかはわからないね。

太郎さん：うん。だから、ヒントとしてAから見た図とBから見た図を見せて、この3つの図をもとに答えを考えてもらおうと思うんだ。

おじいさん：それはとてもおもしろいね。みんなも喜ぶと思うよ。

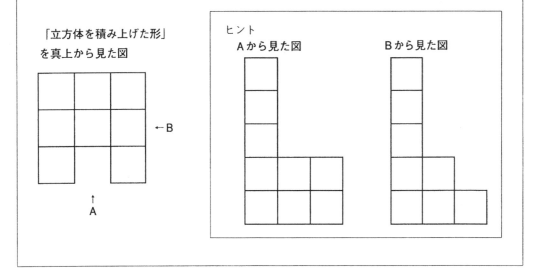

問5　「立方体を積み上げた形」は、全部で何個の立方体が使われていると考えられますか。最も少ない場合の数と、最も多い場合の数をそれぞれ答えなさい。

3

> 花子さんは、授業の予習として日本の世界自然遺産について調べていたとき、日本の森について
> 書かれた本を図書館で見つけ、読んでみることにしました。

　次の文章は、内山節著「森にかよう道——知床から屋久島まで」(新潮社刊)の一部です。これを読んで、問1〜問6に答えなさい。

　①森の時間はゆっくりと流れている。自然に芽生えた木が一人前の表情をみせる頃には、ほぼ三百年の月日が流れ、成長のはやい植林地の杉や檜でも二百年を経てようやく壮年の風貌を整える。※1屋久杉とくらべれば、はかないものでしかない本州の杉も、その一生を終える頃には千年の歳月が過ぎているのである。

　長い時間スケールによって保障された時空だけが、森の※2林相を安定させる。こんな森のなかでは、老木が倒れ、新しい世代の木が次の森を担う、そんな変わらない自然の物語がゆっくりと、ゆっくりと回転している。

　だが森はときには気ぜわしく変化をみせる。それは森の安定を崩す出来事にみまわれたときだ。台風は時々森をなぎ倒し、津波は森を一瞬にして枯死させる。山火事、山の崩落、伐採や道路開削のような人間によって加えられる変化。そのとき森は新しい安定を求めてさまよい、忙しく動きはじめる。山の樹々が枯れ、倒れ、森の樹種転換がすすむ。

　(1) それにしても、森とは何とやさしいものだろうと思うことがある。なぜなら森は、いつでも与えられた条件を受け入れてくれるのだから。崩落した山の斜面に芽生えてくる樹々、鬱陶しいほどに植えられた植林地の森でも、火山灰の舞い降りる森でも、森はその条件下で精一杯森であろうとする。

　(2) ゆっくりと時を刻む森の時間の奥には、そんな②森の精神が流れている。すべてを受け入れながら歩む森の時空がここにはある。

> 　そしてその森は、そのときどきに表情を変えて私を迎えた。寂しそうな森、怒っているような森、さわやかな表情をした森も、不機嫌そうな森も、その力を誇示するような森もあった。ときに森はのんびりと葉をひろげ、ときに深い眠りにおちていた。

　(3) 私たちの近代社会は、こんな森の営みの時空と人間の営みの時空の間に※3矛盾を生じさせた。自然の時空と人間の時空が、人間たちの暮らしをとおして、あるいはその地域の風土のなかで※4共振する時代に終止符が打たれた。人間たちは自然を資源、それも多くの場合は経済的資源としてとらえるようになって、めまぐるしく変わる自分たちの時間の尺度の世界に自然を追い込みはじめる。森の時空は無視され、※5刹那的な時間感覚で森をみるようになる。こうして森の時空の破壊がはじまり、不機嫌な表情の森がひろがりはじめた。

　(4) 永遠に変わることのない価値を保存することはできなくなって、その時代とともに変わる価値に私たちは追いかけられるようになった。

　だが、いま私たちは③このことへの反撃を開始している。自然保護という言葉の奥には、めまぐるしく変わりつづける社会のなかで、永遠という時空を失った人間たちが、その回復をめざそうとする無意識の意識が働いている、私にはそんな気がしてならない。自然の時空をこわすことのない新しい自然と人間の関係をつくりだす、そんな模索が様々な人々のなかではじまっている。

　　　　　　　　　　　　　　　(一部省略や、ふりがなをつけるなどの変更があります。)

※1　屋久杉…鹿児島県屋久島に自生する杉。二千年を超える巨木もみられる。
※2　林相…木の種類や生え方などによる、森林の様子・形態。
※3　矛盾…くいちがい。
※4　共振…互いに影響を与え合うこと。
※5　刹那的…時間がきわめて短いさま。

問1　二重下線部「老木」とありますが、これと同じ構成の熟語を、次のア〜カの中から2つ選び、記号で答えなさい。

　　　ア　勝敗　　イ　形成　　ウ　曲線　　エ　因果　　オ　不安　　カ　高山

問2　下線部①「森の時間」とありますが、ここでいう「森の時間」とはどのような時間か、次のア〜エの中から最も適切なものを1つ選び、記号で答えなさい。

　　　ア　二百年を経てようやく森の林相が安定するほどの、美しい時間。
　　　イ　森の安定を崩す出来事にみまわれると、忙しく動きはじめる時間。
　　　ウ　老木が倒れると次の新しい木が自然と芽生える、めまぐるしい時間。
　　　エ　数百年から千年という長い単位で世代交代が進む、ゆるやかな時間。

問3　下線部②「森の精神」とありますが、それはどのようなものか、次の空らん　　A　　にあてはまる内容を、本文中の言葉を使って、30字以上40字以内で書きなさい。

　　　　　　　　　　　　　　　A　　　　　　　　　　　　　精神。

問4　本文中の　　　　　　　　　の部分には、どのような表現の工夫が用いられていますか。次のア〜エの中から最も適切なものを1つ選び、記号で答えなさい。

　　　ア　名詞で終わる表現
　　　イ　音や様子を表す表現
　　　ウ　人にたとえた表現
　　　エ　色の表現

問5　下線部③「このこと」とありますが、これはどのようなことをさしているかを花子さんは【花子さんのまとめ】のようにまとめました。空らん　B　にあてはまる内容を、本文中の言葉を使って２０字以内で書きなさい。

【花子さんのまとめ】
　かつては自然の時空と人間の時空は共振していたが、　　　　　B　　　　　なった結果、自分たちの時間の尺度の世界に自然を追い込み、森の時空は破壊され、同時に人間も時代とともに変わる価値に追いかけられるようになったということ。

問6　次の一文は本文中の（1）〜（4）のどこに入りますか。次のア〜エの中から１つ選び、記号で答えなさい。

　だがそのとき人間たちも、また永遠という名の時空を失ったのである。

　　ア　（1）　　　イ　（2）　　　ウ　（3）　　　エ　（4）

これで、問題は終わりです。

平成３１年度

適 性 検 査 Ａ

さいたま市立大宮国際中等教育学校

1 放送による問題

※問題は、問1～問5までの5問あります。

※英語はすべて2回ずつ読まれます。問題用紙にメモを取ってもかまいません。答えはすべて解答
用紙に記入しなさい。

問1 Nancy（ナンシー）さんと Kenta（けんた）くんが話をしています。2人の話を聞いて、話の
内容を表している絵を、次のア～エの中から1つ選びなさい。

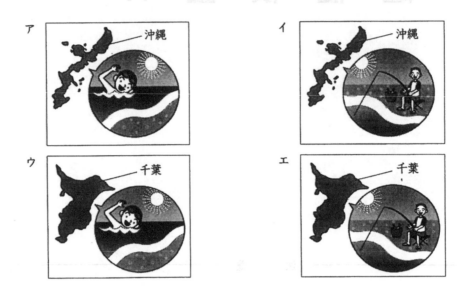

問2 Emi（えみ）さんと Mike（マイク）くんが話をしています。2人の話を聞いて、話の内容を表
している絵を、次のア～エの中から1つ選びなさい。

問3　ひろしくんのクラスでは、外国人との交流会で、自分たちが作った料理を食べてもらうことになりました。グループA、B、Cの代表者である、Hiroshi（ひろし）くん、Naomi（なおみ）さん、Daiki（だいき）くんが、献立について先生と話をしています。代表者3人と先生の話を聞いて、話の内容に合うように、表の①〜③に入るものの組み合わせで正しいものを、次のア〜エの中から1つ選びなさい。

Group （グループ）	Menu （献立）	Ingredient （材料）	Number （数）
A　代表者 Hiroshi （ひろし）	Yasaiitame （野菜いため）	Cabbage （キャベツ）	2
		①	4
		Onion （タマネギ）	3
B　代表者 Naomi （なおみ）	Tamagoyaki （たまご焼き）	Egg （たまご）	②
C　代表者 Daiki （だいき）	Misoshiru （みそ汁）	Tofu （とうふ）	5
		Negi （ネギ）	③

ア　①　Potato（ジャガイモ）　　②　１１　　③　3

イ　①　Carrot（ニンジン）　　②　１０　　③　2

ウ　①　Potato（ジャガイモ）　　②　１０　　③　2

エ　①　Carrot（ニンジン）　　②　１０　　③　3

問4　あなたのクラスの「グローバル・スタディ」（英語）の授業で、ALT（外国語指導助手）の先生に、Miki（みき）さん、Kana（かな）さん、Hiromi（ひろみ）さん、Ayami（あやみ）さんの4人が英語で自己紹介することになりました。4人の自己紹介を聞いて、Kana（かな）さんの自己紹介を、放送されるNo.1〜No.4の中から1つ選びなさい。

Name （名前）	Age （年れい）	Sport （好きなスポーツ）	Favorite （好きなこと・もの）	Number of Pets （ペットの数）
Miki （みき）	１２	Volleyball （バレーボール）	Video games （テレビゲーム）	2
Kana （かな）	１２	Tennis （テニス）	Dancing （ダンス）	2
Hiromi （ひろみ）	１２	Basketball （バスケットボール）	Dancing （ダンス）	1
Ayami （あやみ）	１２	Tennis （テニス）	Sweets （スイーツ）	2

答え：Kana（かな）さんの自己紹介は、No.（　　　　　　）です。

問5　あなたは「グローバル・スタディ」(英語) の授業で、「夏休みの思い出」について3枚の写真を見せながらスピーチをします。次のア〜ウの絵を、スピーチの内容に合うように並べ替えなさい。

ア　　　　　　　　　　　　イ　　　　　　　　　　　ウ

　総合的な学習の時間に「この町の特徴を調べよう」という調べ学習を行いました。太郎さんの班と花子さんの班は、資料1のA地点、B地点、C地点の町の特徴を調べました。

　次の問1～問5に答えなさい。なお、花子さんの班の各地点での調べ学習の時間は15分間とします。また、2つの班の移動の速さはそれぞれ一定とし、移動と調べ学習のみに時間を使うものとします。

　太郎さんの班と花子さんの班は、資料2のような行程表を作り、太郎さんの班は、学校から時計回りにA地点、B地点、C地点の順に歩いて回って学校へもどるルート、花子さんの班は、太郎さんの班とは逆に学校からC地点、B地点、A地点の順に歩いて回って学校へもどるルートで調べ学習を行いました。

問1　花子さんの班が、A地点から学校まで移動した速さは、分速何mになりますか。数字で書きなさい。

問2　学校に帰る途中で、花子さんの班の行程表が水たまりに落ち、よごれて見えなくなってしまいました。花子さんの班の行程表に書かれていた学校出発の時刻は何時何分ですか。

問3　太郎さんの班と花子さんの班は、調べ学習の途中ですれ違いました。2つの班がすれちがった時刻は何時何分ですか。

資料1　2つの班のルート

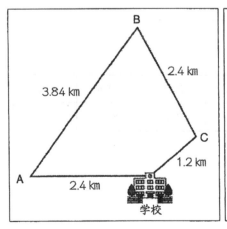

資料2　2つの班の行程表

太郎さんの班の行程表	
学校出発	9：20
A地点到着	9：50
A地点出発	10：00
B地点到着	10：48
B地点出発	10：58
C地点到着	11：28
C地点出発	11：38
学校到着	11：53

花子さんの班の行程表	
学校出発	
C地点到着	
C地点出発	
B地点到着	
B地点出発	
A地点到着	1
A地点出発	11：04
学校到着	11：44

問4 太郎さんは、B地点で地層を見つけ、スケッチしました。太郎さんがスケッチした**資料3**には、貝類の化石を含む砂の層があり、昔この地域は海だったことがわかりました。なぜ貝類の化石を含む地層が地上で見られたのか、理由を書きなさい。

資料3　太郎さんのスケッチ

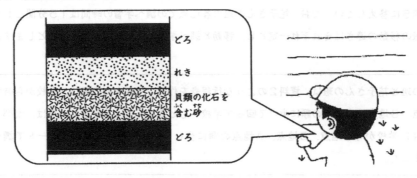

問5 花子さんの班は、A地点にある町役場で**資料4**をもらい、職員の方と次のような会話をしました。
（　　）にあてはまる適切な数字を書きなさい。

【花子さんと職員の方との会話】

職　　員：この町の土地は田、畑、住宅地、池や沼、山林、原野、その他の7つに分けて考えることができます。

花子さん：田んぼや畑が多くあって、農業がさかんなのですね。

職　　員：そうですね。特に田んぼが多いのが、この町の特徴とも言えますね。

花子さん：この町の（　　）％が田んぼですものね。

資料4　町の利用別土地面積 (㎢)

田	畑	住宅地	池や沼	山林	原野	その他	総計
17.2	10.4	3.2	0.1	0.2	0.3	8.6	40.0

3

花子さんは、夏休みの自由研究で地域の産業について調べることにしました。そして、花子さんは、おじさんが住んでいる富山県について調べることにし、おじさんの家を訪れました。

次の問1〜問4に答えなさい。

【花子さんとおじさんの会話】

花子さん：富山県は、チューリップで有名ですね。

おじさん：そうですね。富山県では、チューリップの球根や切り花などを生産しています。

花子さん：富山県では、どのくらい生産しているのですか。

おじさん：富山県で生産しているのは主に球根で、全国の約５２％を占めています。

花子さん：切り花の生産もさかんなのですか。

おじさん：球根の生産ほどさかんではありません。でも、全国の約２％を生産しています。切り花の生産は新潟県がさかんで、全国の約３３％を生産しています。そういえば、確か埼玉県もさかんですよね。

花子さん：はい。埼玉県は全国第２位で、全国の約２４％を生産しています。でも、埼玉県では、球根の生産はほとんど行われていません。

おじさん：そうですね。球根は、富山県と新潟県で全国の約９８％を生産しています。

問1　花子さんは、話の内容から県別のチューリップの球根と切り花の生産量の割合を円グラフにまとめました。花子さんが作成したグラフとして正しいものはどれですか。次のア〜エの中から１つ選び、記号で答えなさい。

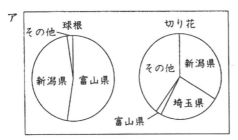

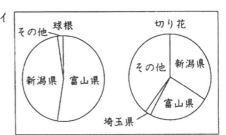

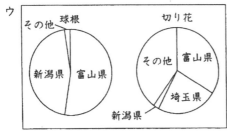

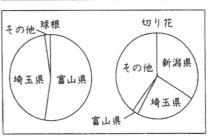

（農林水産省「作物統計調査」をもとに作成）

問2 おじさんは、チューリップの球根を育てるのに、「花を摘む」作業があることを教えてくれました。「花を摘む」作業は、資料1の空らん　ア　～　エ　のどの部分に入りますか。記号で答えなさい。

資料1　チューリップの球根生産の1年

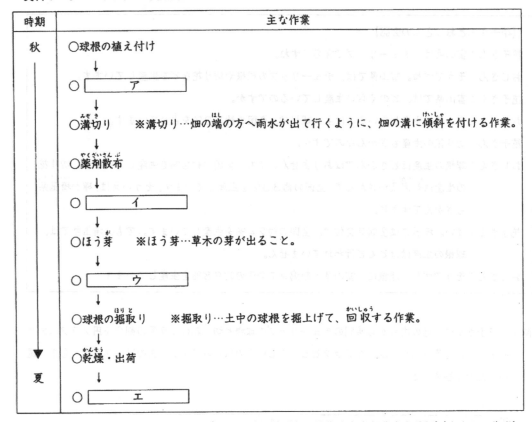

時期	主な作業
秋 ↓ 夏	○球根の植え付け ↓ ○ ［　ア　］ ↓ ○溝切り　　※溝切り…畑の端の方へ雨水が出て行くように、畑の溝に傾斜を付ける作業。 ○薬剤散布 ↓ ○ ［　イ　］ ↓ ○ほう芽　　※ほう芽…草木の芽が出ること。 ↓ ○ ［　ウ　］ ↓ ○球根の掘取り　　※掘取り…土中の球根を掘上げて、回収する作業。 ↓ ○乾燥・出荷 ↓ ○ ［　エ　］

（「とやまのチューリップホームページ（富山県農林水産部農産食品課）」をもとに作成）

これから，英語による問題を始めます。
英語による問題は、問題用紙の1ページから3ページまであります。

問題は，問1から問5までの5問あります。英語は，すべて2回ずつ読まれます。問題用紙にメモを取ってもかまいません。答えはすべて解答用紙に記入してください。

はじめに、問1を行います。
問1では、ナンシーさんとけんたくんが、話をしています。2人の話を聞いて、話の内容にあう絵を、問題用紙にあるア〜エの中から、1つ選びなさい。
それでは始めます。

問1の1回目を放送します。
Nancy : Hi, Kenta. Where do you want to go in summer?
Kenta : Hi, Nancy. I want to go to Okinawa.
Nancy : What do you want to do there?
Kenta : I want to go to the beach because I like swimming.

問1の2回目を放送します。

（繰り返し）

次に、問2を行います。
問2では、えみさんとマイクくんが、話をしています。2人の話を聞いて、話の内容にあう絵を、問題用紙にあるア〜エの中から、1つ選びなさい。
それでは始めます。

問2の1回目を放送します。
Emi : What season do you like, Mike?
Mike : I like winter because I like snowboarding.　How about you, Emi?
Emi : I like spring because I like sakura.

問2の2回目を放送します。

1

（繰り返し）

次に、問3を行います。
　ひろしくんのクラスでは、外国人との交流会で、自分たちが作った料理を食べてもらうことになりました。グループA、B、Cの代表者である、ひろしくん、なおみさん、だいきくんが、献立について先生と話をしています。代表者3人と先生の話を聞いて、話の内容に合うように、表の①〜③に入るものの組み合わせで正しいものを、問題用紙にあるア〜エから1つ選びなさい。
　それでは始めます。

問3の1回目を放送します。
Teacher : What do you want to make, Hiroshi?
Hiroshi : We want to make Yasaiitame.　We want two cabbages, four carrots and three onions.
Teacher : Great.　How about you, Naomi?
Naomi : We want to make Tamagoyaki.　Tamagoyaki is popular.　We want ten eggs.
Teacher : I like Tamagoyaki, too.　How about you, Daiki?
Daiki : We want to make Misoshiru.　We want five Tofu and two Negi.

問3の2回目を放送します。

（繰り返し）

次に問4を行います。
　あなたのクラスのグローバル・スタディの授業で、ALTの先生に、みきさん、かなさん、ひろみさん、あやみさんの4人が、英語で自己紹介することになりました。4人の自己紹介を聞いて、かなさんの自己紹介を、放送されるNo.1〜No.4の中から1つ選びなさい。
　それでは始めます。

問4の1回目を放送します。
No. 1 : I'm twelve.　I like video games.　I play volleyball.　I have two dogs.
No. 2 : I'm twelve.　I have a cat.　I like dancing.
No. 3 : I'm twelve.　I play tennis.　I have a dog and a cat.
No. 4 : I'm twelve.　I play tennis.　I like sweets.　I have two cats.

2

問4の2回目を放送します。

（繰り返し）

最後に問5を行います。
　あなたは、グローバル・スタディの授業で、「夏休みの思い出」について3枚の写真を見せながらスピーチをします。問題用紙にあるア〜ウの絵を、スピーチの内容に合うように並べかえなさい。
　それでは始めます。

　問5の1回目を放送します。
　　Look at these pictures.　I went to Oomiya Koen Taiikukan with my friends.　We played badminton there.　After that, we had lunch there.　It was fun.

　問5の2回目を放送します。

　（繰り返し）

　これで、英語による問題を終わりにします。

問3　花子さんは、チューリップの球根生産において、花を摘む作業があることを不思議に思い、資料2
　　のような4つの状態を考えました。4つの状態の中で一番大きく球根が成長するのはどれですか。
　　資料2のア～エの中から1つ選び、記号で答えなさい。また、そのように考えた理由を書きなさい。
　　なお、球根の元々の大きさは、4つとも同じとします。

資料2　花子さんが考えた4つの状態

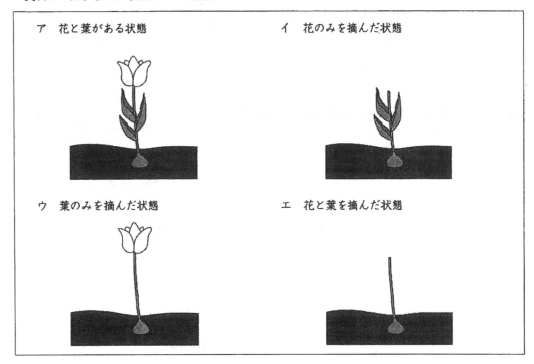

ア　花と葉がある状態　　　　　　　　　　イ　花のみを摘んだ状態

ウ　葉のみを摘んだ状態　　　　　　　　　エ　花と葉を摘んだ状態

問4　花子さんは、作業を見て「チューリップ」の歌を思い出し、資料3のように楽譜を書き始めました。
　　資料3の□の部分の音符はどれですか。次のア～カの中から1つ選び、記号で答えなさい。

ア　　　イ　　　ウ　　　エ　　　オ　　　カ

資料3　花子さんが書いた楽譜

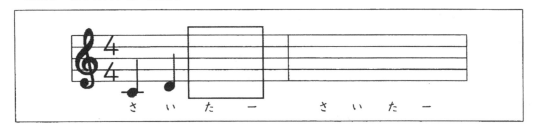

さ　い　た　ー　　　さ　い　た　ー

－8－

4

~~~~~~
　太郎さんは、さいたま市にある※埼玉スタジアムが、日本と韓国で開催されたサッカーの２００２
FIFA ワールドカップの会場だったことを知り、調べることにしました。
~~~~~~

※さいたま市にあるサッカー専用スタジアム。正式名称は「埼玉スタジアム２００２」。

　次の問１〜問４に答えなさい。

問１　２００２FIFA ワールドカップは、日本では１０か所で開催されました。資料１のＡ〜Ｊは、開
　　催された場所がある道府県を表しており、資料２は、Ａ〜Ｊの道府県のいずれかに関する資料です。
　　資料２はどの道府県のものですか。資料１のＡ〜Ｊの記号で答えなさい。

資料１　２００２FIFA ワールドカップが開催された道府県

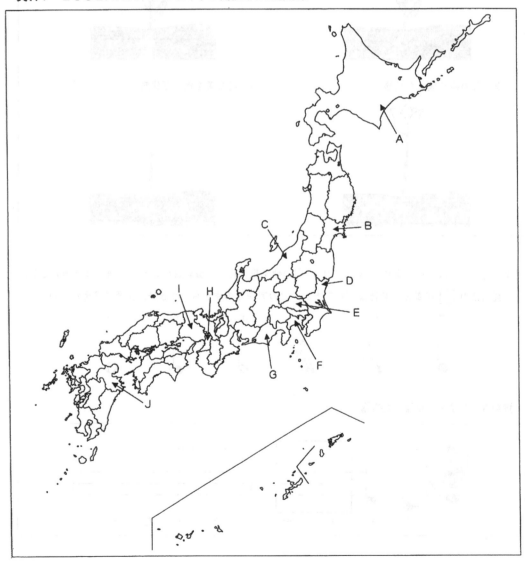

資料2　A～Jの道府県のいずれかに関する資料

1　気候の特徴

平野に広がる都市では、雪は降りますが、あまり積もりません。山間部などは雪が3～4メートルも積もることがあります。

2　道府県庁がある都市の雨温図　　　3　山間部の雨温図

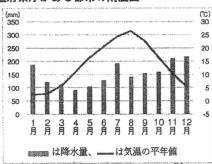

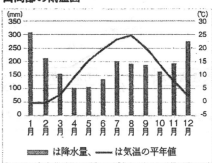

（2及び3は気象庁「過去の気象データ検索」をもとに作成）

4　農産物の特徴

コメの収穫量は全国第1位で、平成29年度の収穫量は611,700トンで、全国の約8％となっています。

（農林水産省「作物統計」をもとに作成）

問2　太郎さんは、埼玉スタジアムに行き、そこで働いている担当者の方にインタビューをすることにしました。各駅（停留所）からの所要時間を資料3とすると、太郎さんの家の近くの大宮駅から埼玉スタジアムの最寄り駅である浦和美園駅まで一番早く到着する行き方はどれですか。次のア～エの中から1つ選び、記号で答えなさい。また、その行き方でかかる時間は何分ですか。

なお、乗り換え時間（違う種類の電車や、電車からバスに乗り換える時間）はすべて5分とし、電車やバスが駅や停留所で停車している時間は考えないものとします。

ア　大宮駅→（京浜東北線）→浦和駅→（バス）→浦和美園駅

イ　大宮駅→（埼京線）→武蔵浦和駅→（武蔵野線）→東川口駅→（埼玉高速鉄道）
　　→浦和美園駅

ウ　大宮駅→（京浜東北線）→南浦和駅→（武蔵野線）→東川口駅→（埼玉高速鉄道）
　　→浦和美園駅

エ　大宮駅→（京浜東北線）→南浦和駅→（武蔵野線）→東浦和駅→（バス）→浦和美園駅

資料3　各駅（停留所）からの所要時間

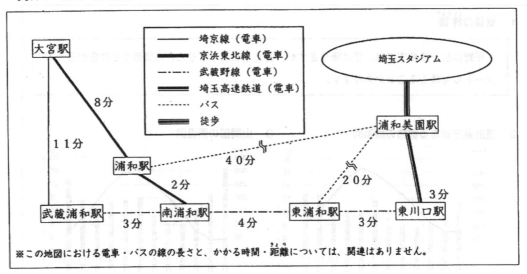

※この地図における電車・バスの線の長さと、かかる時間・距離については、関連はありません。

問3　インタビューに答えてくれた担当者の方は、埼玉スタジアムが環境にやさしい「エコスタジア
　　　ム」づくりを進めていることと、その取組の1つとして、資料4について教えてくれました。太郎
　　　さんは、資料4の取組から、「エコスタジアム」と言われる理由について考えてみました。【太郎
　　　さんの考えた理由】にある空らん　A　、　B　にあてはまる言葉を　A　は5字以内、
　　　B　は3字以内で書きなさい。

資料4　埼玉スタジアムでの取組の1例

> 埼玉スタジアムでは、1試合において平均約15,000個の紙コップが使用されます。埼玉ス
> タジアムで使用された紙コップは、15個あたりトイレットペーパー1つになり、年間で
> 約16,000個のトイレットペーパーに生まれ変わります。

（公益財団法人埼玉県公園緑地協会「埼玉スタジアム2〇〇2」をもとに作成）

【太郎さんの考えた理由】
・紙コップをトイレットペーパーに　A　することで、　B　を減らすこと
　ができるから。
・生まれ変わったトイレットペーパーを使用することで、新たなものを購入する必要がなくなり、
　費用が軽減されるから。

太郎さんは、ワールドカップについて調べてみました。

問4. 太郎さんは、**資料5**のとおりワールドカップのグループリーグの順位決定方式についてまとめました。理解を深めるため、太郎さんは架空の試合結果を想定してみることにしました。**資料6**のA国が、グループリーグを勝ち抜いて決勝トーナメントに進むためには、C国との試合の結果がどのようになればよいですか。次のア〜オの中からあてはまる結果を**すべて**選び、記号で答えなさい。

ア　A国　0　−　2　C国　　　イ　A国　1　−　2　C国
ウ　A国　1　−　1　C国　　　エ　A国　2　−　1　C国
オ　A国　2　−　0　C国

資料5　太郎さんのまとめ

(1) ワールドカップでは、はじめにグループリーグが行われます。グループリーグでは、4チームを1グループとして、グループ内の4チームで総当たり戦（グループ内のほかのチームと1試合ずつ対戦する）を行います。試合結果により勝ち点がチームに与えられ、勝ち点の多い上位2チームが決勝トーナメントに進出します。
  ●勝ち点の与えられ方
    勝ち＝3点、引き分け＝1点、負け＝0点
(2) 総当たり戦が終わり、勝ち点が同じ場合は、3試合でとったすべての得点（総得点）から3試合でとられたすべての得点（総失点）を引いた数（得失点差）で、多い方が上位となります。
  ●得失点差の計算の仕方の例
    総得点が5点、総失点が3点とすると、得失点差は＋2点

資料6　A国のグループリーグ　　対戦表
　　　　の対戦結果　　　　　　　※対戦表は、考える際に使ってもかまいません。

| A国　1−2　B国 |
| C国　1−0　D国 |
| A国　3−1　D国 |
| B国　3−2　C国 |
| B国　3−1　D国 |
| A国　−　C国 |

	A国	B国	C国	D国	勝ち点	得失点差
A国						
B国						
C国						
D国						

⑤

〜〜〜
　お姉さんがブラジルに留学している花子さんは、ブラジルに関心を持ち、総合的な学習の時間で、
ブラジルについて調べることになりました。
〜〜〜

次の問1〜問2に答えなさい。

┌───┐
│【花子さんとお姉さんの国際電話での会話】   │
│花子さん：昨日の夜9時、テレビでブラジルからの生中継(なまちゅうけい)の放送があったけど、ブラジルは夜じゃ │
│　　　　　なかったね。   │
│お姉さん：そうね。ブラジルは日本のほぼ真裏(まうら)にある国だから、わたしの住んでいるところは、日本 │
│　　　　　と比べて時間が12時間遅(おそ)いの。   │
│花子さん：そうなんだ。今度、授業でブラジルについて調べることになったの。その時にわからな │
│　　　　　いことがあったら、いろいろ教えてほしいの。   │
│お姉さん：いいわよ。でも、この時間には電話をしないで。いつもは寝(ね)ている時間だから。   │
│花子さん：それなら、いつだったら電話をしていいのかな。迷惑(めいわく)にならない時間に電話をするから。 │
│お姉さん：そうね。ブラジルの時間で言うと、だいたい午後11時に寝て、午前6時に起きている │
│　　　　　わ。だけど、午前7時30分から、午後4時までは学校に行っているから、家にはいな │
│　　　　　いの。気をつけてね。   │
└───┘

問1　【花子さんとお姉さんの国際電話での会話】から、花子さんがお姉さんに電話をかけた時間は日
　　本時間の何時何分だったと考えられますか。最も適切なものを、次のア〜エの中から1つ選び、記
　　号で答えなさい。

　　ア　午前6時30分　　　　　　　　イ　午前10時30分
　　ウ　午後4時30分　　　　　　　　エ　午後9時30分

花子さんは、ブラジルに関する資料を集め、発表用資料を作成しました。

問2　【花子さんが集めた資料】の資料1～資料4を参考に、【花子さんが作成した発表用資料】にある空らん　　A　　～　　C　　にあてはまる内容で正しいものを、次のア～カの中からそれぞれ1つずつ選び、記号で答えなさい。

ア　アフリカ大陸の南半球側に位置している。
イ　南アメリカ大陸の約半分を占めている。
ウ　さいたま市に住む南アメリカ地域の国籍の人は、アジア地域の国籍の人に次いで2番目に多い。
エ　南アメリカ地域の国籍の人の約7割にあたる。
オ　ブラジルの輸入・輸出ともに自動車があるが、輸出の金額の方が高い。
カ　ブラジルの輸出では、大豆の輸出額がいちばん高く、200億ドルを超えている。

【花子さんが作成した発表用資料】

ブラジルとはこんな国！

1　位置と面積
・地球儀でみると日本のほぼ真裏にある。面積は約8，510，000k㎡で、　　A　　

　　（ブラジルがある大陸の面積は約17，800，000k㎡）

2　日本人との関係
・日本から初めて移民船が到着したのは、1908年である。
・戦前・戦後あわせて約25万人もの日本人がブラジルに移住した。
・今では6世も誕生する、約160万人が属する世界最大の日系社会が築かれている。

3　さいたま市との関係
・さいたま市には多くのブラジル人が住んでおり、　　B　　

4　農産物
・砂糖・コーヒー・鶏肉の輸出額は世界一。
・日本も多くの農作物を輸入している。

5　貿易（2016年）
・　　C　　
・貿易収支は黒字だった。

【花子さんが集めた資料】

資料1　世界地図

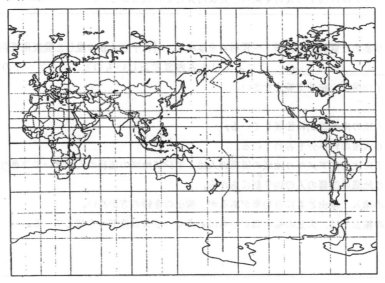

資料2　さいたま市の外国人住民数（地域別）

	総数	アジア	北アメリカ	南アメリカ	アフリカ	ヨーロッパ	オセアニア	その他
人数	19，433	17，702	466	462	157	522	100	24

（さいたま市「さいたま市統計書（平成28年版）」をもとに作成）

資料3　さいたま市の外国人住民数（上位9国・地域）

順位	国・地域	人数	順位	国・地域	人数	順位	国・地域	人数
1	中国 ちゅうごく	8，247	4	ベトナム	1，545	7	タイ	347
2	韓国又は朝鮮 かんこく　ちょうせん	3，417	5	台湾 たいわん	364	8	ブラジル	321
3	フィリピン	1，943	6	アメリカ	348	9	パキスタン	276

（さいたま市「さいたま市統計書（平成28年版）」をもとに作成）

資料4　ブラジルの貿易（2016年）

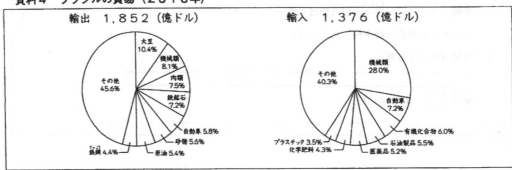

（公益財団法人矢野恒太記念会「世界国勢図会　2018／19」をもとに作成）

これで、問題は終わりです。

K 教英出版

平成31年度

適 性 検 査 B

注　意

1　問題は ☐1 から ☐3 までで、10ページにわたって印刷してあります。

2　検査時間は40分です。

3　声を出して読んではいけません。

4　解答はすべて解答用紙にはっきりと記入し、**解答用紙だけ提出**しなさい。

5　解答を直すときは、きれいに消してから、新しい解答を書きなさい。

6　**性別・受検番号**は解答用紙の決められた欄2か所に必ず記入しなさい。

さいたま市立大宮国際中等教育学校

1

＿＿＿＿＿＿＿＿＿＿＿＿＿＿＿＿＿＿＿＿＿＿＿＿＿＿＿＿＿＿＿＿＿＿＿
太郎さんは、総合的な学習の時間に、税金について調べることにしました。
＿＿＿＿＿＿＿＿＿＿＿＿＿＿＿＿＿＿＿＿＿＿＿＿＿＿＿＿＿＿＿＿＿＿＿

次の問1～問5に答えなさい。字数の指定がある場合は、数字や小数点も1字と数えること。

(例) | 4 | 2 | . | 5 |

【先生と太郎さんの会話】

太郎さん：わたしは、さいたま市の歳入と歳出、つまり、いくらお金が入って、いくら使ったかの資料を集めました。

先　　生：太郎さん、この資料には、さいたま市の歳入と歳出のすべてが示されていないと思いますが。

太郎さん：はい。市の会計には、大きく分けて、一般会計、特別会計、企業会計がありますが、そのうち、一般会計のみを示したものです。

先　　生：資料1を見ると、自主財源と依存財源という表記がありますが、どのような意味か調べていますか。

太郎さん：はい。自主財源とは、市が自ら集めるお金のことで、依存財源とは、国や県からもらうお金のことです。

先　　生：よく調べていますね。

太郎さん：自主財源で最も多いのは　　A　　で、依存財源で最も多いのは、　　B　　です。

先　　生：そうですね。こちらの資料2からは、どんなことがわかりますか。

太郎さん：民生費が　　C　　で、　　D　　です。なお、民生費は　　E　　などに使われていて、さいたま市の平成28年度の人口を127万人としたとき、市民一人あたり約　　F　　円だということもわかります。

問1　【先生と太郎さんの会話】にある空らん　　A　　、　　B　　に入る言葉を、次のア～カの中から1つ選び、記号で答えなさい。

　　ア　市税　　　イ　諸収入　　　ウ　使用料・手数料など　　　エ　国庫支出金
　　オ　市債　　　カ　県支出金など

問2　【先生と太郎さんの会話】にある空らん　　C　　、　　D　　、　　E　　に入る内容を10字以上20字以内で書きなさい。なお、　　C　　は、歳出総額における民生費の全体的な特徴について、　　D　　は、「パーセント」という言葉を使って書きなさい。また、　　E　　は、資料2にある言葉を使って書きなさい。

問3　【先生と太郎さんの会話】にある空らん　　F　　に入る数字を、上から3けたのがい数で書きなさい。

資料１　平成２８年度　さいたま市歳入（一般会計）の内訳

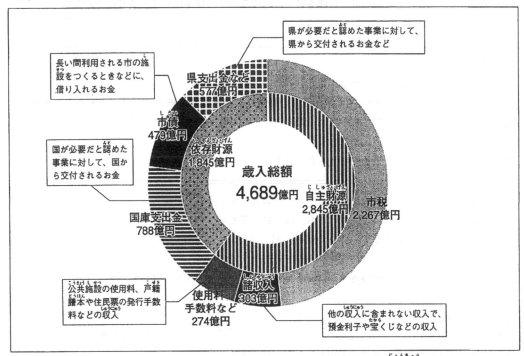

（さいたま市「平成２８年度さいたま知っ得予算～さいたま市の予算と財政状況～」をもとに作成）

資料２　平成２８年度　さいたま市歳出（一般会計）の内訳

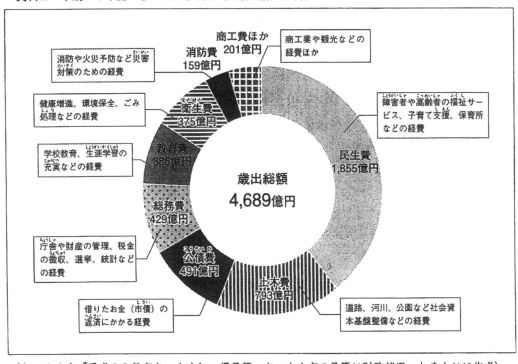

（さいたま市「平成２８年度さいたま知っ得予算～さいたま市の予算と財政状況～」をもとに作成）

太郎さんは、国の税金についても興味を持ち、税務署の方に話を聞いて、まとめてみました。

【太郎さんのまとめ】
1　税務署の方の話を聞いてわかったこと
　年金や医療などの社会保障・福祉や、教育や警察、消防などの公共サービスは、わたしたちの暮らしには欠かせないものですが、これらの費用はわたしたちの税金によって支えられています。

2　もしも税金がなかった場合に考えられること

①救急車を呼んで、病院に運んでもらうのに、お金がかかる。
②交番でおまわりさんに道をたずねたら、道を教えてもらうのに、お金がかかる。
③家から出るどんなゴミでも、ゴミ処理場に持って行ってもらうのに、お金がかかる。

(財務省「財務省キッズコーナー　ファイナンスらんど」をもとに作成)

3　わたしの考え
　税金が使われていなかったら、[　　　　　　G　　　　　　]ので、みんなが豊かで安心して暮らしていくのに、税金はとても大切なものだと思います。

問4　【太郎さんのまとめ】にある空らん[　G　]にあてはまる内容を、「費用」、「サービス」という言葉を使って、１５字以上２５字以内で書きなさい。

太郎さんは、税金についておじさんと話をしています。

【太郎さんとおじさんの会話】

おじさん：わたしたちが、税金をどのように払っているのかを知っていますか。

太郎さん：よくわかりません。

おじさん：実は、太郎も普段から税金を払っているのですよ。

太郎さん：そういえば、わたしたちが買い物をする時には消費税がかかりますね。

おじさん：そのとおりです。

太郎さん：お店で買い物をすると、消費税を含まない「税抜きの価格」で表示されていることもあります。

おじさん：そうですね。その場合は、計算が大変です。ちなみに、今月、お小遣いはいくらもらいましたか。

太郎さん：今月は特別に3，000円もらいました。でも、昨日300円使ってしまいました。

おじさん：それでは、今月のお小遣いの残金を使って買い物をした場合、1回の会計で最大いくらの税抜き価格の商品を買うことができるのでしょうか。

問5　太郎さんは、いくらの商品を買うことができますか。ただし、消費税は8％（1円未満切り捨て）とし、商品には必ず消費税がかかるものとします。

— 4 —

2

~~~
　ある町内会で、夏祭りを行いました。
~~~

　【ある町内会での出来事】と【夏祭りでの出来事】の文章を読んで、次の問1～問2に答えなさい。
ただし、商品の価格については消費税を含むものとします。

【ある町内会での出来事】

　鈴木さんは、町を元気づけようと夏祭りを計画し、夏祭りの会長として活動することになりました。そこで、夏祭りを行うにあたり、お金が必要だと考え、夏祭りの重要性を町に住んでいる人たちに伝え、賛成してくれた人たちから1人当たり1，250円もらうこととし、80人分のお金が集まりました。

　鈴木さんは、集めたお金を夏祭りの運営費とし、焼きそばを配る担当者と、水風船などの子ども遊びの担当者に、それぞれ15，000円ずつ支給することにしました。なお、焼きそばを配る担当者は、焼きそばの材料費に10，000円、器や箸などの必要経費として5，000円を使うことに決めました。また、放送担当者に放送費（音楽を流すための機材などを用意する費用）として20，000円、ステージ担当者に夏祭りの最後に行うビンゴ大会の景品費として10，000円を支給し、残りは何かあった時のために　　A　　円を予備費として取っておくことにしました。

　夏祭りの2か月前、副会長の佐藤さんは、夏祭りをもっと地域のみんなにアピールしたほうがいいと、「8月26日　夏祭りを公園で開催します！」という看板をつくって掲示しました。この看板の製作費は1枚当たり17，000円で、　　B　　枚を製作し、予備費から支出しました。

　夏祭りの1か月半前、子ども遊びの担当者は、必要な金額を計算したところ、12，000円で足りることがわかり、残りの3，000円を鈴木さんに返金することにしました。その話を聞いた鈴木さんは、楽しみにしている子どものために、残りの3，000円も使うようにお願いをし、お金は受け取りませんでした。

　夏祭りの1か月前、放送担当者は、盆踊りの音を流すためのスピーカーを設置することにし、鈴木さんに1台3，000円のスピーカーを　　C　　台購入するため、予備費から支出するようにお願いをしました。このスピーカーの購入費を全額予備費から出すと、予算が9，000円不足することになるので、鈴木さんは困ってしまいました。

　しかし、その後、放送担当者が確認すると、スピーカーの購入費は、元々支給されていた放送費に含まれていたことが分かりました。鈴木さんは、このスピーカーの購入費を予備費から出す必要がないことがわかったので、安心しました。

　それぞれの担当者は、最終的に、支給された予算をちょうど使い切りました。また、最終的に予備費は　　D　　円余りました。鈴木さんは余った予備費を来年の夏祭りで使うことにしました。

問1　**【ある町内会での出来事】**にある空らん　A　、　B　、　C　、　D　
　　にあてはまる数字を書きなさい。

【夏祭りでの出来事】
　夏祭りに参加した花子さんが、空を見上げると、きれいな満月が見えました。花子さんは、一緒にいたお姉さんから「月は太陽のように自分で光を出しているのではなく、太陽の光を反射して光って見える」ということを聞きました。また、月の満ち欠けのサイクルは約1か月であることや半月には名前があることについても教えてもらいました。
　お姉さんの話を聞いた花子さんは、月について調べてみたいと思いました。

問2　後日、花子さんは資料1～資料3を見つけました。「下げんの月」となる月の位置は資料1の①～⑧のどこになりますか。最も適切なものを1つ選び、番号で答えなさい。
　　また、夏祭りから約何日後に「下げんの月」を見ることができますか。最も適切なものを、次のア～エの中から1つ選び、記号で答え、なぜそのように考えたかを説明しなさい。

　　ア　約3日後　　　イ　約8日後　　　ウ　約15日後　　　エ　約23日後

資料1　地球・太陽・月の位置関係

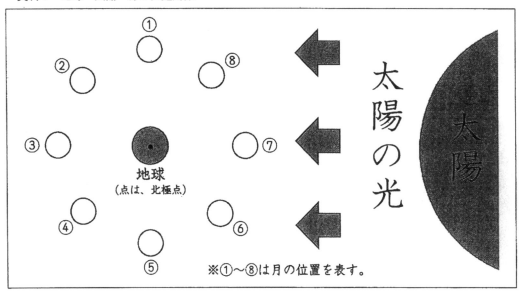

資料2　半月の名前と見え方

月が一番高い位置にあるとき、わたしたちから見て、右側半分が光って見える
半月を「上げんの月」、左側半分が光って見える半月を「下げんの月」と呼ぶ。

資料3　月の満ち欠けのサイクル

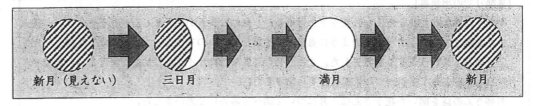

新月（見えない）　　三日月　　…　　満月　　…　　新月

> 花子さんは、図書館で食べ物のおいしさに関する本を見つけ、興味を持ったので、読んでみることにしました。

　次の文章は、栗原堅三著の「うま味って何だろう」（岩波ジュニア新書）という本の中で「おいしさの要素」について書かれた部分です。これを読んで、次の問1～問5に答えなさい。

　あるとき北海道で、イカ釣りに出かけました。釣りたてのイカは体が透明で美しいものです。さっそく、釣りたてのイカを食べてみると、コリコリしてまことにおいしい。あまりにおいしいので友人におすそわけしたら、「味がぜんぜんなくて、おいしくない」と言われました。

　たしかに、新鮮なイカにはイノシン酸（カツオブシのうま味成分として発見された）がないので、味はほとんどありませんが、寝かしておけばイノシン酸がつくられるので味が出てきます。コリコリしたイカの触感を楽しみたいなら、味は犠牲にして、しめたてのイカを選ぶしかありません。

　ソバやうどんのおいしさの基本は、舌ざわり、喉ごしの感触といった触感にあります。稲庭うどん、讃岐うどん、きしめんが、日本の三大うどんと言われています。それぞれ独特なおいしさがありますが、個人的には、稲庭うどんが好きです。練る、ないまぜる[*1]、延ばす、干すなどの工程のなかで、独特のつるつるした舌ざわりと、こしのある歯ごたえをかもしだしているからです。日本各地で、独特の触感を出すためのたゆみない工夫がなされ、地域に根づいた特徴あるうどんが生まれたのです。日本には、①おいしいものをつくるためにひたむきに努力する、すばらしい食文化があるものだと感服[*2]しています。

　動物は、ふつう常温のものを食べています。ところが、ヒトは冷めた料理はおいしくないというように、常温の料理を好みません。むしろ、熱くした料理や、冷たくした料理を好みます。ヒトは、辛い味、強烈なにおい、熱い、冷たいなど、あらゆる手段を使って、食欲を刺激する工夫をしてきたのです。こうした言い方は、ヒトと動物のちがいを強調したものですが、べつの言い方をすれば、②これが人の食文化をつくってきたのです。

　アメリカやイギリスでは、タコは「悪魔の魚」とよばれていて、タコがきらいな人が多いようです。ところが、アメリカの友人に、「タコでもイカでも大好きだ」と公言している人がいました。いろいろな奇異な食べものをあげてみたところ、いずれもOKだというので、最後に「ナマコはどうだ」と言ってみました。すると、「え！　ナマコを食べるのか」と降参してしまいました。私[*3]はかさにかかって「ナマコの内臓はものすごい珍味だ」と言って、とどめを刺しました。

　食材を見ると、その食材のイメージが浮かんできます。タコやナマコは、アメリカ人やイギリス人にとってはグロテスク[*4]で気持ち悪いという印象が強く、食べる気がしないのでしょう。日本にはイナゴやハチの子を好んで食べる人がいる一方、気持ち悪いという人も多くいます。食べものの好ききらいには、その食べもののイメージが大きく③寄与しているのです。

　香りのところでも触れましたが、目隠しをして食べると、その食べものを言い当てられない場合が多いのです。何を食べているか不安で、目隠しをするとだいたいおいしく感じられません。

　食事をするときはふつう、出された料理がどういうものかを判断してから食べています。正確に素材がわからなくても、魚なのか、肉なのか、野菜なのかを判断してから食べています。過去にその素材か類似の素材の料理を食べているので、④過去の記憶に照らして食べる心の準備をしているのです。

　動物ははじめて食べるものに対して、ひじょうに警戒します。これを新奇恐怖と言います。山本　隆氏によると、ラット[*5]にリンゴジュースを与えると、最初はニミリリットルぐらいしか飲みませんが、その後、水を与えたあとで、ふたたびリンゴジュースを与えると、五ミリリットルぐらい飲むようになり

ます。これをくりかえすと、ラットは好んでリンゴジュースを飲むようになります。ラットは、リンゴジュースが安全でおいしい飲みものであることを学習したのです。

　人の場合も、その食べものが安全でおいしいというイメージが脳にできあがってから、よく食べるようになります。

（一部省略や、ふりがなをつけるなどの変更があります。）

※１　ないまぜる…いろいろなものを混ぜ合わせる。

※２　感服…心の底からもっともだと感じること。

※３　かさにかかって…勢いにのった態度で。

※４　グロテスク…不気味。異様。

※５　ラット…ねずみ。

問１　下線部①「おいしいものをつくるためにひたむきに努力する」とありますが、ここではどのような点を言っているのか、花子さんは考えてみました。次のア～エの中から最も適切なものを、１つ選び、記号で答えなさい。

　　ア　すばらしい食文化を生み出すために日本各地で激しく競い合っている点。

　　イ　人によってうどんの舌ざわりや喉ごしの感触が変わり、好みが分かれる点。

　　ウ　地域ごとに特徴のあるうどんを作り出すために、工夫をおこたらない点。

　　エ　三大うどんと呼ばれるもの以外にも、日本にはおいしいうどんがある点。

問２　下線部②「これが人の食文化をつくってきた」とありますが、「これ」とはどういうことかを花子さんはまとめてみました。次の空らん　　Ａ　　にあてはまる内容を、本文中から２０字以上３０字以内で書きぬきなさい。

┌──┐
│　動物と違ってヒトは、　　Ａ　　ということ。　　　　　　　　　　　　　│
└──┘

問３　下線部③「寄与している」について、花子さんは辞書で調べてみました。この言葉は、ここではどのような意味として使われていますか。その説明として最も適切なものを、次のア～エの中から１つ選び、記号で答えなさい。

　　ア　えいきょうをあたえているという意味。

　　イ　役に立っているという意味。

　　ウ　受け取って自分のものにするという意味。

　　エ　おくりあたえるという意味。

問4　下線部④「過去の記憶に照らして食べる心の準備をしている」とありますが、どういうことか、花子さんは考えてみました。【花子さんの考え】にある、次の空らん　　B　　にあてはまる内容を、本文中から２０字以内で書きぬきなさい。

【花子さんの考え】

　　これまでの経験から、　　　　　　　　　B　　　　　　　　　から食べるということ。

問5　花子さんはノートに、本文の中で、筆者が述べていることをまとめてみました。しかし、花子さんが、ノートをもう一度みてみると、誤解をしている部分があることに気づきました。次のア〜エの中から誤解をしているものを１つ選び、記号で答えなさい。

　ア　イカは、寝かしておけば味が出てくるが、新鮮なイカには味はほとんどない。
　イ　はじめて食べるものに対して、動物はとても警戒するが、人は心の準備をすることができるので、ためらわずに食べることができる。
　ウ　人は、目隠しをして食べると、何を食べているか不安で、だいたいおいしく感じられない。
　エ　安全でおいしいというイメージが脳内にできあがっていないものを食べる場合は、動物であっても人であっても警戒心をもつ。

これで、問題は終わりです。

平成３１年度

適 性 検 査 C

```
─────── 注　意 ───────

1　問題は 1 から 3 までで、6ページにわたって印刷してあります。

2　検査時間は４５分です。

3　声を出して読んではいけません。

4　解答はすべて解答用紙にはっきりと記入し、解答用紙だけ提出しなさい。

5　解答を直すときは、きれいに消してから、新しい解答を書きなさい。

6　性別・受検番号は解答用紙の決められた欄3か所に必ず記入しなさい。
```

さいたま市立大宮国際中等教育学校

1

> 太郎さんは、総合的な学習の時間で、「外国からやってくる観光客にも優しい街づくり」について発表する準備をしています。

以下の会話を読んで、問いに答えなさい。

先　　生：太郎さんは、どのような発表をしようと考えているのですか。

太郎さん：日本には外国からたくさんの観光客がやってきますが、その方たちに、気持ち良く日本での生活を送ってもらうために、どのようなことができるのかを考えて発表したいと思っています。

先　　生：それでは、まずは、外国からいらした観光客がどのようなことに困っているか、実態を知る必要がありますね。

太郎さん：先生、この資料1を見てください。これはある調査で外国の方が旅行中に困ったことについて回答した結果のうち、割合が高かったものを抜き出したものです。この資料1から分かることを述べたいと思います。

先　　生：すばらしいですね。すでに実態を把握しているのですね。そのあと、どのように話を続けますか。

太郎さん：資料1から「無料公衆無線LAN環境」をのぞいた項目について、どのような場所でそのようなことが起こるのかを明確にし、外国の方たちがもっと気持ち良く観光できるための改善点をいくつか述べたいと思います。

先　　生：場所に関する資料はあるのですか。

太郎さん：はい。資料2、資料3を用意しました。およそ7,000人の外国からの旅行者に対し、困った場所についてたずねた結果です。

先　　生：資料はたくさんそろっていますね。では、良い発表を期待しています。

資料1　旅行中困ったこと（複数回答）

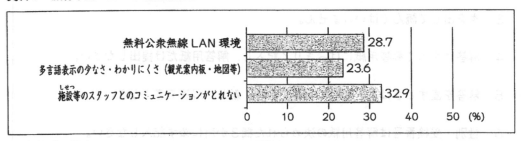

（観光庁「『訪日外国人旅行者の国内における受入環境整備に関するアンケート』結果」をもとに作成）

資料2　多言語表示で特に困った場所
　　　　　　　　　　（複数回答）

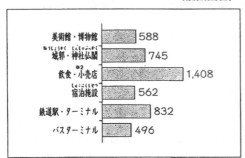

資料3　施設スタッフとのコミュニケーション
　　　　で特に困った場所（複数回答）

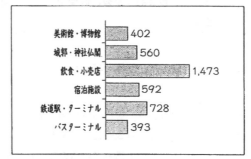

（資料2及び資料3は観光庁「『訪日外国人旅行者の国内における受入環境整備に関するアンケート』結果」をもとに作成）

※1　城郭…城のこと。
※2　小売店…客に直接品物を売る店。スーパーマーケット、薬局、書店など。

問　太郎さんは、先生の助言に従って、発表しようとしています。あなたが太郎さんなら、どのように発表しますか。次の条件に従って書きなさい。

　条件1：解答は横書きで1マス目から書くこと。
　条件2：文章の分量は、200字以内とすること。
　条件3：数字や小数点、記号についても1字と数えること。

　　　　　　　　　　　　　　　　　　（例）| 4 | 2 | . | 5 | % |

2

〜〜〜〜〜〜〜〜〜〜〜〜〜〜〜〜〜〜〜〜〜〜〜〜〜〜〜〜〜〜〜〜〜
　花子さんは、総合的な学習の時間で、「日本食・食文化の海外普及」について発表する準備をしています。
〜〜〜〜〜〜〜〜〜〜〜〜〜〜〜〜〜〜〜〜〜〜〜〜〜〜〜〜〜〜〜〜〜

以下の会話を読んで、問いに答えなさい。

先　　生：花子さんは、何について調べているのですか。

花子さん：わたしは、日本食に興味があり、もっと多くの海外の人に日本食のすばらしさを知ってもらいたいと思っているので、日本食・食文化を海外に普及させるためにどのようなことができるのかを調べています。

先　　生：資料1はどのような資料ですか。

花子さん：資料1は、２００９年と比べた２０２０年の日本をのぞいた世界の食市場の規模を予測したものです。

先　　生：食市場の規模とは、どのようなことですか。

花子さん：簡単に言うと、食に関する取引で、どの程度のお金の動きがあるかを表したものです。

先　　生：よく調べていますね。では、この資料を使って、どのような発表をしますか。

花子さん：はじめに、資料1から全体的な特徴を述べた後、特にアジアでの市場規模の拡大に着目し、アジアでの食市場は２００９年と比べ２０２０年はおよそ何倍になると予測されているかなど具体的な数を用いて説明するつもりです。

先　　生：なるほど。何倍かを整数で表せない場合は、上から2けた程度のがい数で表すのがよいかもしれませんね。資料2はどのような資料ですか。

花子さん：これは、日本食・食文化を海外へ普及させるために、農林水産省が行っている取組を示したものです。資料1のような状況は、日本食・食文化を普及させるチャンスだととらえ、具体的にできることを、資料2を参考に述べたいと思います。

先　　生：これをすべて説明するのですか。

花子さん：すべて説明すると内容が多すぎるので、この中から2つの取組を選び、具体的にどのようなことができるのか発表したいと思います。

先　　生：すばらしいですね。世界の食市場の現状と、日本食を海外に普及させるための具体的な取組についてしっかり伝わるように、がんばって準備をしてください。

2019(H31) 市立大宮国際中等教育学校

区教英出版

－3－

【適

③

問1	

問2	

問3	記号	
	理由	

問4	

④

問1	

問2	ルート		かかる時間	分

問3	A		B	

問4	

⑤

問1	

問2	A		B		C	

性　別	受　検　番　号

□や■の欄には，何も記入しないこと。

平成３１年度　適性検査Ｂ　解答用紙（２）

2

問1 | A | | B | | C | | D | |

問2

下げんの月の位置	
何日後に下げんの月が見えるか	
説明	

3

問1 | |

問2

```
                                        10
|  |  |  |  |  |  |  |  |  |  |  |  |  |  |  |  |  |  |  |
|  |  |  |  |  |  |  |  |  |  |  |  |  |  |  |  |  |  |  |
      20                                          30
```

問3 | |

問4

```
                              10              15
|  |  |  |  |  |  |  |  |  |  |  |  |  |  |  |  |  |
|  |  |  |  |  |  |  |  |  |  |  |  |  |  |  |  |  |
      20
```

問5 | |

性　別	受　検　番　号

2

100

200

300

性　別	受検番号

の欄には、何も記入しないこと。

2019(H31) 市立大宮国際中等教育学校
Ⓚ 教英出版

平成３１年度　適性検査Ｃ　解答用紙（３）

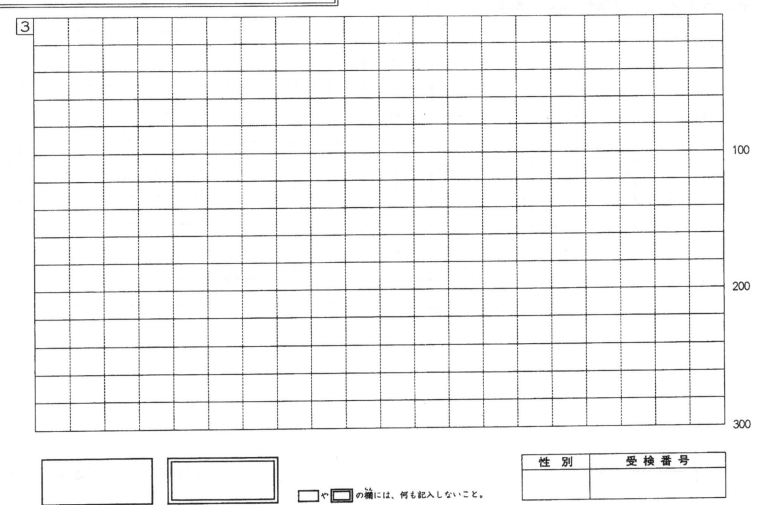

3

100

200

300

□や□の欄には、何も記入しないこと。

性　別	受　検　番　号

（配点非公表）

1

100

200

性　別　　　受　検　番　号

の欄には、何も記入しないこと。

平成３１年度　適性検査Ｂ　解答用紙（１）

（配点非公表）

1

問1　A　　　　　B

問2

C　（10）（20）

D　（10）（20）

E　（10）（20）

問3　　　　　　円

問4　（15）（20）（25）

問5　　　　　　円

□や□の欄には，何も記入しないこと。

K教英出版

【解答用

性　別	受　検　番　号

1

問1

問2

問3

問4 | Kana（かな）さんの自己紹介は、No.　　　　　　です。

問5 | 　　　→　　　　→

2

問1 | 分速　　　　　　　m

問2 | 　　時　　　　分

問3 | 　　時　　　　分

問4

問5 | 　　　　　　　％

□や▢の欄には、何も記入しないこと。

性　別	受　検　番　号

資料1　世界の食市場規模

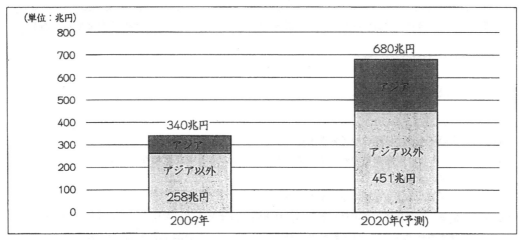

（農林水産省「日本食・食文化の海外普及について」（平成２６年９月）をもとに作成）

資料2　日本食・食文化の普及の取組について

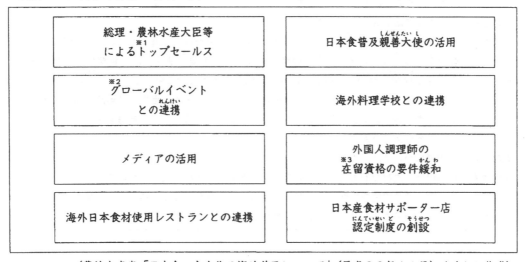

（農林水産省「日本食・食文化の海外普及について」（平成２８年１１月）をもとに作成）

※１　トップセールス…国の代表などが、自国の産物などを他の国などへ自ら売り込むこと。

※２　グローバルイベント…世界的な催しもの。

※３　在留資格…外国人が日本に滞在することについて法で定められた資格。資格ごとに日本で行って
　　　いい活動が定められている。

問　花子さんは、先生の助言に従って、発表しようとしています。あなたが花子さんなら、どのように
　　発表しますか。次の条件に従って書きなさい。

　　条件１：解答は横書きで１マス目から書くこと。

　　条件２：文章の分量は、３００字以内とすること。

　　条件３：数字や小数点、記号についても１字と数えること。

（例）　４　２　．　５　倍

— 4 —

3

> 　次郎さんは、総合的な学習の時間で、「外国語を学習するということ」について発表する準備をしています。

以下の会話を読んで、問いに答えなさい。

太郎さん：次郎さんは、何について発表するのですか。

次郎さん：わたしは、英語などの外国語を学習することが、どうして大切なのかを発表したいと考えています。

太郎さん：なぜ、そのようなテーマを選んだのですか。

次郎さん：近年、情報機器の発達にともない、日本語を話すとすぐに英語などの外国語に翻訳して音声を発する、いわゆる翻訳機が登場しています。この翻訳機の精度は、年々高まっており、将来、英語を勉強する必要がなくなると考える人も出てきています。わたしは、このような機器が発達しても、英語などの外国語を学習することには意義があることだと思い、そのことを伝えたいと考えています。

太郎さん：どのように伝える計画ですか。

次郎さん：まず、資料1の回答の割合が10％以上の項目の中から1つ選び、なぜ、その回答の割合が高いのかについて、わたしの考えを述べたいと思います。次に資料2からわかる全体的な特徴について説明したのち、説明したような世の中になっても困らないために、今、何をすることが大切なのかを述べたいと思います。世界には英語以外のことばがたくさんありますが、今回は、現在わたしたちが学習している英語を中心に話を展開したいと考えています。

太郎さん：翻訳機については、何も言わないのですか。

次郎さん：翻訳機は、便利な面もたくさんあると思います。翻訳機の利点について述べつつ、だからと言って外国語を学習しなくていい理由にはならないことを述べたいと思います。

太郎さん：すばらしい発表になりそうですね。わたしもがんばります。

資料1　「小学校の時、英語の授業で楽しいと思うことはどのようなことでしたか」との質問に対する中学生の回答（複数回答）の割合

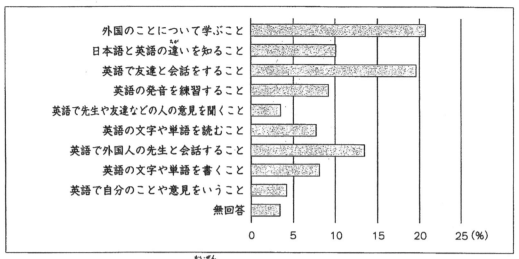

（文部科学省「平成28年度英語教育改善のための英語力調査事業（中学生）報告書」をもとに作成）

資料2　「あなたが大人になったとき、社会ではどれくらい英語を使う必要がある世の中になっていると思いますか。」との質問に対する中学生の回答の割合

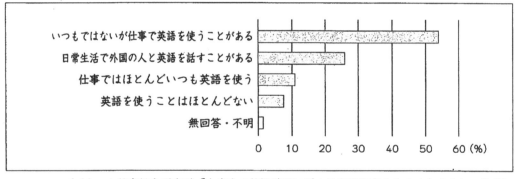

（ベネッセ教育総合研究所「中高生の英語学習に関する実態調査2014」をもとに作成）

問　あなたが次郎さんなら、どのように発表しますか。次の条件に従って書きなさい。

条件1：解答は横書きで1マス目から書くこと。
条件2：文章の分量は、300字以内とすること。
条件3：数字や小数点、記号についても1字と数えること。

（例）　| 4 | 2 | . | 5 | % |

これで、問題は終わりです。